臺灣歷史與文化 研究輯刊

二十編

第12冊

在介入與隱遁之間
——七等生文學中的沙河象徵(下)

劉慧珠 著

花木蘭文化事業有限公司

國家圖書館出版品預行編目資料

在介入與隱遁之間──七等生文學中的沙河象徵（下）／劉慧珠
著 -- 初版 -- 新北市：花木蘭文化事業有限公司，2021〔民
110〕
目 6+254 面；19×26 公分
（臺灣歷史與文化研究輯刊二十編；第 12 冊）
ISBN 978-986-518-559-6（精裝）
1. 七等生 2. 作家 3. 臺灣傳記 4. 文學評論
733.08   110011286

臺灣歷史與文化研究輯刊
二十編　第十二冊　　　　　　ISBN：978-986-518-559-6

在介入與隱遁之間
──七等生文學中的沙河象徵（下）

作　　者　劉慧珠
總 編 輯　杜潔祥
副總編輯　楊嘉樂
編　　輯　許郁翎、張雅淋、潘玟靜　美術編輯　陳逸婷
出　　版　花木蘭文化事業有限公司
發 行 人　高小娟
聯絡地址　235　新北市中和區中安街七二號十三樓
　　　　　電話：02-2923-1455 ／傳真：02-2923-1452
網　　址　http://www.huamulan.tw 信箱 service@huamulans.com
印　　刷　普羅文化出版廣告事業
初　　版　2021 年 9 月
全書字數　404892 字
定　　價　二十編 14 冊（精裝）台幣 35,000 元

在介入與隱遁之間
——七等生文學中的沙河象徵（下）

劉慧珠　著

目

次

上　冊

流淚撒種的，必歡呼收割（謝辭一）

沙河行腳——七等生通霄文學現場之旅（代謝辭二）

第一章　緒　論　………………………………… 1

　第一節　研究動機　………………………………… 1

　　一、中文界的專家研究　………………………… 1

　　二、研究動機與目的　…………………………… 3

　　三、問題與發現　………………………………… 8

　第二節　文獻回顧　………………………………… 13

　　一、前行研究的成果　…………………………… 13

　　二、前行研究的評價　…………………………… 26

　第三節　研究方法　………………………………… 28

　　一、研究方法與範圍　…………………………… 28

　　二、章節架構　…………………………………… 34

第二章　在自我的土地上漂流——七等生小傳… 41

　第一節　通霄的孩子（1939～1958）………………… 43

　　一、出生序曲　…………………………………… 43

　　二、家族記事　…………………………………… 44

三、少年「大頭」的荒唐事蹟 …………… 48

四、校園裡的脫軌情事 ………………… 52

第二節　追逐生活的浪子（1959～1969）……… 57

一、文學的起點——九份 …………… 57

二、當兵的意外收穫 ………………… 59

三、辭去教職，投入創作 …………… 60

四、與文壇人士交遊 ………………… 61

五、台北居，大不易 ………………… 62

第三節　沙河的獨行者（1970～1979）……… 65

一、故鄉小屋的召喚 ………………… 65

二、創作的高峰 ……………………… 67

三、與學者梁景峰對談 ……………… 68

四、在生命的轉彎處遇見耶穌 ……… 69

五、不太能適應職場的工作 ………… 71

第四節　游走文類的「寫作藝術家」
　　　　（1980～1993）……………… 72

一、暫停小說、嘗試攝影 …………… 72

二、新屋的起建 ……………………… 74

三、美國「國際作家工作坊」之行 … 75

四、找回起初的愛 …………………… 76

第五節　城市的隱遁者（1994～）………… 77

一、從通霄到花蓮，再返回台北……… 77

二、畫鋪子對決展 …………………… 78

三、與家庭的互動 …………………… 79

四、知遇之恩 ………………………… 83

五、整理文物，準備移交子女 ……… 85

第六節　七等生的筆／怪名之謎 ………… 86

小結 …………………………………… 92

第三章 「黑眼珠」的隱喻空間——七等生文體的
　　　　再檢視 ……………………………… 99

第一節　七等生文體初探 ………………… 100

一、七等生的創作類型與文體分類 ……… 100

二、七等生早期文體風格形成之因 ……… 105

　　　三、七等生的創作觀與文藝觀 …………… 109
　　第二節　「黑眼珠」的多重隱喻 ……………… 117
　　　一、〈我愛黑眼珠〉的場景意象 ………… 117
　　　二、創作的原型——隱密的愛情 ………… 119
　　第三節　「黑眼珠」系列作品的「互涉性」 … 126
　　　一、形式與形式之外 …………………… 127
　　　二、越界的異質之美 …………………… 135
　　第四節　七等生文體的再檢視 ……………… 138
　　　一、小說的異質化 ……………………… 138
　　　二、詩體的抒情化 ……………………… 142
　　　三、散文的透明化 ……………………… 146
　　　四、書信體的小說化 …………………… 149
　　小結………………………………………… 154

第四章　城鎮的召喚與失落——七等生的自我
　　　　　隱退與主體追求 ………………………… 159
　　第一節　隱退的自我……………………………… 160
　　　一、自我的回眸——〈迷失的蝶〉 ……… 160
　　　二、瘋癲與罪罰——〈精神病患〉 ……… 167
　　　三、〈削瘦的靈魂〉——「無中心主體」的
　　　　　對抗性話語 ………………………… 174
　　第二節　流動的主體 …………………………… 178
　　　一、〈散步去黑橋〉的時空流轉 ………… 178
　　　二、〈綠光〉的旅行經驗 ………………… 180
　　　三、「裸身自拍」和「酒家樂」的潛在意識 · 185
　　第三節　鄉關何處——城鄉的時空置換 ……… 188
　　　一、城市的幻影——《離城記》的存有危機 188
　　　二、原鄉的想像——《城之迷》的漫遊與
　　　　　尋索 ………………………………… 195
　　第四節　〈隱遁者〉的認同途徑 ……………… 203
　　　一、沙河——鏡像中的他者 ……………… 204
　　　二、涉入與跨越——自我與他者的對話 …… 208
　　小結………………………………………… 211

下 冊

**第五章 「沙河」地景的描摹與重現──七等生
的在地書寫** ……………………… 217

第一節 「地方感」的描摹 …………………… 219

　一、生活細節的鋪排 …………………… 219

　二、鄉土語境的點染 …………………… 224

第二節 沙河的意象指涉 …………………… 227

　一、沙河的在地性 …………………… 227

　二、「白馬」出現的遠方 …………………… 236

　三、「文學聖地」的重現 …………………… 242

第三節 沙河的悲歌淺唱 …………………… 247

　一、聖徒夢 …………………………… 249

　二、沙河與樂器、性愛的轉喻 …………… 252

第四節 重回沙河之後 …………………… 255

　一、〈老婦人〉的身體地誌 …………… 255

　二、《重回沙河》的中年心象 …………… 260

　三、〈垃圾〉的在地關懷 ………………… 262

小結 ……………………………………… 267

**第六章 內視與超越──七等生藝術與生命美學
的開展** ……………………………… 271

第一節 孤獨的凝視──七等生攝影與繪畫
美學 …………………………… 272

　一、「此曾在」──攝影鏡頭下的異質空間‥ 272

　二、野地的花──七等生的油彩乾坤 …… 282

第二節 透視時空的心眼 …………………… 293

　一、〈耶穌的藝術〉的想像與透視 ……… 293

　二、〈目孔赤〉的觀照與思考 …………… 297

第三節 神秘的異境 …………………… 302

　一、〈銀波翅膀〉的囚禁與自由 ………… 302

　二、〈環虛〉的迷失與悟道 …………… 306

　三、〈重回沙河〉的信仰獨白 ………… 308

第四節 永恆的低語──七等生中、近期的書寫
語調 …………………………… 311

一、「理想戀人」的渴求……………………… 311

二、「神話空間」的開啟……………………… 318

三、抒情自我／主體的確立 ………………… 322

小結………………………………………… 325

第七章 結 論 ……………………………… 329

一、傳記資料的建立………………………… 330

二、文學意象空間的塑造 …………………… 332

三、「沙河」地景意象在台灣文學（文化）上
的意義 ……………………………… 334

四、文學史上的「沙河行者」 ……………… 335

五、餘韻：一切都指向未來 ………………… 337

參考書目 …………………………………… 339

附錄一：七等生年表 ……………………… 359

附錄二：七等生漂流之旅圖 ……………… 373

附錄三：七等生通霄文學現場之旅圖 …… 375

附錄四：七等生專訪整理稿 ……………… 377

之一：七等生專訪（一）整理稿 ………… 377

之二：七等生專訪（二）整理稿（節錄）… 380

之三：七等生專訪（三）整理稿（節錄）… 386

之四：七等生專訪（四）整理稿（節錄）… 397

之五：七等生專訪（五）口述歷史整理稿 … 404

之六：蔡松柏牧師專訪──談〈耶穌的藝術〉
整理稿（節錄） ………………………… 426

附錄五：七等生全集篇名與目次對照表（總整理）
……………………………………………… 433

附錄六：七等生作品分類 ………………… 445

附錄七：圖片資料 ………………………… 457

第五章 「沙河」地景的描摹與重現
——七等生的在地書寫

　　一般對七等生的印象可能都停留在早期（1960～1970）文體風格的怪異、荒誕，而稱其為「超現實主義大師」。如楊照所言：「用虛構的情節人物，來抒發自己極其主觀、獨特的存在視野。不管是李龍第、亞茲別或身份更模糊的蘇君，他們都明顯地表現為七等生的潛意識化身，他們與他們所存在的環境，都絕非我們熟悉的現實，而是現實經過了一層夢或欲望的折射之後，映演在神話般普遍空間的景致。」〔註1〕即使他在中期（1971～）以後捨棄小說虛構的外貌，改採素樸的散文獨白方式（如攝影札記或讀經筆記等），但他還是認為：「更奇特的是，這樣一種『真實肉聲』的寫法，竟然也沒有給作品帶來多一點的現實感。七等生對自己愈是慷慨坦白地曝陳，我們愈是發現：原來他的生活與現實就是若即若離的，……」〔註2〕這類的批評和感覺形成晚近台灣批評界的共識，於是在討論台灣的本土性與現實主義文本的文學場域裡，七等生通常是被一筆帶過的，〔註3〕或被歸入現代主義的美學流派中存而不論，

〔註1〕 楊照，〈「自戀書寫」中完成的自我——重讀七等生的小說《思慕微微》，頁119，收於氏著《在閱讀的密林中》，台北：印刻，2003年。

〔註2〕 楊照，〈「自戀書寫」中完成的自我——重讀七等生的小說《思慕微微》，頁120，收於氏著《在閱讀的密林中》，台北：印刻，2003年。

〔註3〕 早期如台灣批評界的權威之一的王德威，他對七等生的態度是敬而遠之的：「七等生這些年來一直是台灣文壇的一景。包括筆者在內，我們多不了解他，但卻必須常常提到他，以示『想』了解他。」見〈里程碑下的沉思——當代臺灣小說的神話性與歷史感〉，頁281，收於氏著《眾聲喧華——30與80年代的中國小說》，台北：遠流，1988年。

以致拒絕或攔阻他們繼續閱讀他中、近期作品的可能，或以為「純粹、一致的作品，在閱讀上容易讓人疲累。覺得重複的情景、重複的語言不斷出現，尤其如果是已經對七等生作品很熟悉的人，更難逃這種感覺。」〔註4〕然而就像林宜澐所說的：

> 七等生在他的小說裡，經由特殊語法和詭異情境塑造了一個在氣質上專屬於其個人的世界（放生鼠、我愛黑眼珠、僵局、銀波翅膀……），驗諸台灣的日常生活，其小說裡出現的場景、人物、語言可能均非一般經驗所可捕捉。但這並不意味著如此作品便與土地無涉，更有可能的是，作者由於深刻的觀察，而在現象的核心裡挖掘出另種詮釋的可能，在搭配了個人獨特的才具之後，鋪陳出迥異於日常經驗的風貌。〔註5〕

他用同為創作者獨具的慧眼點出了七等生小說的另一種詮釋的角度——異質的鄉土情境。的確，從本論文前一章七等生回通霄後創作中期以城鎮的意象為主體作品的考察，我們從中觀照到「隱遁退走」是他一生為生活掙扎所採取的姿態，生命主體不斷地在城市與鄉鎮之間遊移，最後還是選擇落腳在原生之地；並發現他作品的取材幾乎都是從他一己的經驗出發，持續地與外在世界作抗辯，其中（通霄）沙河地景意象的勝出，是七等生此期文學最不容忽視的面向。陳季嫻說，七等生「作品的表現方式，有時類似自傳詳細描述事件的來龍去脈，有時以事件的橫切面，片段地呈現自我的感受，有時則以怪異幻想的超現實寓言方式敘述故事，完整地勾勒出七等生外在的遭遇與內心世界。」〔註6〕這可從他對台北城市文明「欲拒還迎」的態度及其心靈圖象所投射出對家鄉通霄沙河的生命情結，看出他對現代性的接收與抗拒；換言之，返鄉後的七等生仍不脫以文明的「放逐者」及在地的「邊緣人」的一貫疏離態度在回顧及書寫家鄉／自我，因而形成了另一種

〔註4〕楊照，〈「自戀書寫」中完成的自我——重讀七等生的小說《思慕微微》，頁121～122。以研究七等生起家的廖淑芳也不諱言有如此感受，見其博論《國家想像、現代主義文學與文學現代性——以七等生文學現象為核心》的結論，頁268，清大中文所，2005年。

〔註5〕林宜澐，〈文學創作與鄉土關懷〉，頁54，《東海岸評論》58期，1993年5月，頁53～55。

〔註6〕陳季嫻，《「惡」的書寫——七等生小說研究》，彰師大中文所碩士論文，頁44，2003年。

獨特的文化景觀和視野。

　　本章以「『沙河』地景意象的描摹與重現」為題，主要著眼於地景研究是人文地理學裡最淵源流長的研究之一，理由是：「人文地理學家描繪了獨特的地景，嘗試重構過去的地景，追溯生產與持續塑造今日地景的社會過程。地景不僅被理解為實體環境，還是思考地方、描繪地方、以及賦予地方意義的特殊方式的結果。」〔註7〕於是延續前一章七等生在城鎮的召喚與失落中，呈現自我與主體的流動面貌以及自我認證危機的主題，進而探究他中、近期「沙河」地景意象指涉在空間的流動，從早期「地方感」的描摹到中近期的《沙河悲歌》、〈老婦人〉、《重回沙河》、〈垃圾〉等的書寫。一方面直接走入他生命中的通霄，去探索沙河的在地性，另一方面以人文地理學的角度，重新觀看他文學中的烏托邦與故鄉記憶疊合再現的意涵，並為下一章「內視與超越——七等生的藝術與生命美學的開展」預留伏筆。因地理學對「地方」的討論和派別很多，〔註8〕本章綜合各派別所論，主要從人文主義地理學的研究取向去探視作家一生創作的軌跡，如何在空間與地方的移動中，自覺與不自覺地影響和豐腴了其創作的土壤。

第一節　「地方感」的描摹

一、生活細節的鋪排

　　七等生在文本中所透顯的地理空間，與他的生平經歷有一血脈相連的關係。從他掙脫貧窮的通霄來到台北，在台北經歷了知識與人文的洗禮後，滿懷失望地回返通霄等待復職；依違於現實的環境，在小學任職滿二十五年後退休，又由通霄經花蓮，再到台北定居；這看似一個循環的漂流旅程，其實可以說是一個以故鄉通霄為書寫核心的半封閉空間，因為他處處留下了生命成長的軌跡。乍看是一荒誕的異質空間，然而仔細玩索，在他創作的早期（1962

〔註7〕Paul Cloke 等人編王志弘等人譯，《人文地理概論》，頁290，台北：巨流，2006年。

〔註8〕透過地方觀念史，我們可以看到至少三種研究地方的層次。這三種層次其實環環相扣，見本論文第一章緒論註109、110。而要了解地方在人類生活中扮演的角色的全體複雜性，這三種層次（以及介於層次之間）的研究都很重要且有其必要。見 Tim Cress 著／swell 王志弘譯，《地方：記憶、想像與認同》（Place: a short introduction），頁85～86，台北：學群，2006年。

～1970），作品中即帶有清晰的地誌傾向，[註9] 只是不符合現代語法的文字風貌，使他筆下的鄉土別具一格，而其中流露出的一股憂鬱氣質，也加深了作品的感染力。如人文地理學者段義孚（Tuan，Yi-fu）和瑞夫（Relph）等人所強調的：

> 經由人的居住，以及某地經常性活動的涉入；經由親密性及記憶的累積過程；經由意象、觀念及符號等等意義的給予；經由充滿意義的「真實的」經驗或動人事件，以及個體或社區的認同感、安全感及關懷（concern）的建立；空間及其實質特徵於是被動員並轉形為「地方」。[註10]

七等生的地方感來自於他對一個實質地方環境的熟悉和情感的連繫，以及他所關懷的事物，或者是一些足以喚起「鄉愁」（nostalgia）的懷舊主題，它提示了「場所」對人的重要性：

> 根本上，每個人都會意識到有過特殊動人經驗的場所，和我們出生長大、生活內容的認同及其安定之動力泉源，亦即使人感知到其在世界中的定位。[註11]

譬如他的第一篇短篇小說〈失業、撲克、炸魷魚〉，就是在瑞芳鎮九份這個類似於家鄉的地理空間中寫就的。如〈情與思（小全集）序〉：

> 那時的夏季，我徘徊於類似家鄉的深澳的海濱，黎明和黃昏往返登跋數千尺的山坡，消度著那些美麗晴朗的日子；在冬季的寒風霪雨裡獨居於一間破損的閣樓，展現著對貝多芬的研究和讀西洋小說。有時，那位退伍歸來意氣消沉的透西來到屋子，打開唱機，在狹窄的空間獨自跳著卻卻舞，他是位個子矮小的美男子，有傳神的舞步

[註9] 此處用「地誌」二字是根據學者吳潛誠對地誌詩的說明和解釋：「地誌詩篇具體的描寫地方景觀，它幫助我們認識、愛護、標榜、建構一個地方的特殊風土景觀及其歷史，產生地域情感和認同，增進社區以致族群的共同意識。而在地誌詩篇中，風景的每一條輪廓都隱含著社會及其文學。」見〈地誌書寫，城鄉想像——楊牧與陳黎〉，收於《島嶼尋航》頁83，台北：立緒，1999年。

[註10] 夏鑄九、王志弘編譯，《空間的文化形式與社會理論文本》，頁86。

[註11] 1963年「鄉愁」（nostalgia）一詞由一位瑞士醫學系學生所造出，用以描述一種如不眠症、食慾減退、心悸、恍惚、熱病等徵兆所擾的疾病，特別是持續地思念家鄉。對於十七及十八世紀的醫生而言，這是一種如果病人不能返家時足以導致並人死亡的疾病。（Relph：1976：40）見顏忠賢，《影像地誌學———邁向電影空間理論的建構》，頁52，台北：萬象圖書公司，1996年。

和姿態，我凝視著他，覺得他是個天使，垂著陶醉的雙目，偶而抬
起頭來對我發出十分神秘的微笑。這樣兩年的時光過去了，我已消
沉到了頂點，我告訴我自己，必須記載些什麼來打發時間，我寫出
了我一生中的第一篇短小說。〔註12〕

其中場景的鋪排、氣氛的描摹，就是七等生早期任教於礦區小學校周遭的景
致，那是一個靠海的小山城，在日據時代曾以煤礦產業盛極一時。小說主要
描寫幾個年輕男子——我、音樂家和一個剛退役半年的失業的男子名叫透西，
聚在一起玩撲克消磨時光，透西賭輸了四十隻火柴根，相當於八塊錢，音樂
家寧願吃兩個炸魷魚而不拿他的兩塊錢，於是透西提議一起出去吃完魷魚再
到路尾去散步，但音樂家要留在室內彈吉他，於是「我」和透西兩人頂著凜
冽的寒風外出，看到「海上呈灰黑的顏色，沒有捕魚的好船，海看起來寂寞
淒涼，周圍的黑山丘像抱住小市鎮的城牆，這樣的天氣看山有一種不愉快的
感覺。」（《初見曙光》，頁4）他們後來決定散步回來再吃炸魷魚。途中，他
們遇到透西姨母的女兒阿薩幾，三人圍坐在一個小方桌吃炸魷魚，並約她一
起回來打橋牌。回來時看到音樂家因調斷了第一根弦惱怒地在屋裡踱方步。
「我」於是對音樂家說：「我不是警告你勿把弦調得太高嗎？」音樂家回道：
「我照著絕對音高調弦是我的錯嗎？」我說：「當然，你沒有錯，不過下次要
買還是買外國貨好。」（同上，頁8）這幾句話好像弦外之音，迴盪在讀者的
耳際。這篇情節簡單的「短小說」，就是透過幾個簡潔但別有用心的對話增加
它的靈動性，不僅寫出幾個小人物相濡以沫、待價而沽的心情，也反映了當
時經濟蕭條的時代氣氛。

　　那時一個炸魷魚一塊錢，攤子因為在戲院附近，所以生意特別好，然而
失業就像一種流行病般，讓人不管看什麼都像是塗上了一層沉鬱的色彩。如：

路尾在一條黑巷的盡頭，有一處高起的土堆讓失業的人眺望深澳一
帶的海洋。有職業黃昏出來散步的人也站在這裡，遊覽的人也站在
這裡。現在我和透西和小東西站在這裡。透西注視著煤場一帶的孤
零房屋，樣很沉鬱。小東西顯得很不耐煩，她頻頻地轉動身軀來躲
避迎面吹來的強烈寒風。（頁同上，6）

從「黑巷」、「高起的土堆」、「黃昏」和「煤場一帶的孤零房屋」等字眼暗示

───────────────────
〔註12〕七等生，〈情與思（小全集）序〉，收於《一紙相思》，七等生全集【10】，頁
　　　276。

中，投射出一種夕陽產業的落寞氣息。但猶有一絲希望的是它還能提供一群觀光客到此遊覽，並站在這裡遠眺海洋的美景。這是因為「光復後此地金脈枯竭人口外流，徒留空蕩山城；昔日的繁華老街『基山街』，廟中廟『福山宮』，台灣最早的戲院『昇平戲院』，礦坑『五番坑』等，仍保留許多當年日據時代的特色，引來一些藝術家到此尋找創作靈感。尤其是晚近電影『悲情城市』在此拍攝，奪得威尼斯大獎，因此更是聲名鵲起！」〔註13〕顏忠賢以為「在侯孝賢特殊的非敘事性戲劇形式中，所有觀眾情緒不易找到一個直線性的劇情連繫過程，沒有蘊釀、強化、衝突而回歸和諧；反而在片斷的影像中塑造一種較近真實生活的節奏生活經驗，這種把主題用生活的細節，似相關不相關的交織而出，倒是經營出現象學式的『地點感』，空間場景不再是情節鋪陳起落的舞台背景，卻在畫面的氣氛中呈顯出『場所』與『意識』的深刻互動，凝塑出九份那種沉緩的步調。」〔註14〕這倒頗能來理解七等生文學中的地誌風貌，是片斷式的生活細節的鋪排，讓所有相關與不相關的元素交織成一種「地點／方感」，而呈現出一種既熟悉又陌生的人文空間。在此，九份這個地方，「不僅僅是一個客體，它是某個主體的客體，它被每一個個體視為一個意義、意向或感覺價值的中心；一個動人的，有感情附著的焦點；一個令人感覺到充滿意義的地方。」〔註15〕他曾自述在這裡當了兩年多的小學教師，沒有異性朋友，也沒有什麼值得安慰心靈的事物。夏天徘徊於山下瑞濱的海灘，赤裸地曝露在波浪排向岸沿的岩石之間的小沙灣，或潛入清澈透藍的深水裡，探尋水草與游魚同伴。〔註16〕因為空虛的心靈不能從工作的場所得到慰藉與認同，於是轉而去尋找童年熟悉的地方感，也就是家鄉通霄沙河戲水玩耍以及海濱游泳的記憶和感覺，同時也不斷地去吸收能餵飽自己的精神食糧。在〈譚郎的書信〉的回溯的文字中，他提及在北部礦區當教師的三年之間，那仿照古典型式在日據時代礦區產金好景氣的時候建造的一個木造的小劇院（應指昇平戲院），在他要離開的那一年，因一次颱風在夜間被吹倒，當他第

〔註13〕參見九份老街網路資料。網址：http://tour.tpc.gov.tw/TourInfo/Climbing/Path System/Path147/Path147.html。

〔註14〕顏忠賢，《影像地誌學──邁向電影空間理論的建構》，頁61，台北：萬象圖書公司，1996年。

〔註15〕夏鑄九、王志弘編譯，《空間的文化形式與社會理論文本》，頁86，台北：明文書局，2002年。

〔註16〕〈我年輕的時候〉，收於《銀波翅膀》七等生全集【7】，頁161。

二天早晨跑去觀看時，感到無比的傷感，因為那三年中，它是他休閒和知識的糧食，而暑假過完他就被調走了；（《譚郎的書信》，頁 12）可見九份的時空環境對他生命歷程的重要意義。

其〈阿里鎊的連金發〉則是以一次公車經驗的邂逅，展開對一位傳奇性人物的描寫和對一個地方的奇異地名的探索：

> 暮色在西邊海洋上慘淡地展開，天氣不好，我在金山與小基隆（又名三芝）之間的汽車上。假如不是由於我那隻輕的小皮箱從汽車的欄架上，因搖動不定而滾下來正好打在他的剪短黑髮的好看的頭頂上的話，我想我要到很久以後也許永遠沒有機會來了解我現在定居的萬里鄉的被廢去的舊地名『瑪索』代表著什麼意義；還有這位受到十分意外打驚的鄰客老頭所住的『阿里鎊』，這些令我迷惑的奇異地名。但令我感到有趣的是我和他在上車之前都喝了些酒，並且他出奇的善談。（《初見曙光》，頁 79）

根據台北縣地名集錦，「萬里」地名的由來，「可能是出自於在十七世紀時，西班牙人所稱基隆港附近的漢人聚落為『parian』的譯音而來。因其與閩南語之『萬里』音相近。又早期原住民稱此漢人居住的聚落為『vasai』，漢人以近音譯字『瑪鍊』稱之。故本鄉又有『瑪鍊』之名。」〔註 17〕由於車子顛簸，「我」的皮箱從欄架上掉落打在連金發的頭上，因此兩人有了短暫的交談，知道這位過去姓廖，因過戶給連家，所以後來就叫連金發的六十四歲老伯，住在「阿里鎊」，是一個相當快樂的人，一杯米酒下肚就可以又說又唱。以下就是一段他們的對話：

> 「那麼現在的萬里過去就是番社了。」
>
> 「不只是瑪索這個地方，整個這一條街海岸都住滿了番人，譬如金山過去是金包里。還有阿里鎊亦是番社名呢。」（同上，頁 81）
>
> 「原來如此。」我點點頭。
>
> 「但我不是番人後裔，雖然到處可指出有番人血統的人。」這位早年曾學過武術的老頭說。——「早年阿里鎊有福州人來時，又叫『染布』，這一帶附近的人都拿布來染。」（同上，頁 82）

但這些也只不過是一個背景氛圍的鋪敘，目的要反襯出一個剛從另一個熟悉

〔註 17〕台北縣地名解說集錦（網址：http://staff.whsh.tc.edu.tw/~huanyin/tw_teaching_301.htm）。

和快樂的地方轉來這個陌生環境的小學教員的憂鬱心情，用「連金發」這位詼諧風趣的原住民老伯對人生「今朝有酒今朝醉」的開放豁達，來對比一個年輕不諳世事的小學教員封閉脆弱的敏感心靈的小小悲哀。了解七等生初出教職經歷的人都知道他把在九份礦區小學校受挫不得不調職到基隆萬里鄉海邊小學校的心境投射在這個奇特的經歷上〔註18〕。

二、鄉土語境的點染

　　七等生的短篇小說《初見曙光・橋》是寫發生在大甲鐵砧山下大安溪鐵橋上的事件，兩個高中男學生冒著生命的危險在比賽（或打賭）走完這全長四百公尺的行程，在這傍晚時分突然吸引了大匹圍觀的人潮擠在與鐵橋相鄰的日南公路大橋上。警官、鄉長聞風而來忙著勸阻這兩位不顧性命的高中生，但不被接受，其中一位的慈母悲悽懇切的哀求也挽回不了這既定的事實，在火車汽笛鳴響時甚至也不能使他們改變心意，只見在眾人驚呼火車就要輾過他們的身軀時，兩人迅速地從鐵軌枕木間的際縫引體向下，雙手緊抓住枕木。在火身駛過後，在前頭的一位叫平助的出乎意料的自己引身而上，爬上枕木向前再走。後面的吉雄卻無力引自己上來。在眾人嘆息的喧嚷聲中，平助回頭拉了同伴一把，並抱住他顫抖的身體，使他站定。這是兩個高中生同時愛上一個女子，為了表示自己堅定的愛情所做的賭注——要從日南這端的橋頭走到大甲那端的彼岸，其中過程的描寫真是驚險萬分，也令人（旁觀者及讀者）驚心動魄，而他們那種「無視於他人勸解」和「雖千萬人吾往矣」的勇氣和鎮定，更是叫人啼笑皆非。這兩個賭生命的男子，雖被群眾以英雄式的歡迎平安踏上地面，卻隨即被焦急奔走善心的警官以「招致交通阻塞」的罪名逮捕。撇開情節不論，這篇小說的場景鋪排是置放在苗栗通霄以南的大甲鎮（台中縣），「大甲鎮是台灣中部海線重鎮，縱貫鐵路通過大甲，海線的小站現在只剩下日南，談文，大山，追分和新埔，其中又以日南車站最具特色，現由大甲站代管，地點位於大甲站北方四點六公里的大安溪北岸，是國內少數幾個古蹟車站的代表之一。日南車站的站房於民國十一年（西元一九二二年）興建，至今仍保存得相當完整，是海線標準形的木造站房。」〔註19〕這兩個

〔註18〕七等生的〈會議〉，收於《初見曙光》，七等生全集（1））與〈復職〉，收於《沙河悲歌》，七等生全集（5）。

〔註19〕資料來源：台中縣文化局（網址：http://okgo.tw/buty/01725.html）。

高中生就讀的大甲中學也就是七等生的母校，他以自己熟悉的地景當做小說的場景，點染出在地的時空語境，使一場不可思議的英雄美人爭奪戰在橋上展開，真可謂是一篇意象突出的地誌書寫〔註20〕。

在他早期的作品中，也有不少以故鄉沙河為場景的描寫，烘托出一個鄉土的語境，譬如〈獵槍〉、〈回鄉的人〉及〈阿水的黃金稻穗〉等。〈獵槍〉的三段式故事之一「斑鳩」，是藉敘述者「我」來講述發生在他的家鄉通霄沙河的傳說故事，也就是李德民的愛情故事：

> 這靜謐和鮮美的沙河，原是我童年喜愛的樂園；我曾在這裡完成無
> 數的圖畫，黃昏我曾在它的樹蔭下讀書；夏天我和同伴在下游的跳
> 水谷游泳；秋季的早晨我在此散步和誦讀詩篇。（《初見曙光》，頁
> 148）

這一段貌似作者的經歷，無關故事的宏旨，只是用來鋪展故事發生的場景，用意要帶出李德民為心愛的人奔走（獵斑鳩）的空間位置：

> 他順沙河而上，爬過虎山嶺，在一帶叢林中奔走尋覓，突然莫利的
> 耳朵豎立了起來，他聽到拍翅的聲音從草叢中升起，原來一隻美麗
> 的天雞在清晨中醒來向南方飛去。他和莫利追奔過去，腦中迅速決
> 定要把它打下來，因為他的小白娥已經再也等不及斑鳩了。（同上，
> 頁 157）

就在天雞被打中的那一刻，德民的白娥也離開了人世。〈回鄉的人〉寫的是戰爭期間被日本徵召到海南島去當兵而枉死在外的冤魂要「回鄉」的故事。透過一個消防隊裡突然出現手臂抓人（抓食物）的靈異事件，帶出可能是一群孤魂野鬼客死他鄉無人祭拜以致飢餓的靈魂「游離不定，隨處擇食」的民間傳說的議題。七等生也是以自己家鄉通霄的沙河為描寫的地景：

> 隨著身軀移動著一隻黑色的傘像一朵遮陽的陰雲：母親帶著那紀念
> 物，這是父親出征時送給她的一把婦人式黑色傘，在午後的燦陽下
> 單獨地離開鄉村的街道，順著紅水槽去的那座沙河短橋走去。（同

〔註20〕「地誌書寫」四字引吳潛誠的研究所得，他是根據《辭海》的解釋：「就一國或一區域而詳述其地形、氣候、居民、政治、物產、交通、等項之書曰地誌。中文傳統是否也有地誌之名稱，不得而知。我所謂地誌詩的觀念借用英文的 topographical，（又稱 loco-descriptive poetry），原由希臘文的地方（topos）和書寫（graphein）二字組成。」見〈地誌書寫，城鄉想像——楊牧與陳黎〉，收於《島嶼尋航》頁83，台北：立緒，1999 年。

上，頁 200）

在此，沙河短橋只是一個通道，連接村莊與神廟之間的橋樑，卻似連接陰界與陽界的一條管道。

　　《我愛黑眼珠·阿水的黃金稻穗》寫農夫黃阿水殺掉妻子劉俗豔的故事，也是發生在沙河鎮。這個頗具地方鄉土色彩的小說，與王禎和的〈嫁妝一牛車〉都是在處理男性的自尊與羞辱的議題，但後者的男主角萬發因耳疾半推半就地在無聲的隱忍中渡日，為了明天會更好，於是阿好、簡仔與萬發以三人行的方式和平共處；然而前者的黃阿水卻在對劉俗豔展開報復式的縱慾中，遭到酒家女的奚落後，內在的羞恥和憤怒被激到最高點，不想有沒有明天，也不顧一對兒女的痛苦哀豪，終究引爆殺妻的慘劇。而〈結婚〉是七等生早期難得一見結構完整的短篇小說，用發生在一對情竇初開的戀人身上的悲劇寫出小鎮過去的光榮、人性的守舊，與家族的興衰。文中是如此描繪故事中的兩個對比性建築，一個是老舊的雜貨店：

> 楊鎮旗山街和仁愛路那塊街角有間紅磚砌築的兩層古樓房豎立著，從樓下敞開的門一直深進內壁所堆集排列著的物品看來，便知道是個很大的雜貨總匯。這間雜貨店代表著這個小鎮的歷史：守舊、雜亂和古老。（《僵局》，頁 49）

另一個則是而與它同一條街，隔著一條小巷，代表著鎮上標誌的農會：

> 一座新建的新樣式的農會大樓，白色的細石牆壁閃耀著陽光，國旗飄揚在屋頂之上，襯著美麗的青空，象徵著鎮轄管區農業的興盛。
>
> （同上，頁 50）

女主角美霞的快樂與不幸，都發生在這兩個地方。然而更應該深究的是源自於母親根深柢固的門第觀念和自以為是的威權作風，硬生生地把自己女兒的幸福阻斷在希特勒式的家庭管教之下。美霞被自己親生的母親幾近瘋狂地渲洩憤怒地毒打，只因她偷偷與一個農夫的兒子談戀愛，甚至後來被關在這個屋子樓上的幽黑臥室裡限制她的行動，之後又被送到外地的叔叔家（新竹）隔離，但空間阻礙不了兩人相愛的熱火，直到美霞懷了三個月的身孕被帶回來。金妹對男方提出了告訴，並更加地鞭打這個令家族蒙羞、令她尊嚴掃地的女兒。這些身體的痛苦都讓美霞用她的傲慢和驕橫抵擋了下來，但最傷害美霞自尊和她最不能忍受的是愛人羅雲郎的刻意疏離。這個愛慾未能充分得到滿足與釋放的女孩，在受盡欺壓與羞辱下，變態式地在羅雲郎任職的

農會的休憩室裡狂舞：

> 她總是隨時隨刻注意他，她瞥視到他的離開，便像著魔一般騷亂了
> 起來，她身上花群常常揚展開來，像一張打開又翻過來的傘布，把
> 結實突出腹部漏出來，她的姿態彷彿要儘量地抖動那個滑稽的半圓
> 型腹部，要使它從裡面滾落下來似的，直到使大家都感覺到過分地
> 難堪。（同上，頁 63）

美霞「瘋女」似的醜態讓羅雲郎受盡嘲笑，於是對她的感情逐漸從哀憐轉為
難忍的羞恥和懦弱，摻雜了母親帶給他的記仇的憤怒，變得更加冷酷和沉
默。心情矛盾地私下滿足和她在一起的欲望，但在公眾場合卻不再理會她。
在愛情的路上受盡屈辱和折磨達到崩潰臨界點的美霞，有一天在她一如往
常的跳舞行徑中，從裙子裡拿出預藏的玻璃瓶，在眾人的圍觀之下自導自
演一齣服毒自殺的鬧劇，在她的傻笑以及大家快感式的歡鬧中，以為她喝
下的只不過是汽水，直到羅雲郎發覺不對勁，隨著瘋狂的她展開一場追捕，
最後看著她因一陣腹痛倒下，眾人的喧鬧聲也才跟著停止。美霞的喪禮過
後，雙方的家長達成協議，媒人阿里把美霞的神主牌送進羅雲郎娶親的花
轎內，不僅搖搖擺擺地抬回北勢窩羅家的農莊，第二天也跟著羅雲郎一起
到東部蜜月旅行，完成她生前的心願——死也要到那個地方走一趟。因為
兩個年輕人熱戀時的約定和誓言：「我們到我們都不曾去過的地方——」（同
上，頁 57）當他們的戀情得不到父母的祝福時，美麗純樸的花東竟是他們
對未來構築的美麗藍圖。

第二節　沙河的意象指涉

一、沙河的在地性

　　七等生的早期作品，除了偶爾有家鄉沙河場景的回憶外，大多以九份、
萬里、大甲、台北等這些他生平的漂流地為背景或場景的描寫，或有少數鄉
土語境的點染與烘托的佳構，雖有地方感的描摹，呈現地誌書寫的風貌，但
不如中期（1970～1992）以後大約二十年的時間，他以在地作家的身份在書
寫及觀察通霄，包括文字、攝影和繪畫等，沙河的地景越加鮮明，在地的色
彩也更為濃厚；在意象的多重指涉中，營造出既真實又迷離的人文空間。那
是由於地方真實感的浮現：

> 一個具有真實感的地方，最重要的是，在個體以及做為某社群的一
> 員來說，它是內在於而且是歸屬於你的場所，知道這種狀況，而不
> 會損及它的存在；然而一個對地點不真實的態度，基本上是缺乏地
> 方感的；因為，它無法令人覺知到地點更深沉的、象徵的重要意義。
> 更不會對其自明性（identity）有所讚賞。〔註21〕

他在創作中期（七〇年代初）返回通霄〔註22〕定居，回到簡陋的通霄老屋覓
得一處棲身之所，這是他在現實的考量下所做的抉擇。想像七等生當時的遷
移現線和文學生命的軌跡，從通霄火車站下來「對面是中正路，穿過中正路
不久，到仁愛路，七等生的老家就在仁愛路三角地帶」〔註23〕，而今即便走
北二高下通霄交流道，也是沿著中正路，先是看到鎮公所（新址）、通霄國小
（現今屬通東里，七等生的母校，回鄉後代課一個月的地方），以及消防隊（〈沙
河悲歌〉李文龍回鄉任職過的地方）、農會（〈結婚〉羅雲郎任職的所在）後，
左轉仁愛路，靠近街尾的地方，也就是七等生的舊屋所在。〔註24〕（見附錄
七：圖片資料）現今老屋早已易主，舉目望去，仁愛路的盡頭只有麵攤和住
屋，已不見早期寫在〈我的戀人〉的紅水槽和汲水站，更難以聞見舊日的遺
跡和氣味，〔註25〕只能憑藉閃爍在他字裡行間的星星點點，無盡地去想像。

〔註21〕夏鑄九、王志弘編譯，《空間的文化形式與社會理論文本》，頁87。
〔註22〕根據《通霄鎮志》記載：通霄地區，原是原住民道卡斯族「風呢樣」（Honeyan），
一名「屯消」（Tonsuyan）社之所在，通霄是屯消的諧音，古時寫為吞霄，原
指今之通東、通西二里，昔時南勢溪水深可停泊商船，為銅鑼、三義、苗栗
等地貨物「吞」吐「銷」售中心，閩南語「霄」與「銷」發音相同，因此又
稱「吞銷」、「吞霄」。後因南勢溪逐漸淤淺，商務不如往日繁榮，某年，新竹
州長蒞臨視察，有感於「吞霄」地名之不雅，正巧就地北望，見虎頭山高聳
入雲霄，乃改為現今之「通霄」。
〔註23〕張殿深度報導，〈重建閱讀現場：七等生／通霄──回到沙河〉，《聯合報》45、
46版，1998年4月13日。
〔註24〕地址為「仁愛路3號」。現今雖已改建為連棟樓房，角間開了一家傢俱行。自
（源和）傢俱行老闆的口中得知，連同隔壁的一間，以前都是七等生的老家。
見筆者，〈沙河行腳──七等生通霄文學現場之旅〉，2007年7月2日。（代
謝辭二）。
〔註25〕張殿深度報導，〈重建閱讀現場：七等生／通霄──回到沙河〉：「更遠仁愛路
盡頭是紅水槽汲水站。」張殿在做這趟深度報導時有七等生本人同行，可能
當時還見得到七等生書寫〈我的戀人〉時的地標現場。但筆者是以田野調查
的方式（七等生當時表示不便與我們同行），親自走訪七等生的故鄉通霄，對
照幾部作品中所描述的場景與他平日活動的足跡，繪製成【七等生通霄文學
現場之旅圖】。（參見附錄三）。

八〇年代的初期，七等生先是處理完老屋的所有權狀問題，〔註26〕然後賣掉舊屋，再到坪頂的半山腰蓋了一棟新屋，（見附錄七：圖片資料）這是他在通霄的後半時期，知名度提高之後，比較頻繁地接待舊雨新知來訪的地方。據康原專訪稿的描述：

> 沿苑裡火車站前的縱貫路北上，約十五分鐘的車程，在未到通霄之前，有一條叉路往右轉，就可通往坪頂。這是一段丘陵地，路有些傾斜又曲曲折折，走了約二千公尺右側就有一個煉油工廠，再往前走約一千公尺處，有一排兩層樓的透天厝，最後一間搭有一白色的木造棚架，這就是隱遁小說家七等生的住宅。〔註27〕

作家古蒙仁也如此描繪他坪頂的新家：

> 從車站出發，過了沙河大橋，沿著小鎮的外圍，到坪頂的七等生家。不到十分鐘的車程。山坡兩側，屋宇疏落下來了。雜草和斷裂的山壁隨處可見，景色有些荒涼。
>
> 那個聚落，事實上只有三、四戶人家；有一家的門扉還是終年緊閤著。七等生的家在最右邊的一間，有白色的架子和檻柵，庭院的擺設也與鄰居不太一樣，雖然簡單，仍看得出屋子主人的格調。〔註28〕

這裡所謂的「沙河大橋」或許可以對應到現今的「通霄橋」，也就是通霄溪南勢溪交會之處。當年通過沙河橋到此一遊的文藝界同好不知凡幾？而今，物是人非，白色門扉緊掩，令人感受到幾分唐劉禹錫〈烏衣巷〉詩：「朱雀橋邊野草花，烏衣巷口夕陽斜」的真實況味。〔註29〕而張國立的通霄經驗是：

> 沿公路南下，轉入鐵砧山礦場的一條山間小路，就在幾乎以為駛出了人煙範圍的同時，荒涼的山道旁卻出現了一排房子，就是最後一幢有圍牆的那間，按了門鈴之後才突然醒悟，究竟該找李文龍、羅

〔註26〕其中的原委，請看七等生，〈困窘與屈辱──書簡之二〉，頁174，收於《銀波翅膀》，七等生全集【7】。

〔註27〕康原，〈坪頂的隱遁者──夜訪小說家七等生〉，後收於《作家的故鄉》，台北：前衛，1987年11月，頁115～124。

〔註28〕古蒙仁，〈沙河往事──與七等生在通霄的一日〉，《文學家》1期，頁41，1985年10月。

〔註29〕當我們走訪七等生的坪頂新家時，古蒙仁當時所描繪的白色門扉緊閉，看不出是否有新主人進駐。見筆者，〈沙河行腳──七等生通霄文學現場之旅〉（代謝辭二），2007年7月2日。

武格、亞茲別、李龍第，或是七等生呢？〔註30〕

幾個七等生小說中經常出現的男主角名字居然與七等生形象交織重疊，讓人虛實難辨，也增添了現實七等生的神秘色彩。且看當年康原如何用作家和地理環境的關係來描繪和推崇七等生及其家鄉：

> 苗栗是個地靈人傑的地方，有礫石暴露、陡峭絕壁的火炎山，還有寬敞的大安溪谷、阡陌縱橫的美麗田野，還有聞名的獅子山；在濱海的地方有弄潮戲水的海水浴場，藍天碧水沙灘寬廣幽靜是中部最大的海水浴場。還有規模宏大的秋茂園，有優美而富創意的建築，有美侖美奐的雕塑和花園供人觀賞。而靠近通霄這個地方是民風純樸的小山城，海岸線紺碧深藍，終年激著美麗的浪花，也有許多出名的文學藝術工作者，比如：為台灣文奮鬥多年，寫了「寒夜三部曲」的李喬先生是苗栗人。隱遁在坪頂的七等生，在文壇上受到相當的敬重，這樣的地理環境造就出如此偉大的作家。〔註31〕

在康原的專訪中，問到一個問題：「在您的小說中，很少直接以家鄉為背景去描寫，是什麼原因？」七等生的回答竟然是：

> 其實，直接以家鄉為描寫背景的，可以說沒有。但是，那些素材是我生活一點一滴的感受，經過我思考而產生特殊的意象，現實的事物遂有了形上的意涵；這些情懷的主題，常常由一點擴張到全面，由有限進入無窮；我的思想常藉由微細之事物而展佈於浩瀚無疆的宇宙。那麼，這些作品中，當然會有故鄉的生活背景，不過我們台灣有許多事件都是類似的，所以，也離不開我們生存的空間。就如我寫『垃圾』是用東埔鎮做背景描寫，但東埔鎮也只是一種象徵而已，也可以說『垃圾』的問題，台灣有許多類似的。〔註32〕

七等生的〈垃圾〉有卡夫卡《城堡》的文字風格，寫一個自願來到東埔鎮的環保工程師，準備對鎮長提出他早先為這市鎮所規劃的焚化廠的設計，不料卻無端捲入地方的兩大政治派系的利益糾葛之中。他預視了市鎮對廢物和垃圾的處理的輕率態度將遭致五十年後的嚴重災害。其實只要熟悉七等生的創作

〔註30〕張國立，〈一個叫七等生的人〉，《中華日報》11 版，1986 年 6 月 11 日。
〔註31〕康原，〈坪頂的隱遁者──夜訪小說家七等生〉，後收於《作家的故鄉》，台北：前衛，1987 年 11 月，頁 115～124。
〔註32〕康原，〈坪頂的隱遁者──夜訪小說家七等生〉，後收於《作家的故鄉》，台北：前衛，1987 年 11 月，頁 115～124。

風格，就會了解，他善於在真實與夢幻之間營造某種氣氛和象徵，以致他小說的背景與地景的選取都是他生平經歷的所在。如《沙河悲歌》就是以他大哥玉明為原型的小說，故事的場景就發生在他的出生地通霄鎮，只不過賦予其「沙河鎮」的新地名，當時七等生就在五福國小（現今五北里）任教。五福國小位於沙河（通霄溪和南勢溪的交會處）的西南方，距主角李文龍認識彩雲的地方——「圓滿酒家」及「樂天地酒家」並不太遠，而這兩處位於縱貫線一號公路上的兩家酒店，後來成為李文龍經常流連奏唱的地方，也是位於七等生往返學校、海水浴場及老家之間的區域內。試想七等生這樣一位處事低調的國小老師兼作家的生活範圍能有多大？然而他在回鄉後的第七年，居然就地取材地把他最熟悉的人事物寫到小說中，透過想像力的運作，呈現出另一個既在地卻又全新的時空異境——沙河鎮李文龍的悲歌，可見其敏銳的觀察力和擅長地誌書寫的創作奧秘。此時有明顯在地色彩的〈重回沙河〉還沒出版，〈譚郎的書信〉也還未付梓，隱約之中有一條甚至連作者也渾然不知的地誌／在地書寫脈絡尚未成形，當然更不用說要引起讀者和評論者的注意和討論了。

那些早期偶而閃現在他記憶書寫裡的地景——沙河原鄉的意象，就在他人生的黃金時期，離城（台北）返鄉後，逐漸成為他中期以後在地書寫的一個清晰地標。雖然他曾表示，並沒有一條河的名字叫沙河，台灣的河因為多沙石，民間泛指河都叫沙河；只是「河道流過哪個地方，那一段河就以地區命名。南勢溪那段河道流過南勢里而命名，通霄溪亦然。」〔註33〕但他的〈沙河悲歌〉幾乎如實地描摹這兩條河川的來源流向，對應到現實的情境，正好通霄鎮內的這兩條交會在通霄橋下的主要河川，同時也貫穿幾個鄉鎮的河流——通霄溪（當地人稱之沙溪，因河床鋪滿細沙）及南勢溪（當地人稱之石溪，因河床鋪滿沙石）〔註34〕，就是他從小常與之親近玩耍的一條河，是他從鄰人口中聽來的稱呼，之所以被叫成「沙河」，意味著容易挾帶大量的泥沙。沙河因此成為他幾部小說的主要地景，也成為他心象的表徵，開啟他書寫的新里程，其意義非比尋常。

〔註33〕張殿製作的深度報導，〈回到沙河——重建閱讀現場：七等生／通霄〉，《聯合報》45、46版，1998年4月13日。

〔註34〕《通霄鎮志》，第三章 水文，頁6，中華綜合發展研究院應用史學研究所總編纂，苗栗縣通霄鎮公所編印，2001年。

由於「通霄溪河道平緩，水流緩慢，且土質接近砂質，而南勢溪河道陡急，水流速度急湍，一緩一急的河川交會，颱風暴雨時，流速慢的通霄溪不易流入南勢溪，排解雨水，河川流量高漲，常氾濫成災。」〔註35〕因此通霄也是一個容易淹水的地方，豪雨一來，它就變成水鄉澤國，那是由於「通霄溪河床坡度平緩，在千分之一以下，因此流速慢，同時洪水又攜帶大量泥沙，更使河床淤積，減少排洪斷面，旗山橋之 T 字樑又過低，形成排洪斷面小，排洪效果大打折扣。通霄溪與南勢溪匯流至出海口一公里未整治，通霄橋長一五〇公尺，目前通水區僅七〇公尺，最狹窄地區僅五十公尺，因此洪水難於渲洩，更因通霄溪與南勢溪之鈍角相交，而產生回堵水流（即擁水現象）。」（《通霄鎮志》，頁12）於是近年來鎮公所仍為了消弭水患，積極進行通霄溪整治的工程，除拓寬河道、濬深河床、修築護岸外，並配合生態保育工作，保留旗山橋至光復橋間的溪床草地，以利夜光鳥、水鴉及鴛鴦等野鳥棲息，並計畫將堤防美化，使其成為鎮民遊憩、散步的休閒區。〔註36〕或許這是七等生當年重回沙河所看到人為的殘破與髒亂，如今都在天災的肆虐和反撲下，不得不展開的整飭行動。而他也透過他的攝影鏡頭和書寫一一表達他「愛之深，責之切」人文關懷，如他在創作中期沉潛後再復出的《老婦人》（1984，洪範版）、《重回沙河》（1985，遠景版）等，其中〈垃圾〉、〈木鴉、沙馬蟹和牛仔的故事〉，以及一張張七等生黑白攝影的風土人物，投射出的是對生態環境的憂心和對在地人文的關懷。

透過作品和本人的現身說法（幾次的訪談，見自印本：《在自我的土地上漂流──七等生口述歷史整理稿》），我們發現，七等生的確大量地置入了童年的記憶，身世的悲感，以及生活的挫折，這種種面相其實都交織在與自己原生家庭有直接聯結的地理空間──通霄沙河的情感上。這種由對出生地衍生的情感，表現在其創作的時空上，形成所謂文化地理的面貌，可以從他回鄉後中、近期的作品看出端倪；他的在地身份不禁讓人產生聯想：七等生透過對原鄉的想像，以家鄉所在的主要河川──沙河的在地意象來表徵，不管是有意無意，是具體或隱而未顯，在在都反映在他個人對土地的依戀與情感。

〔註35〕《通霄鎮志》，第三章　水文，頁 10。其中民國八十二年六月二日的豪雨，苗栗縣十八個鄉鎮中，以通霄鎮的雨量最大，災情最嚴重。（見頁12）。
〔註36〕《通霄鎮志》，第三章　水文，頁 12。今天的通霄橋，寬度已經拓寬為四線道，橋下及周圍的景觀清新。（見附錄三：七等生通霄文學現場之旅圖）。

如他在〈自傳〉中寫道：

> 當時先祖和他的同伴行舟於海上，沿海濱的一座山（唯一的），以及
> 瀰漫於山際的雲霧，其形構的奇幻景象必定深深的迷惑著他們，吸
> 引他們的帆船駛入沙河，先和番族的人交易以貨，隨之定居於山南
> 之荒地，遂定名為「吞霄」。如今，除家宅數坪的土地之外，一無所
> 有，自劉公以降，時代與人事的遷變，不禁令我感懷沉痛，但今日
> 我的思想的連續是唯一的安慰。〔註37〕

可知沙河的意義不只是家鄉所在的主要河川，它還是接引先祖進駐通霄的通
道，也是豐饒他原初生命的樂園。於是在〈沙河悲歌〉（1976）中，他把對大
哥玉明的思念以及過往歲月的人事化作筆下的沙河來為他們的生命再次命
名：

> 我所敘述的這個故事是有關於一位醉心於追求樂器吹奏技藝的男
> 人，他的雙親、兄弟姊妹，他個人的生活遭遇，結識朋友，第一
> 次的性愛，病痛，結婚和情愛，直至他對生命有所醒悟的整個生
> 活史。〔註38〕

而命名是為了賦予其空間意義，使之成為地方的方式之一。因此「沙河鎮」
及「沙河」都是他筆下符碼化的鄉土，看出他已經有意識地在回顧及建構家
族地誌。當「沙河」第二度以地標的意義出現在他十年後出版的〈重回沙河〉
（1986年）之攝影筆記時，他在通霄的任職經歷已經從五福經坪頂（現今坪
頂里）再到福興國小（現今福興里）了；輾轉請調的心路歷程可以從他的作
品中看出端倪，這是一個作家對現實無奈的反映，因為小學的環境對他來說
是極大的束縛，但他又必須遷就這份薪水穩定的工作，以支撐他對創作不輟
的熱情；此時作品中的「沙河」意象再度與自己的童年的出生地連結，視野
放在對這塊土地的關注和了解上，象徵及指涉的意義更廣。〔註39〕

〔註37〕七等生，〈自傳〉，文末自書寫於1977年4月19日通霄宅，刊載於《小說新
潮》1期，1977年6月，頁175～176。

〔註38〕七等生，《沙河悲歌》序，台北：遠景，1987年。

〔註39〕據已有十三年資歷的坪頂國小教務主任李介耀老師（58年次）表示，七等生
是他在五福國小三、四年級時的導師，印象中他記得某一堂的國語課，老師
在整個黑板上抄滿了詩句，自吟自誦，一副自我陶醉的神情，還不自覺地掉
下淚來，讓他們愣在那裡面面相覷不知所措，可以感覺到當時他有滿腹無從
排解的情懷；而老師嚴厲的程度也不在話下，不會背誦九九乘法的學生還是
要被修理；在小學生的眼裡，一條又粗又長的竹子就是代表師長的權威。五

　　當一個在地作家把自己出生的鄉土寫到他的創作中時，表面上意謂著作家對自己的鄉土已展開了追尋之旅，如六〇年代後期黃春明寫宜蘭，王禎和之於花蓮，到八〇年代王拓的八斗子漁港，洪醒夫、宋澤萊的中部農村，甚至八〇年代初期吳錦發的美濃。洪英雪認為：「當一個作家有意識要描寫土生土長的鄉土（也許歌頌鄉里風土之美、也許是批判現代文明對鄉土的破壞）；有系列的要為鄉土上的庶民百姓留下一個紀錄（可以是讚揚小人物的質樸良善、也可以是諷刺小人物的愚昧固陋），這就是構成原鄉題材的小說。」〔註40〕然而七等生的原鄉／在地書寫是否可以納入台灣文壇在六、七〇年代，甚至八、九〇年代（包括後來的新鄉土或後鄉土之說）的所謂鄉土文學的陣容，而與前述幾位作家並列為鄉土文學作家之一，當然這並不是本論文研究論述的重點，而是希望從文化地理的角度來探討七等生回鄉後以「在地作家」的身份所展開的書寫空間，目的是要在他過早被劃入現代主義美學陣營的文學史標籤的隙縫中，去重新發現和看見，他在中、近期的書寫風格中所開出的一個嶄新另類的文學視野；而這個嶄新另類的文學視野，其實並不是他前期的美學風格的突變，而應該說是延續與深化。就一個堅持以生命創作的作家而言，他值得被長期的關注與同情的理解，而不是以貼標籤的方式來簡化他，也不容去窄化他文本空間中的豐富的想像和意涵。正如學者吳潛誠對「地誌詩」的關注：

　　　　我們生長在土地上，土地就在我們的腳下，與我們關係密切。但「地

福國小是七等生在通霄待最久的地方（九年），之後因在坪頂蓋建新屋，於是在一九八〇年的九月請調到坪頂國小去。在坪頂國小擔任工友職務至今（2007年）也有十三年之久的余清輝先生（58年次）回憶道，他曾在國小五年級的時候被老師教到，雖沒有很深刻的印象，倒是他可以很確定七等生在坪頂國小的服務時間應該不會超過三年，因為以張貼在校史室的歷屆畢業生與師長合照看來，留有老師身影的照片沒有超過三張；而對照作家的生平及創作年表，他是在坪頂國小的最後一個學期，應美國愛荷華大學寫作班之邀出國（八月到十二月），回國後就請調到附近的福興國小去。因此曾與七等生同事過的福興國小退休（兩、三年）老師呂榮海（37年次）表示，七等生應該是在八四年新學期三月份來學校報到的；在他的印象中，七等生留長髮綁辮子的造型，在當時並不多見，其氣質也迥異於一般老師，但是他可以想像得到，這段時間應該是七等生最感快樂開朗的時期，因為寒暑假經常有人慕名而來訪問他，讓他們同事也感到與有榮焉。見筆者，〈沙河行腳──七等生通霄文學現場之旅〉，2007年7月2日。

〔註40〕洪英雪，《宋澤萊小說中原鄉題材的研究》，頁2；逢甲大學中文所碩士論文，2001年。

誌」其實只是一個符號、標誌，是等待詮釋的。我們應該知道定義常常不屬於被定義的對象，例如地理條件本身，而是屬於下定義者。那也就是說，地理現實是等待詩人／書寫者賦予意義，透過藝術的創作使它有形有狀，而顯出意義。把花蓮、台東稱作後山，把台灣孤懸海外一嶼，把某個地方教北濱或南濱……這都是從特定的立場所作的詮釋。〔註41〕

又引愛爾蘭詩人黑倪的詩句："To know who you are, you have a place to come from."來說明：「要了解你是誰，你必須知道你來自一個地方，你必須有歸屬感。當然你可以強調超越，但超越者也，是要超越這狹隘的鄉土情懷，例如花蓮情結，但你必須有一個地方去超越，必須先承認你來自花蓮。」又說：「有人說故鄉是我們祖先流浪的最後一個據點，這說法跟後結構批評觀念一致，故鄉不一定固定不變，神聖不可更動，你可以改變它，但你必須從故鄉出發。」〔註42〕換句話說，在七等生回鄉定居之後的創作中期，沙河在他的書寫中不再只是背景式的烘托；當一個人的生命走回原出發點時，事物對他的意義已經有所不同。如他個人的心得體會：

生命個體到了某一時期（有如生長的成熟階段），常有轉向的趨勢，一個人如果能夠省思過去種種事象，他必定能夠重創一股新的生命力量；不過我想有些人會誤解所謂重創一股新的力量是指表面的事業成就；表面的事業成就如果是經由內心的一股重創力所引導，這只是附帶的一種結果，真正重要的，也是我要指出的，是一個人能夠從生活的表面活動層次進入生命內在的思維。〔註43〕

他是以一個「在地作家」的身份重新詮釋自己過去成長的鄉村、城鎮、溪流與山嶺，因此沙河不再只是台灣的任何一條多沙石的河，而是與他的出生、童年成長有著密切關聯的地標所在；當通霄與沙河有了緊密的連結後，作家的鄉土情感與地方認同也就油然而生。這個時期的作品呈現繽紛多元的創作傾向，除了小說以外，散文、攝影、粉彩及油畫創作，都在這塊以他的出生地通霄為核心的土地上孕育出來的，因此檢視他在文學或藝術上的總成績，就

〔註41〕 吳潛誠，〈地誌書寫，城鄉想像——楊牧與陳黎〉，收於《島嶼尋航》頁80，台北：立緒，1999年。

〔註42〕 吳潛誠，〈地誌書寫，城鄉想像——楊牧與陳黎〉，收於《島嶼尋航》頁81～82，台北：立緒，1999年。

〔註43〕 《散步去黑橋》序，收於《一紙相思》，七等生全集【10】，頁286。

人文地理學的觀點而言，無疑是展現了很高的「在地性」，這與台灣六、七〇年代的鄉土回歸運動不謀而合，也與台灣當代藝術在地化的認同潮流相一致。然而哲學家梅爾帕斯（J.E.Malpas）引海德格的地方哲學，以「在世存有」做為人類的特徵。他認為，人類與地方的關係，不是放在盒子裡的蘋果，而是一種必然關係的感受，那就是我們的存在方式：

> 反之，地方是內在的，是主體性本身建立的依據——地方不是建立在主體性之上，而是主體性據以建立的基礎。因此，我們並非先有一個主體，以地方的觀念來理解某些世界的特徵；反之，主體性的結構是在地方結構之內，以及經由地方結構而成形的。（Malpas，1999：35）〔註44〕

在此強調地方與「主體性」（subjectivity）之緊密連結關係，其細微處就連作家本人或許也難以辨識。然而我們卻想透過文本去體察作品在文字細縫中所開展的人文空間，即是由「主體之人」作為空間的中心點向外圈擴展之中，不斷地投射賦予層層空間的意義與價值。因此這段前後長達二十多年的創作歷程，從在地的人與地方的情感出發所寫就的文學創作，也可以說是一位沙河行者，一個寫作藝術家，在漫長的漂流旅程中，追求自我，回歸鄉土，尋求文化的在地性／主體性的生命歷程。

二、「白馬」出現的遠方

七等生說：「愛情使我感覺人生的無常，愛情是我意志的表現，就像人類追尋烏托邦的理想，這種相交混的意識，充滿在我的作品裡。我永不能忘懷在這非理想的世界中愛情支離破碎的情形。我的作品景象大都徘徊於悲劇的邊緣，不可避免的，或許在將來我要進入於這悲劇的中心，想到這個，常讓我顫抖和驚悸。因此我企盼『白馬』的再現，它是我心中典型的生活世界的純樸樂園，但它如傳說般過去了，生於『現在』的我，無比懷念『往昔』和憧憬著『未來』。」〔註45〕結束了逃避性的流浪生涯，懷著易感和受挫的心，踏上返鄉之路的七等生，並沒有放棄對寫作的堅持與理想的追尋，而由於他回到了原初之地，那個「白馬」奔馳而過的故鄉沙河，讓他更接近它的真實，同

〔註44〕此論點轉引自 Tim Cresswell 著／徐苔玲、王志弘譯，《地方》，頁54，台北：群學，2006。

〔註45〕七等生，〈情與思（小全集）序〉，收於《一紙相思》，七等生全集【10】，頁282～283。

時也在此憧憬著夢幻的未來，混融著他對愛情的追尋。

　　沙河因白馬奔馳而過，帶來豐饒的意象，最早出現在七等生的小說〈白馬〉中，白馬不知來自何處，是以祖父告訴父親，父親告訴兒子的方式代代相傳而來的：

> 那是在一陣奇異的暴風之後，突然出現在虎頭山頂鳴叫的一匹白
> 馬。無人知曉牠從什麼地方而來，為何立在山頂上發出宏亮的叫聲。
> （頁 46）

位於通霄台地西側、通霄鎮東北方的「虎頭山」，原名「虎嶼」，在《苗栗縣志》裡被描述為：「形如猛虎，昂首長嘯，直立海濱，睥睨海洋，水天相接，波濤起伏，銀浪拍天，風靜則水如鏡，漁艇往來，沙鷗翔翔，海岸平沙如銀，昔人有吞霄漁艇勝景之稱，誠不誣也。」[註 46] 從虎頭山上遠眺，不僅可以俯看通霄漁港的全景，海潮漲落也盡收眼底；其「虎嶼觀海」、「吞霄觀海」的風光，還被地方詩人墨客列為通霄第一勝景。因其稜脈自市區北側向北延伸至白沙屯，逼近台灣海峽，也是東北季風的天然屏障。據說昔日閩南移民來台時，大多從廈門上船，廈門港岸有座虎頭山，每當離鄉背井的移民，佇立船頭遠眺家鄉，只見一座虎頭山挺立，心中難捨之情油然而生。當他們安抵台灣後，望見類似家鄉景物，便取名為「虎頭山」，以聊慰思鄉之情[註 47]。因此白馬之所以會出現在「虎頭山」上，大概是因為虎頭山的發展與通霄的拓殖息息相關的緣故。當白馬雄踞在虎頭山頭時，牠也是「神的使者」的化身：

> 因那白馬光耀照人，神俊活潑，眼珠發著刺一般的光芒。牠在日
> 落前突然奔逐下山，迅速地從我們走的這條路走過，那時那九個
> 男人立在道旁等著牠，追趕牠，想把牠捉住。不過牠彷彿帶著他
> 們賽跑。白馬就在我們現在看得到的那座碧綠的山頭突然失蹤，
> 於是這九個男人把所有他們賽跑追捉白馬的貧瘠土地都歸為自
> 己，分批開墾。像是個奇蹟，土地竟肥沃異常，稻作出奇地美麗。
> （《初見曙光》，頁 47）

這九個原被稱為無賴漢的男人，因為落魄貧窮，在遭到很多人對他們的侮辱

[註 46] 轉引自《通霄鎮志》，頁 634，中華綜合發展研究院應用史學研究所總編纂，
　　　　苗栗縣通霄鎮公所編印，2001 年。
[註 47] 《通霄鎮志》，頁 5、634。

之後，立志要把荒地變為良田，這也就是「田中園」名稱的由來，代表神特別賜予的富庶和美麗之地，也蘊含努力同心，共創美好家園的祖訓和美德。而今天這個富庶之地據說就位於通霄鎮中部靠城中國小（七等生回鄉正式復職後服務一年的地方）一帶的地方，北有圳頭溪，南有南勢溪，四週都是產業道路環繞，看得出它是得天獨厚美好的「應許」〔註48〕之地。對照《通霄縣志》所載：

> 因通霄的地勢是由東向西部海岸傾斜的丘陵，約佔通霄面積的三分
> 之二，其餘的三分之一為近海岸線之平原地區，少數為南勢溪兩岸
> 河階台地、北勢盆地、內湖盆地等，其出現是因為南勢溪、北勢窩
> 溪及內湖溪之地質、氣候和水文上的變動，在舊河床上急速向下切
> 割，而未被切割的舊河床便在新河床上形成階狀地，為本鎮少數平
> 原所在，該處之農業甚為發達。（同上，頁5～6）

可見這個「田中園」的確就位於幾個盆地平原交接的地帶，在先人開墾的過程中，穿鑿附會了一些辛酸而美麗的傳說。或許在七等生的創作初期，很早就立下了一個理想國的願景，夢想創造出一個耕作者的樂園；而這個理想國的投射，曾在他回鄉定居之前，就寄託在那白馬出現的遠方。

如〈城之迷〉是七等生回通霄定居（沙河時期）六年後的作品（1977年），描寫作家身份的主角柯克廉，為了版稅的問題從隱居的鄉間來到了台北城，卻察覺到被出版社惡意地欺詐，心灰意冷之餘漫步到淡水河沿岸，在思緒洶湧中突然憶起一位昔日的女性友人──斐梅，於是興起前去會她的念頭。這篇小說隱含了七等生對理想戀人的追尋，其實也是自我的追尋。其中的一首詩是這樣寫的：

> 仲夏的南風吹過樹梢，
> 一個隱遁者徜徉在小山上。
> 白雲在藍天移動，
> 噴射機如針地穿過；
> 雲塊不斷地變形和組合，
> 而後又擴散分離；
> 一隻馬的形象映在他的眼簾，
> 揭開隱遁者的記憶。

〔註48〕如同《聖經》上帝應許摩西出埃及過紅海，前往流奶與蜜的迦南美地。

　　昔時，在這靠海的鄉村，

　　臨海濱的那座山巔，

　　出現一隻蹦跳的白馬嘶鳴；

　　牠的眼睛像兩道電光，

　　白色如銀的皮毛閃耀著太陽；

　　在一個霧靄的清晨中，

　　牠涉過沙河馳往東方的山巒。

　　他所過之地遂盛產著稻米。

　　是仲夏的風轉來信息：

　　據說北方的大城如今昌盛非凡，

　　色光猶似遍地金黃；

　　這是奇怪的時代，

　　人們不再眷戀著泥土芬芳，

　　擺脫樸素而貪圖奢華。

　　隱遁者坐起離去，

　　他的心已不靜寧，

　　……（《城之迷》，頁20～21）

這也是七等生在小說情節中嵌入詩行的例證。詩中寄託了柯克廉的隱遁者心態，嚮往昔日白馬馳過的富庶之鄉，也就是靠海的山巔旁的一個小村落。此處的空間描寫近似七等生對故鄉通霄地理位置的描述：

　　四十多年前我出生於現在住家的舊屋，而這個地方在戶籍上標記著

　　「世居」，也就是我的先祖就住在這裡；當我童年時，通霄還只是個

　　靠海的中部小鎮，市街的人口不多，房子大都是舊式的低矮瓦房，

　　像我如今還居住者，街道是泥土路，我記得家屋門前是一條通往南

　　勢沙河的牛車路，時常尾隨跟著牛車奔跑，對面則是街尾的垃圾堆，

　　有一片別人的菜園。〔註49〕

這條時常出現在七等生小說中的「沙河」，除了由北而來流過半個通霄鎮的通霄溪外，也銜接著由南而來的南勢溪，這在以「沙河鎮」為小說主要場景的〈沙河悲歌〉中，有一段更清晰的說明：

〔註49〕引自七等生，〈困窘與屈辱──書簡之二〉，頁170～171，收於《銀波翅膀》
　　　全集【7】。

> 這條河有兩個發源：一條由坪頂山下來，細流經過土城梅樹腳；一
> 條自北勢窩流經番社在南勢與那一條水流匯成三角洲，然後通過沙
> 河橋流向海峽的海洋。沙河以沙多石多而名，經常呈枯旱狀態，只
> 有一條淺流在河床的一邊潺潺鳴訴。(《沙河悲歌》，頁4～5)

這條由南北二溪匯集的「沙河」，據《通霄鎮志》的描述：

> 通霄溪與南勢溪合流後總稱南勢溪流域，在打哪叭溪以南，舊屬吞
> 霄二堡，長十公里。流域面積七十九‧八八平方公里，占全鎮面積
> 的四分之三，為鎮內主要河川；南勢溪流域分南北二支，均源自火
> 炎山脈西麓的保安林，西流注入台灣海峽。南支南勢溪乃南和溪與
> 土城溪於圓山下的竹圍會合後始稱，流經土城、梅樹腳，於市區南
> 與通霄溪交會；北支通霄溪，烏梅溪與楓樹溪會合於鴛鴦池附近後
> 稱內湖溪，北勢窩溪與內湖溪於番社一帶會合，流至崇仁橋北不遠
> 處，圳頭溪來會稱通霄溪，到市區南加入南勢溪後轉向西流，於發
> 電廠南側、海尾附近入海。(頁10)

可見這條「以沙多石多而名，經常呈枯旱狀態」的沙河，其生命的源頭是多
麼繁複豐沛，但卻在穿流不息的旅途中逐漸枯竭。除了預表主角李文龍的生
命現象，雖有其豐盛的本源，卻在交插匯聚的過程中被歲月的泥沙淤積，呈
現奄奄一息的淺流狀態，也暗喻他氣如游絲般的生命在殘酷的現實中苟延殘
喘（潺潺細唱）的狀態；並多少次成為七等生心象寓意的所在，更在七等生
中年之際（四十一歲），重現在他的攝影鏡頭底下，成為他生命之河的象徵。
那個有七等生身影的隱居作家柯克廉，在考慮接受鍾愛他的斐梅的勸說留在
台北城的建議後，陷入了沉思。他也把斐梅比喻為一條河：

> 問題是斐梅的存在，她是一個三角州，使數條水流在此會合；不言
> 而喻，斐梅是他們圈中的軸心，她是一個關鍵的人物，一位風流倜
> 儻的女子，她對柯克廉而言比誰都更具有意義和作用。這樣的思想
> 著使他產生兩個基本問題：一個是他本身有什麼優點配得她特別的
> 垂愛；另一個是她到底是怎樣的一個人，她是不是她理念中的白馬
> 的化身，是不是他心目中的理想戀人？(《城之迷》，頁48)

而且似乎有意把沙河、白馬、理想戀人等意象交織重疊，透過斐梅等人與柯
克廉的對話，來傳達理想與現實之間的差距以及轉換可能：

> 我的意志是願望追求一位理想的女人。

斐梅衝動地說：

——世界根本沒有你想像的那種理想的女人，我認為你的願望最不
能實現。

——這個願望如不是以女性的形姿出現，我亦希望它能充分的表現
在我的意念裡成為形上的事物。柯克廉補充說明。

——那形上的事物是什麼？斐梅問他。

柯克廉沉默不語。

——是神或上帝，我想。曹林說。（同上頁74）

正如遠行版《白馬》（1977年）附在書背上的評述：

這種理想境地，我們發現是作者早期閃現的一個重要的靈感，也變
成他以後最為困苦的憂鬱，和始終追求不捨的精神。的確，我們相
信白馬是七等生創作不輟的一個原始發源，像一條流經廣大土地的
河般向前奔馳。

以及透過七等生自己話語說：

作品永遠是生活的提昇和變形物，一種絕對理想國的盼望，企圖折
毀自囚的苦難生活，愛的幻滅，對人類產生啟示，誘導人類向你的
理想國和相信現在的生活是絕對的痛苦。作品有如宗教。其他的一
切，都是假的，想要混生活的玩意。〔註50〕

顯然那奔馳而來的白馬有可能就是七等生潛意識的象徵，一切都指向不可知
的遠方。然而當他隱居鄉里，刻意避開城市的文明與現代性的洗禮，以在地
書寫表達對家鄉地理空間和文化空間的接受和認同時，除了有療傷止痛的意
義外，更有實現自我，完成自我的意涵。當他以〈再見書簡——何必知道我
是誰〉宣告已藉由書寫看透世象，從此不必再提筆，以免釀成更大的誤會時，
他以為用素樸的日記體（書信體）記錄生活有可能是一個著眼現實和瞻望未
來的好方式；或者再做另一次的學習和閱讀，遠離讀者和親朋，避開潮流和
愚昧，把自己封閉的更孤獨和寂寞，他認為這些都是使生命獲得更大突破的
必要過程。於是做了一個「暫時停筆撰寫小說，以便與先賢先知的思想做更
緊密的貼合」〔註51〕的決定。停筆後復出的小說集有《老婦人》和《譚郎的
書信》，後來又陸續發表小說〈目孔赤〉及〈我愛黑眼珠續記〉等；甚至在一

〔註50〕鍾肇政，〈文學使徒七等生〉頁7，收於《白馬》，遠行版，1977年。
〔註51〕《中國時報》八版，人間副刊，1981年，1月10日。

九九六年發表〈思慕微微〉、〈一紙相思〉等的封筆之作，以菱仙這位理想戀人為傾訴對象，在書信體的小說中確立了他抒情自我／主體的建構。

三、「文學聖地」的重現

七等生曾在他的一首「無題」詩中的最後一段寫道：「於是我悄悄地進入木麻黃樹林／僅僅是一片寧謐就是我的聖地／我站在沙丘的柔軟高頂蕭立凝注／那聲音在白波的發生和幻滅間形成」（《銀波翅膀》，頁215）。如果說七等生一直以來在創作的字裡行間所尋覓的就是「一片寧謐」，那麼「聲音」是緣何而來？原來此詩在開首的一、二段已透顯玄機：「突然我的心靈招喊著／要我向一個鵠的走去／秋日的陽光高耀如火輪／寂寥而偏僻的灰色小路　那音響在空際清晰可聞／當多節的火車轟隆衝過橋樑／兩岸濃密的水柳林投的護蔭／有一道蠕動無聲的水流」〔註52〕。把詩裡的時空對照現實的時空，七等生曾說他非常喜歡到海水浴場游泳，每年五月通霄海水浴場開放到十月，六個月裡他幾乎每天來游泳〔註53〕。原來七等生是因著一個聲音的召喚，才前去尋找他的「寧謐空間」，而此「寧謐空間」就在七等生家鄉通霄火車站附近，緊臨通霄海水浴場的一片木麻黃樹林的海濱之地，他把這個地方當作他休憩和靈感蘊生的所在，偶而也是他尋求身體解放（裸泳）的空間。據《通霄縣志》所載：

> 通霄沿岸地區為一條寬約一至三公里、長約十六公里的平直沙岸平原地形，自白東里向南延伸至五南里與苑里鎮苑港里交界處，屬於台灣西部隆起海岸的一部分，沙質潔白細軟，為砂丘海岸地形分布區。其間有通霄海水浴場及白沙、新埔、通霄等漁港。（頁6）

因為此地沙質細軟，自然吸引人們投入它的懷抱，但海濱之地逐漸開闢為觀光景點之後，屬於他個人難得的「寧謐空間」也就不復存在了。不管是海濱之地還是沙河，都在時間的推移中失去了原貌。因此如果七等生沒有回到通霄來寫通霄，作家的生命之河是否將會沒入大量的泥沙之中，面貌模糊而難辨呢？或者通霄這個地名也只是個地方，但少了文化地理的指標意涵呢？張殿說：

〔註52〕此詩收於《銀波翅膀》全集【7】，頁215～216，詩後註記寫於1979年12月20日。
〔註53〕張殿製作的深度報導，〈回到沙河──重建閱讀現場：七等生／通霄〉，《聯合報》，45、46版，1998年4月13日。

> 他在一九七○年謀生受創返鄉小學任教後更大量的代表作描述通
> 霄，通過七等生，通霄在他筆下有著越來越多的地表浮現，成為一
> 個真實卻又賦予創作上的意義之地，終於『站』成一個在現實之外
> 又十足真實的立體之鎮。〔註54〕

或許通霄在七等生的筆下，並不只是一個等待描繪的地理空間而已，而是一
個對話中的「他者」，尤其在〈重回沙河〉中，七等生更是透過鏡頭在書寫記
錄他中年生活的點滴；「沙河」不啻是他中年心境的投影。於是我們發現和看
見，七等生有一個在地書寫的秘密企圖，那就是——「文學聖地」的重現。

　　如果我們把「沙河」意象視為七等生「文學聖地」的重現，亦即把「沙
河」看作一個物質化的「時空體」。關於小說文本中的時空體（chronotope）的
說法，為巴赫金文學理論所獨創，主要是用來指稱文本中時間及空間的內在
聯繫性（Time / Space Relativity）〔註55〕。巴赫金認為，時空體是小說裡展開
「場面」的最佳點：

> 主要的是時間在空間中的物質化，也是整部小說中具體描繪的中
> 心、具體體現的中心。小說裡一切抽象的因素，如哲理和社會學的
> 概括、思想、因果分析等等，都向時空體靠攏，並通過時空體得到
> 充實，成為有血有肉的因素，參與到藝術的形象性中去，這就是時
> 空體的描繪意義。〔註56〕

根據林蒔慧的理解是：「文本以及文本所呈現的世界進入真實的世界裡且使之
更為豐富，而在另一方面，真實的世界進入文本，成為文本創造的一部分，
而這個交互運作的過程即稱為時空體。」〔註57〕而這個時空體就體現在由七
等生所創造出的「寧謐空間」中，再度在〈譚郎的書信〉寫給戀人的第四封信
中出現：「我到達海濱時正好漲滿潮，波浪很大，卻連一個人也沒有，我下水

〔註54〕張殿製作的深度報導，〈回到沙河——重建閱讀現場：七等生／通霄〉《聯合
　　　　報》，45、46版，1998年4月13日。
〔註55〕林蒔慧，〈文本中的時間指稱——以達悟語中的「ya」為例〉，頁27；「文本的
　　　　世界：敘事如何形成歷史」國際研討會宣讀稿。中興大學歷史學系主辦，2004
　　　　年10月9、10日。
〔註56〕巴赫金著／白春仁、曉河譯，〈小說的時間形式和時空體形式〉《小說理論》
　　　　頁452；河北教育出版社。1998年。
〔註57〕林蒔慧，〈文本中的時間指稱——以達悟語中的「ya」為例〉，頁27；「文本的
　　　　世界：敘事如何形成歷史」國際研討會宣讀稿。中興大學歷史學系主辦，2004
　　　　年10月9、10日。

游泳後才陸續來了一些人。不久，我便離開浴場，奔往我的聖地。以下的詩
句是我記述我單獨在隱密的處所時的真實情思。」(《譚郎的書信》，頁60) 其
整首詩作如下：

　　　當我一絲不掛的身軀仰天躺下
　　　在幼小的木麻黃樹林的海濱之地
　　　天空即刻響出驚歎的嘲笑
　　　那是不知名的小鳥不期然地飛過樹梢

　　　連牠都不知道此地是我的聖林
　　　一個孤獨寂寞者擁有的自由之地
　　　雖然時有遊歷的腳步在外圍傳過
　　　有那劃海的船隻出沒，但無妨；

　　　因為在此奉獻心裡的愛思
　　　表露我渴慕返回自然的意志
　　　在經歷歲月的折磨困頓之後
　　　在此解脫束縛使天真呈露

　　　或高歌呼唱心中繫念的愛人芳名
　　　聲波如浪環環越過萬里重洋
　　　我的愛人是純潔善良的處女
　　　她牢記我的形象知我滄桑

　　　潮汐有如撥弦聲聲哀切數落
　　　此時低垂的夜幕將重重染墨
　　　而她在另一國度甦醒自晨光中
　　　而浪音重疊不輟寂寂訴說是誰

　　　在這幼小的木麻黃的海濱之地
　　　聖寵是否降臨充滿我心？
　　　不知名的小鳥折回叫出美讚
　　　一朵黃昏的彩雲凝成她的真相 (同上，頁60～62)

整首詩表明了一個渴望掙脫束縛，重獲自由的堅定心志，而回返自然，覓得
一「寧謐空間」是他暫時的解脫之道，在此空間中他可以盡情地去想像，包
括遠在異國雖然缺席但卻真實存在他心底的愛人，在這片木麻黃的海濱之地，

黃昏的雲彩和小鳥的美讚聲讓他有如聖寵降臨般的感覺。學者馬森曾針對〈譚郎的書信〉的整體風格提出他獨到的見解：

> 作者以坦率誠信的自剖方式，赤裸地呈露了譚郎的感情和思維，同時也表現了譚郎所處的時代背景和地理景觀，把一種有限的時空中的生活氣息活鮮鮮地展示了出來。〔註58〕

沙河是七等生在地書寫中最明晰的地誌，以此延伸出的木麻黃及海濱景致，在黃昏雲彩的映照下，構成一幅恬淡自適的鄉野風情畫。

另外，七等生在一九七二年曾以後設的遊戲性質改寫了陳映真的小說〈唐倩的喜劇〉，取名為〈期待白馬而顯現唐倩——陳映真〈唐倩的喜劇〉之變奏〉。故事一開始用的是他早期小說〈白馬〉的神話元素與沙河的時空作連結：

> 時間過去了，沙河把我與那邊的陸地盼隔起來。傳說昔日有一隻白馬由山上奔馳下來，人們尾隨著牠來到這塊土地。人們於是在這裡開墾，使一切都富饒起來。但是日子久了，人們懈怠下來了，紛紛地離去。……我留了下來，搭蓋一間小屋居住，我每日辛勤的工作，只為了溫飽和等待。我守望在沙河岸邊，期待白馬再度的降臨；……（《初見曙光》，頁75）

這位沙河的守望者心中懷抱著理想，充滿著期待，堅信失去的樂園會再重建，以呼應最後一段「我」確信：當唐倩的時代過去，白馬會降臨。因此中間的若干情節，除少許穿插沙河的片斷外，都是照搬陳映真的原作，把女主角唐倩周旋在幾位知識份子之間，越來越獨立，也越來越有魅力的故事重述一遍，以反映當時台灣讀書界的狀態和氛圍。七等生這篇小說刻意製造的衝突點是「我期待白馬而顯現唐倩」，目的是要突顯這位從昔日住過的城市出走的「我」，現以沙河的守望者自居所採取的姿態，縱使理想和現實之間有所落差，現實的魅惑是如此之大，但是「我」已經有了萬全的準備，「等待」是他最佳的利器。唐倩在這裡是欲望的象徵，也是現實之表徵，以與白馬的理想產生強烈的對比。我們回顧陳映真六〇年代這篇描寫當時台灣首善之區台北的小小讀書界所掀起的波瀾以及風流韻事的小說，首先是知識份子熱衷於西方「沙特式」的人道主義、存在主義等哲學，後來又被「新實證主義」的潮流所取代，而置身其間，集欲望與知識於一身的女主角唐倩，歷經了于舟、老莫、羅

〔註58〕馬森，〈三論七等生之二：我看《譚郎的書信》〉，收於氏著《燦爛的星空——現當代小說的主潮》頁182，台北：聯合文學，1997。

仲其等三位不同學派男友的試婚關係後，毅然嫁給美國留學生喬治 H.D，離開台灣前往美麗的新世界去，但很快的她又改嫁給一位在一家巨大的軍火公司主持高級研究機構的物理學博士，從此過著幸福快樂的日子。這位被描述為「全身都是熱力和智慧的女人」、「由一杯玫瑰花釀成的火酒」以及「使男性得以完成的女性」的唐倩，出現在七等生的變奏曲中，是來自沙河的對岸，乘著小舟而來，全身散發著性的魅力：

> 唐倩在對岸呼喚。但是距離太遠了，聲音傳不到我的耳裡。我看到她解下身軀上的兩條布片，她完全赤裸著，像蠟燭上跳動的火燄，對我揮動旗語。但你無法辨識和了解這種玩意。我的心在高原。我期待白馬而顯現了唐倩，因此我像石塊一般地坐著，即使她能展翅飛翔過來，亦不能壓倒我。（《離城記》，頁 85）

七等生似乎透過小說中的這位沙河的守望者「我」在宣告自我的追求，有比俗世欲望更高遠的目標和期待：

> 但她不能對我構成意義。因為我只期待白馬從接連宇宙的大山奔馳下來，通過沙河來到我這裡，使這裡的土地富饒起來。我這樣確信著：當唐倩的時代過去後，白馬會降臨。無疑，我是這樣的期待著。在沙河岸邊，我搭蓋了一間小屋，我在此居住，在此等待。（同上，頁 85）

但這是否與七等生的精神是相衝突，或許他自己也無法清楚地描述。七等生在〈愛情是什麼？〉中說：

> 真愛在那裡？明淨如水的世界在何處？我所追尋的理想的永恆戀人是什麼樣子？永無回答。或許跟隨生活現實，就如河水流經堅實的土地，像史梅塔納的莫爾島河的樂音所說的：將我們的情感注入，無論經過山畔、草原、森林、城鎮，無論是細水淙濯，或平闊緩行，或激流，或斷崖的衝瀑，或悲壯地流入海洋，這一切都是熱情，沒有人會非議如此多姿多彩的愛情。（《銀波翅膀》，頁 181）

不過這仍不是他要的答案，一個沙河上的獨行者，一生尋尋覓覓的愛情，縱然有如「變幻的雲彩，永遠無法捉摸。」（同上）但在他的作品中仍然不停地訴說傳唱著對〈理想的戀人〉的嚮往：

> 俗世的每一個人都有一個妻子，或一個丈夫，但不要否認幽深神秘的心中也有一位理想和仰慕的戀人；當企慕理想的戀人愈勤，認為

愛他勝於愛妻子（丈夫）時，男女才能平等和諧地相處；要是依俗
世的膚淺看法，只能愛妻子（丈夫）而不能瞻仰理想的戀人，就等
於只渴慾肉體而摧折原真的自由意志，那麼雖能在日子裡表面的履
行夫妻的義務，但根本上是連一點愛意都沒有。愛女人（丈夫）而
且相信他個人的世界必定有一個理想形象的存在，是完全依照心理
的本質衍生而來的，和愛妻子（丈夫）並不牴觸，也不矛盾，因為
短暫的人生是永恆生命的分支和過程，生活的意識的源頭是宗教虔
誠的情操。（《重回沙河》，頁 149）

在此他對愛情的定義已與宗教的層次並駕齊驅了，但這是否只是陳義過高的言
論，肉體凡軀真能抗拒俗世情愛的誘惑嗎？或者說愛情的本質難道只能存在於
形而上的想像世界嗎？就情愛的「排他性」及「非普遍性」而言，這是很難自
圓其說的，於是在書寫的當下思維難免也陷入了混雜的狀態：「我曾祈求神靈
啟示給我，那理想的戀人是否能為我尋獲。我也曾表示過除了現在的妻子外，
我也曾愛著其他的女人。」（同上，頁 151）在此七等生是以對神禱告的方式來
剖白，坦露內心的需求，然而卻與聖經「淫念等同姦淫」嚴厲的標準相違背，
因為經上說：「只是我告訴你們，凡看見婦女就動淫念的，這人心裡已經與她犯
姦淫了。」（馬太福音五章：27～30）因此如果想寄望以世間男女之情來完成理
想形象的追尋，無疑是緣木求魚，而且反而會去破壞現實的婚姻形式；尤其當
一個寫作藝術家陷入創作的瓶頸時，就更難去觀照一份俗世的婚姻生活；〈譚
郎的書信〉就是在這樣的背景之下產生，書中反映了一位寫作藝術家存在的苦
悶象徵；〈隱遁者〉則寫出一個城鎮逃遁者對無價的愛情終身懷抱的熱情；而
〈沙河悲歌〉更隱約暗示一位江湖藝人對理想愛情的求索與堅持。不禁讓人感
嘆，愛情的力量真有如此之大？真正不朽的愛情難道只能從妻子以外的女人身
上獲得？世俗的婚姻最後只能變成愛情的枷鎖嗎？如果愛情不能在現實中尋
獲，是否只能一次又一次地諦聽那沙河細訴的悲情？或許從精神心理的層面去
分析一個寫作藝術家的存在與愛欲，將會有更大的同情和理解。

第三節　沙河的悲歌淺唱

《沙河悲歌》（1976 年）是七等生「獻給胞兄玉明及一般吹奏樂者」之
作，寫於他的創作中期。一反之前他小說的荒誕和怪異，這篇以他兄長為摹

寫對象的小說，有很高的寫實性，而他以出生所在地通霄鎮做為時空背景的描摹，也展現高度的在地色彩。一開頭「晚上約莫九點鐘左右，李文龍從座落在街尾的一間低矮的瓦房走出來，……」（《沙河悲歌》，頁 3）「他朝街頭走了約五十公尺，那條巷事實上是一條大圳溝，除了在馬路上的一部分外，這條水泥溝渠在巷子裡並沒有加蓋。……」（同上）「他又走進另一段黑漆的小巷，同樣是那條沒有加蓋的大圳溝。然後這條溝渠直角向北，李文龍來到另一條橫街，在西南盡頭接往縱貫公路，那裡有兩家相對面的酒家，都掛著紅綠色的燈光招牌，街路上顯得很冷清，但屋子裡面卻很熱鬧。他在樂天地和圓滿兩酒家奏唱了一夜，約莫凌晨一點鐘回到家門，木門已經關上了。」（同上，頁 4）「來到沙河已經夜深幽寂，除了淺流潺潺細訴。」（同上）文本中這幾個似曾相識的地景：街尾低矮的瓦房、街頭的大圳溝、縱貫公路上的兩家相對的酒家，其實就是七等生以通霄老家為起點而延伸的地理景觀，只是通霄鎮被轉化為「沙河鎮」，而兄長劉玉明變身為李文龍。

　　這是他首度以「沙河」來為自己故鄉的人、事、物命名，特別是紀念其才華洋溢卻生不逢時的大哥的早逝，他讓「沙河」成為一個鮮明的地標，而命名是為賦予其空間意義而加深其地方感，如前一節對沙河在地性的探討，沙河是他故鄉所在的主要河川，流經鎮上大半的區域，不僅是早先接引祖先進駐通霄的通道，也是鎮上豐衣足食的依傍，連結了土地、人情與交通運輸。這對選擇在人生的中年返鄉任職的七等生有一定的象徵意涵，意味候鳥歸巢，認祖歸宗，對土地有了認同感之後，自我的認同感也會提高，因為「心理的地理成分有必要歸屬某處，這是普遍疏離的解藥。」〔註 59〕即使通霄已非昔日的通霄，但是故鄉（地方）做為我們人性根柢的意義永不會改變。如他在《沙河悲歌》的再版序（1976）中說：

> 我所敘述的故事是有關於一位醉心於追求樂器吹奏技藝的男人，他的雙親、兄弟姊妹，他個人的生活遭遇，結識朋友，第一次的性愛，病痛，結婚，直至他對生命有所醒悟的整個生活史。……這些人物都是我自小所熟悉的真人真事，但為了不使尚在人間的當事人感到難堪，皆採用假名，沙河與沙河鎮亦屬杜撰。〔註 60〕

〔註 59〕轉引自 Tim Cress 著／swell 王志弘譯，《地方：記憶、想像與認同》（Place: a short introduction），頁 83，台北：學群，2006 年。

〔註 60〕七等生，《沙河悲歌》，遠景出版社，1976 年 7 月初版，1976 年 8 月再版。

這段作者自序在重刊的《沙河悲歌》（2000 年，遠景版）中已不復存在。事實上這篇小說的寫實筆法已使作品的意義圓滿自足，讀者應能感同身受，心有戚戚，當初何以要「畫蛇添足」，或許可以代解析為：一為悼念長兄玉明於一九六二年死於肺病之作；二為紀念自己正巧於同一年涉入文壇；三是以在地素材重新詮釋自我的開始。此時距長兄之死已有十四年之久，也是他邁入創作中期的開始，除了教書帶來的穩定感以外，也對通霄的地方感逐漸落實，再加上他的自修課程與閱讀的興趣轉移到歷史，於是促成他重新去探索他的家族地誌的可能（包括他自己）；早年因貧窮，兄弟姊妹不得不分散的命運，在他的文本中也逐一地登場，成為他在地書寫的關注焦點。於是我們可以說，《沙河悲歌》其實就像是一首輓歌，追悼著逝去的青春與理想；而沙河的生命歷程，也就象徵／隱喻一個藝術家自我追尋的歷程。

一、聖徒夢

〈沙河悲歌〉的主角李文龍（一郎），青少年時期瞞著父親偷偷學習吹奏樂器傳佩脫（小喇叭），為使技藝高人一等，他覺得必須遠離小鎮到外面的世界去吸取經驗，當他跪地要求母親讓他追隨「葉德星歌劇團」（當樂師）遷徙離開沙河鎮時，母親並不能理解他的想法，也不明白他所說的藝術是什麼東西：

> 她始終不了解他為何要去當一名歌劇團的樂師來羞辱她；她的觀念無法明瞭有成就的藝人也是一種出人頭地；她不懂什麼是藝術，她沒有受過學校教育，他所不知道的正是年輕的李文龍所知道的。
>
> （《沙河悲歌》，頁 8）

但他卻勇敢而執著的爭取，在「先斬後奏」的情況下出走。以至於在後來返家探親時，幾乎被父親用木劍砍斷了左手臂，導致他左手臂傷殘失去了筋力，而他坎坷悲慘的求藝生涯就此開啟。這幾乎殘廢的左手臂，平時溫順柔弱，但當有突如其來的緊急事件時，卻又會像一隻機械的槓桿舉起來，有一種不知不覺的反射作用，使別人誤以為他另有所圖，而懷疑或嘲笑他。譬如他與團主碧霞如姊似弟，又像情人般的關係，隨著劇團的慘淡經營及自己第二期肺病的發作，不得不告一段落時，碧霞坐車送他到車站。一路上，碧霞緊握著他攤軟無力的左手臂，原本毫無知覺，可是當情感一被觸動，因為抑制的緊張，左手臂竟然彈跳起來，把碧霞的手掙脫開來，令她相當難堪。但他心

裡很明白：

> 他懷念碧霞，他清清楚楚地看到自己生命的素質，他生命中唯一仰
> 慕和愛戀的就是她。在那時，當他預備娶玉秀為妻時，他與碧霞之
> 間突然顯出一個很寬的界限。碧霞對他婚事的淡漠，正好說明了一
> 位世態看多的人不願表露自己的情感。平時碧霞對他親切的照顧，
> 也許正是玉秀要對他為難的因素。玉秀懷孕回沙河鎮後，他突然深
> 深地依戀著碧霞。（同上，頁81）

但碧霞是個持重的女人，她也頗知道自己的角色和命運，再怎麼能幹強悍，
終究也只是人家（葉德星）的小老婆，其歌劇團旗下的一支，面對可能被合
併的命運，她既抗拒又無奈。但當她把一只金戒指套在他左手臂的中指上時，
這一次他的左手臂反而變得很安靜，當時他真恨他有一隻「貪財可恨的左手
臂」；或許這隻左手臂是他的潛在意識的象徵，代表其壓抑的人格，以偽裝／
面具的形態出現（表面上是完好的），逼使他無法漠視，卻只能與之和平共處。
另外，對李文龍而言，憂鬱而嚴肅的父親始終是他內心一個巨大的陰影，也
是他自卑感的來源，潛意識裡一直在抗拒與壓抑的負面力量，因為父親的期
望來自社會的價值觀，他幾乎無法與之抗衡。依照榮格的理論，「個體意識心
靈所投射出來的陰影（shadow），包括了人格上隱晦、壓抑和邪門的部分。因
此自我（ego）和陰影總是陷於衝突之中，這種衝突在原初人類奮力發展意識
的過程裡，表露在原型英雄與巨大邪惡力量的對抗當中，進一步被擬化為英
雄與巨龍或其他怪獸的爭鬥。但是，這種陰暗無明不只是意識自我的簡單倒
轉而已，就像自我含有邪門和毀滅性的成分，陰影也含有正面的質素——正
常的本能和創造的衝動。」〔註61〕因此吹奏技藝就成為他對理想的追尋，他
不但依此為生，也依此而發現自我。

然而生活的磨難、身體的殘疾與生存的挫敗使文龍把希望寄託在弟弟二郎
的身上，二郎是他的「面具」（persona），一個追求「聖徒夢」的面具，以榮格
的精神分析理論去探究，在此面具背後其實呈現的就是七等生的心靈意象空
間；面具是外部世界與自我之間的中介者，為心理上具有集體性格的部分，猶
如一個容器那樣將個體的內在自我保護起來。〔註62〕他覺得「我的這位老弟是

〔註61〕卡爾·榮格主編／龔卓軍譯，《人及其象徵》，頁128～129；台北：立緒，2000
年。
〔註62〕ROBERT H.HOPCKE 著／蔣韜譯，《導讀榮格》，頁87；台北：立緒，1998年。

我真正的知己」(《沙河悲歌》，頁 109)，但也可說是他理想人格的投射：

> 二郎也許是我最為不能徹底了解的人，而只憑著我一己的生活所產
> 生的幻想來架構他這個人物，他想。總之：他不會重踏我走過的舊
> 路，與我的命運相同，就是時光不再往前奔馳只停在此刻，他也不
> 會做出我所做的相同的事，他想著：二郎代表著未來的時代，我代
> 表著隨時會逝去的現在。他想：我與他的分別是明顯的時光，我隨
> 時會死，他隨時會踏上他的坦途。他想：我對我弟弟二郎的希望，
> 信仰勝於一切，他是我唯一能見到的新生命，別人也許會認為我的
> 論調滑稽可笑，但我並不認為這有什麼不正經；假如這是我的形上
> 思想，有人會認為我不夠真實嗎？（同上，頁 104）

文龍與二郎其實是一體兩面，是理想與現實的投影，也是陰影與面具的轉化，
經常處在對立的狀態，直到有一方願意退讓，當他決定返回到沙河鎮時，也
就是心靈覺悟的開始：「我已經想清楚了，我不再逃避和流浪。」（同上，頁
103）當初父親加諸給他的巨大「陰影」，也巧妙地轉化為「智慧老人」（神秘
的拾骨者）的原型；而現實中的七等生其實就是文本李文龍的化身，以二郎
的形象出現時，因負載著過多自我理想的投影，也轉化為文學中的原型人物。
據陳麗芬的觀察，長兄玉明的早逝一直是他耿耿於懷的憾事，這個陰影一再
潛藏在他的作品裡，成為夢的意象，經常浮現在沙河的倒影中〔註63〕。兄弟
河邊垂釣是他一生中最美好的回憶，（文龍）教弟弟（二郎）游泳成為一件「了
不起」的大事，這些回憶之河的停格，成為他生命中難以抹滅的圖象：

> 他的雙目正在注視水裡映來的影像他看到自己疲累地坐在水岸邊，
> 看著二郎游泳，他的臉埋在水裡，時而抬起來吸氣，兩腳均勻地踢
> 著水，水花打得很高，濺到他的臉上來。他微笑地注意著二郎，……
> （《沙河悲歌》，頁 28）

而這個圖象，在七等生〈九月孩子們的帽子〉(1965) 的第二個故事〈其中一
個樂師死了〉，及詩作〈樂人死了〉(1972)、〈隱遁者〉(1976)、〈似是而非〉
(1973)〔註64〕中都有類似的片段出現〔註65〕。這類由情節的虛實互涉，進

〔註63〕 陳麗芬，〈台灣現代主義文學的另類想像——以七等生為例〉，頁 90，收於《現
　　　　代文學與文化想像——從台灣到香港》，台北：書林，2000 年 5 月一版。
〔註64〕 現已收於《隱遁者》，台北：遠行，1976 年。
〔註65〕 陳麗芬，〈台灣現代主義文學的另類想像——以七等生為例〉，頁 90。

入文本的寫實，七等生逐漸把自我形上思想的追求落實到家族誌的探索，父親、兄長、甚至那童年因家貧被賣的妹妹敏子，都一再出現在文本的敘事當中，形成他創作的原始意象（原型），也就是所謂的「記憶陰影」；而也一定程度地化解了心中對父親的仇恨與因貧窮所帶來的羞恥感。

二、沙河與樂器、性愛的轉喻

沙河雖然經常呈現枯旱狀態，卻有一條淺流在河床的一邊潺潺鳴訴，如同奏唱者李文龍生命長時間皆處在混沌不明的狀態，僅靠內在一股頑強的意志力在支撐這隨時倒下的殘破身軀。所以「沙河」映射「李文龍」，再由「李文龍」映射到「樂器」／克拉里內德身上，三者彼此間構成一組隱喻的關係；而「沙河」以人生／旅程的意象，對應到實體的「李文龍」，可以想見這是一趟充滿變數的自我追尋之旅：〔註66〕他把自我投入龐大的命運之神的手裡，完全接受當下的自我，是一為肺病折磨成乾瘦的我／黑管。當他記起了二郎的話說：『你必須把自己變成一支長長瘦瘦黑黑的克拉里內德』（《沙河悲歌》，頁109）時，對這支樂器就有了不一樣的感情：

> 是的，當我注視著樂器克拉里內德時，就像是看到為肺癆折磨成乾瘦的我，他想。我的肺裡充滿肺癆的細菌，我的樂器克拉里內德的內壁也沾滿那種細菌，他這麼想。他回憶著：有時我會夢見樂器克拉里內德，它直立起來發出神經病似的尖銳的叫聲，因此我想樂器克拉里內德有時也會夢見我。（同上，頁110）

因此克拉里內德／黑管（豎笛）的容器譬喻，與李文龍有直接的轉喻關係，而克拉里內德的哲學也就是李文龍（一郎）在吹奏中「發現自我」的哲學：「現在他必須告訴二郎，首先追求的技藝藝術到最後會轉來發現自我。」（同上，頁8）他生命中的三種樂器似乎就分別代表著他生命旅程的三個階段。前兩個階段只能說是處在他生命的渾沌期，一味地在追逐自以為是的理想與技藝，想藉此填補內在的自卑與空虛，直到他在現實生活中有所覺悟與體認：

> 他想：我很慶幸我發現了樂器克拉里內德。當年紀較輕時，他好勝吹樂器傳佩脫很神氣；然後他認識了生活，他吹樂器薩克斯風很過癮，現在他對人生已有所悟，克拉里內德使他獲得冷靜。（同上，頁101～102）

〔註66〕周世箴，《語言學與詩歌詮釋》第四章〈當代的隱喻認知〉，頁83～89。

如同對吹奏樂器的執著一樣,對傳佩脫(小喇叭)、薩克斯風、克拉里內德(豎笛／黑管)的追求與掙扎也就映射到他生命有糾纏關係的三個女人身上——「二郎說得對,我承認現在愛樂器克拉里內德比愛女人、財富、名譽更甚,他想:我的克拉里內德和我內心的靈感便是我的女人、財富、和名譽,他這樣想。」(同上,頁 109)隱喻他不同的愛情經歷。他與生命中三個女人的關係有依戀(碧霞)、有婚約(玉秀)、也有性愛的滿足(彩雲)。尤其是酒女彩雲,就像她的名字一樣,;偶而飄到李文龍的波心,兩人邂逅在奏唱的酒家,滿足了他在情感上的空缺於是以往七等生在文本中(如〈隱遁者〉)呈現本事與情節的混雜面貌,至此有了清晰的輪廓與脈絡,七等生在〈離城記〉附題「不完整就是我的本質」的說法,顯然已隨時間的支流慢慢流向生命的海洋,愈趨齊整、廣闊而有深度。就李文龍而言,他一生對樂器懷抱的熱與限制,就像他與三個女人之間的關係一樣,有一部分來自於理想的投射,但大部分是在尋求一個避難所,以便逃避捨此以外便無法忍受的孤獨感。「推至最後,人們在愛情中所找到的只是免於孤獨的避風港。愛情和婚姻只是二人聯隊,以對抗世界,而這個二人份的自私卻被誤認為是愛情和知心。」[註67]要達到一份成熟的愛談何容易?李文龍與玉秀的婚姻或許是為逃避孤獨,但卻陷入更大的孤獨中,只好懷著對碧霞的依戀投入彩雲的懷抱中,尋求情感的慰藉和滿足。

陳季嫻以為,超現實的情節,令人不解的隱語,淡化的情節,是七等生怪誕晦澀風格的成因,讀者不能以生活常理推求,需視上下文意尋索之,發揮讀者的想像力、感受力,藉著與文本互相激盪,始能挖掘作品底層的深意。[註68]而陳國城(舞鶴)很早就感受到七等生是一個「內省型」的作家,不論其作品形式如何扭曲,本質上均可歸於主觀自我世界的抒發。而此「自我世界」常與「現實世界」產生衝突與對抗,有時「自我世界」還會逸出常軌,向更深邃的、神秘的境地延伸,與人生問題的迷惑,建構成一矛盾的鬱結。而這個鬱結也就是「現實的夢魘」,不得不藉「變形」的方式去處置。[註69]如七等生發自心底的聲音:「讓我活著成為一個自封的寫作的藝術家罷;這個

[註67] 佛洛姆,《愛的藝術》,頁 110。

[註68] 陳季嫻,《「惡」的書寫——七等生研究》,頁 171。

[註69] 陳國城,〈「自我世界」的追求——論七等生一系列作品〉,頁 349,收於張恆豪編,《火獄的自焚》(1977),後又收於七等生全集【4】《離城記》(2003)。

變態已經替代了的身軀；我的真我就是一個寫作的藝術家。」（〈致愛書簡〉《沙河悲歌》，頁310）在〈沙河悲歌〉中他觸及到父親的威嚴與落寞、母子觀念的落差、兄弟情誼的深篤，更多的是他描寫李文龍所追隨的「葉德星歌劇團」中的人物形象，以及為求溫飽四處遷徙的流浪生涯。同時也關照到撿骨師、妓女等的社會邊緣地位，以凸顯對主流價值的思辨，以及個人對生命意義的思索：

> 他突然清楚地了解那位撿屍骨的老頭，他相信那小老頭子在年輕時也是和任何所謂正常社會人類一樣，希冀所謂不被輕卑的職業。經過了風霜，他沉默了，他面對人們所不敢面對的事物，他是認識自然的人，他甚至認識天上的神。還有那位賣春的老啞吧女，她曾經也有屬於自己的青春的美夢。而我也曾經有過野心勃勃追求技藝的理想。（《沙河悲歌》，頁109）

作者在此將撿骨師父與老啞巴女的生命提升到與自然同等級的超驗地位，是有意揚棄正常社會的價值觀，也對一般的善惡、美醜看法有所思辨（〈愛樂斯的傳說〉《一紙相思》，頁139）。就如陳季嫻說的，那是七等生仿效史家之筆，標舉他心目中的英雄，為小人物、反英雄者立傳，刺破了常人對英雄神話迷思的舉動。〔註70〕同時也反映了他獨特的藝術審美觀。

陳麗芬說：「我對七等生的閱讀即是在正視七等生小說中總是被論者抹除的種種真實生活上的無謂細節痕跡。我認為在大部分的情況下，七等生是為了現實本身才去寫現實的，它絕對不只是充當一個背景而已。在七等生的文學求索裏，本人生命拉拉雜雜、瑣瑣碎碎的經驗層面對他來說是如此重要，以致他不斷力圖將其所體驗的生命混沌感引進文學領域，並逼使讀者的我們對之加以注意。在七等生敘事話語中它凝聚成一個極為顯著的文本存在，實在教人無法對之視若無睹。」〔註71〕作為一個台灣「現代」作家，七等生的特色除了以文字的怪誕、晦澀標示現代主義的美學特徵外，其重要性應在於他對台灣弱勢、邊緣人物的描摹，以對抗偽善的社會道德、對「主流」價值觀的思辨，以及對生命意義的重新思索，從這個角度來檢視七等生，我們才能讀出他作品的歷史感和人文關懷。

對七等生而言，他在早期顛沛流離的生活演繹下，已經足夠讓他在生命

〔註70〕陳季嫻，《「惡」的書寫——七等生研究》，頁132。
〔註71〕陳麗芬，〈台灣現代主義的另類想像——以七等生為例〉，頁85。

的中期（35 歲之後）將心靈的地誌加以延展，朝更深廣的潛意識層面去探索。因此，《沙河悲歌》雖以其胞兄（玉明）的一生為原型，但卻隱含其內在的自我追尋，試圖建構出一部清晰可讀的家族誌；背景擺在日本人發動第二次世界大戰，刮盡台灣一切物資，以及戰敗結束統治後，所遺留下來貧困的十數年間的生活面貌。〔註 72〕那近乎夢境般的生活片斷，慢慢轉化為虛構的藝術世界，雖虛猶實，且令人動容。如七等生在〈致愛書簡〉說：

> 做為一位現代文學的寫作者的我啊，早就卑視那浮表的事件的記述的不能共鳴的事實，這使得我必須把心靈演化成形式，用幻想做內容直接來感應你，當你接住我的傳播的感應時，能使你從我的幻想再恢復到現實，那麼你看到的將不是發生在我身上的單獨的特殊遭遇，而是生命的你也同樣會遇到的普遍事實。藝術藉形式傳達，以便也使你也發現你的心靈的滄桑……（《沙河悲歌》，頁 310）

他企圖將自我最真實、瑣碎事件與讀者在心靈上做直接的溝通和感應。其後《老婦人》〔註 73〕的書寫，基本上也是透過事件的回溯，將個人心靈地誌的流放空間，擴及到家族地誌的圖譜，把早期文本中浮現的孤獨、扭曲、分裂的原形意象片斷，在一個個不同的故事文本中逐步地鋪展開來；而〈重回沙河〉札記式的書寫，表面上雖為攝影創作的延伸，但是卻是中年七等生心靈的翻轉與突破，當我們扣緊其中的沙河地景為最關鍵性的原形意象時，它不再只是在地的符號表徵，也輻射出許多深刻的意涵，如榮格說的「心靈即形象」（Psyche is image），心靈不僅只是被表現在諸種形象中，心靈其實就是活在形象或心理經驗模式當中，不斷地從自我形象與他者（陰影）形象的互動模式（投射與抗拒）中發掘出豐富的象徵意義來。〔註 74〕

第四節　重回沙河之後

一、〈老婦人〉的身體地誌

七等生大部分的作品都是從他一己的經驗出發，在寫作歷程裡持續地與

〔註 72〕七等生在一九七六年遠景版《沙河悲歌》序中言。

〔註 73〕洪範版的《老婦人》（1990）扉頁中寫「獻給我的母親詹阿金」；後〈老婦人〉收於《重回沙河》七等生全集【8】。

〔註 74〕卡爾・榮格主編／龔卓軍譯，《人及其象徵》，頁 18。

外在世界，或「他物」在作辯證，檢視外在客觀環境，也檢視主體之內微細、不斷累積的變化，而後書寫成作品。「至此，作品已不再是自律或他律單方面的產物，而是辯證統一後的文本。在這過程中，我們看見了主體與客體情境之間持續的交互影響。」〔註75〕人文地理學者梅爾帕斯引海德格的地方哲學，以「在世存有」做為人類的特徵，突顯出「地方」與人類主體性的依存意義，「地方是內在的，是主體性本身建立的依據——地方不是建立在主體性之上，而是主體性據以建立的基礎。」〔註76〕《老婦人》（洪範，1984）出版於他創作中期停筆復出之後，其中的幾篇作品讓他獲得了許多的獎項，雖未獲得之前的廣大迴響，但可見他關懷的角度已從自身跳脫，層面逐步擴大到母親等家族的角色和邊緣人物中，或許生活空間的改變也影響到他作品角色的選取和人物的發聲腔調。譬如他在這段時期有短暫美國愛荷華寫作班之行，反映在〈李蘭州〉、〈克里辛娜〉、〈行過最後一個秋季〉（小說）及〈五月花公寓〉、〈離去二十行〉（詩作）等作品中，有幾篇小說的敘述語調嘗試以女性發音，語言不如先前的淨練，與之前男性本位的書寫風格有很大的差異。

〈老婦人〉是在寫一個祖母詹氏從北部要南下幫孫媳婦作月子的故事，主軸是一趟探親之旅，但其實是在為一個日漸老邁的孤獨身影速寫生命的圖象。當詹氏清晨起來走進廚房對她的女兒說：「我今天要南下去走走時。」（《重回沙河》，頁209）忙碌中的二女兒不忍心她拖著老病還要去做操勞的事情，冷淡而無奈地回說：「你要去就去罷。」（同上）詹氏在臨走前再次表明她的心跡：「不祇是為淑華，還有許多事，要走許多地方。」（同上，頁211）出發後她先轉進斜巷的菜市場跟擺地攤賣衣服的（苦命）大女兒辭行，交代：「我這次南下，什麼時候回轉來，不一定，妳一個人要謹慎些。」（同上，頁212）或許她想要藉由身體的移動去實踐和完成這些地方的想像，而這些地方有她過去的事物、思想和記憶儲存在其中。於是她的移動路線從台北市郊的木柵溝子口出發，到台北火車站搭車南下。先回白沙屯（苗栗縣後龍鎮）的老家與次子（吉村）同住幾天，再同老友（細尾）到北港媽祖廟進香，又轉往台中探視脊椎畸型的孫女（阿惠）。抵達高雄孫媳婦（麗華）家時，已經是當

〔註75〕林宜澐，〈文學創作與鄉土關懷〉頁53，《東海岸評論》58期，1993年5月，頁53～55。

〔註76〕轉引自 Tim Cresswell 著／王志弘譯，《地方：記憶、想像與認同》（Place: a short introduction），頁54，台北：學群，2006年。

日的黃昏，她很高興看到一個新生命的誕生，她要為這個小曾孫踐履做一個女人（母親／阿嬤）的存在意義；因為只有當她忙碌的時候，才會忘掉自己老病的事實。但同住了幾天後與媳婦發生口角，感覺自己留着毫無用武之地，便負氣地搭夜車離去。凌晨回到台北後又到菜市場去，想幫大女兒作生意，但大女兒趕她回去休息，回到住處後，她累得不支倒地。

人文地理學者西蒙援用跳舞的隱喻來描述「身體主體」（body-subject）的特殊任務，例如洗碗盤的一連串前意識行動，他稱呼這種序列為身體芭蕾（body-baller）。若這種移動持續維持了一段相當長的時間，他就稱之為「時空慣例」（time-space routine）。而許多時空慣例在某個特殊區位裡結合在一起，就出現了「地方芭蕾」（place-baller），她認為這是強烈的地方感產生的由來；身體移動性在空間與時間裡結合，產生了存在的內在性，那是一種地方內部生活節奏的歸屬感。而地方芭蕾是召喚我們地方經驗的隱喻，它指出了地方乃是透過人群的日常生活而日復一日操演出來的。當然關於「地方」的概念有許多論辯的思考，但卻可從由此脈絡中去觀看老婦人「身體主體」（body-subject）的移動意涵：「身體移動性在空間與時間裡結合，產生了存在的內在性，那是一種地方內部生活節奏的歸屬感。」〔註77〕譬如詹氏出發前對女兒的囑付和叮嚀，年邁又有病在身的她或許意識到自己來日無多，落葉歸根的念頭讓她想回鄉探望家人，有可能的話或許就不回來了（或許回不來了）。然而幾天之內，她走遍了幾個她想去地方卻又很快地回轉到原來居住的地方，因為她原本的打算落了空。她原想藉由參與一些她年輕時一路走來操勞慣了的家事來證明自己活著的存在意義，讓自己感覺到是屬於這個地方的一份子。然而她即使回到自己的老家與兒子媳婦同住，都覺得十分疏離而不自在；她年輕時操勞慣了的性格，以服侍兒孫為樂，現在老了，兒孫不便再讓她操勞，而她也不習慣兒孫的服侍，於是頓覺自己一無是處。老人家逞強地覺得自己什麼都可以，但時代與生活方式的差異讓她處處顯得笨手笨腳和「不得其所」。即使是在自己一手帶大的孫子阿彬家也一樣，一廂情願地想幫孫媳婦作月子的熱情，卻因過份的嘮叨和干涉孫媳婦的生活空間而被澆了一盤冷水。她在這些曾經熟悉的地方喪失了存在感，身體主體無法經由慣性的移動再去經驗「時空慣例」，正如她一向操勞慣了身體無法從中去體察地方內部生活節奏的

〔註77〕轉引自 Tim Cresswell 著／王志弘譯，《地方：記憶、想像與認同》（Place: a short introduction），頁 58，台北：學群，2006 年。

歸屬感。

　　地方上的每個人其實都在找尋「地點感」，也在找尋他們的自我認同。西蒙認為，大部分的日常移動都是一種習慣，人們不假思索，每天經過相同的路線上下班。已經搬家的人發覺自己來到他們的舊居，而且直到他們抵達門口，才恍然大悟。人們一面談話，一邊伸手到抽屜裡找剪刀。這種移動似乎低於意識監控的層次。「身體主體」知道自己在做什麼，有一種：「與生俱來的身體能力，明智地指揮人的行為舉止，發揮了一種殊異主體的功能，以前意識（preconscious）方式來自我表達，人們通常用「自動」、「習慣性」、「不由自主」和「機械」這類字眼來描述（Scamon, 1980：155）」〔註78〕七十多歲的詹氏拖著老病的身軀，雖獨自完成了這個探親之旅，但中間的波折實在不足為外人道，一開始就遇到假好心的計程車司機和乘客，搶走了他的金項鍊，又把她棄置在無住家的郊外。這是她一生中唯一到晚年才有的金項鍊，是她付出勞力幫助姪女看家時所得到的酬勞，也是她一生之中得到過的最有形（價值）的回報，失去了它，讓她頓時覺得自己過去一切的勞碌都成夢幻泡影。她原本想向第一個遇到的路人訴說被搶的經過，但那人因看到她央求的眼睛而避開的眼神深深地刺痛了她，那是自年輕貧窮時代就養成的性格，她看穿了人們迴避眼光背後所帶的輕視心理。她獨自默默搭上公共汽車，身心俱疲：「眼神無光而憂鬱，她感到疲乏和虛弱，想到自己年老了，慶幸自己只喪失了一條金項鍊。」（《重回沙河》，頁213）然而她的身體主體卻以意志力來支撐，或許她心想，只要身體還沒倒下，它就是有用的身軀。

　　其時當詹氏回到自己青春時代生活的家時（白沙屯），病症就已出現了，她衰老的身體僵硬到幾乎無法動顫。昏睡許久醒來後，聲稱自己快要死了，卻也不讓人去找醫生。早年她因在家務事上太有主見，以致侵犯了另一女人（兒媳婦）的領域和空間的感覺又回來了，這是她和兒子媳婦無法同住的最主要理由；此時她可以感覺到兒媳婦（菊妹）對她的生殊和疏離，於是她主動表示過幾天就要隨進香團到北港，意味著她沒有久住的意思。她邀家鄉的老朋友同行，同年齡的老友年輕時受盡高大丈夫的折磨，處境也並不比她好，但年紀大了，耳有些聾了，卻能夠輪流住在兒女家而鄉安無事。當晚她們沒有隨著人潮去逛街，就靠在下榻的旅社通鋪內的牆壁討論死時該如何處理的

〔註78〕轉引自 Tim Cresswell 著／王志弘譯，《地方：記憶、想像與認同》（Place: a short introduction），頁 58，台北：學群，2006 年。

問題。詹氏總是很有主見地安排好自己的骨灰寄存的地方，然而這位名叫細尾的老友卻說：人死了就死了，隨子孫愛怎樣就怎樣吧，一副灑脫豁達的模樣。她後來刻意轉往台中去探望脊椎異變的孫女，阿惠看出她的擔心和憐惜，反過來安慰老祖母說不要看了她就難過，表示她高中畢業就要去當修女，自己可以自立自強。在她們短短相聚的片刻中，這個老祖母還小聲連帶央求地勸她打消念頭。或許在祖母心中，當了修女就沒辦法去履行當女人的權利與義務了。詹氏興沖沖地趕到高雄時去，看到一手養大的孫子阿彬就責怪他沒有更早通知她。她此行的最主要目的就是要來幫忙作月子，但當看到淑華母親已經在場時，她就改口說慶幸有她來幫忙。第二天淑華的母親走了把任務交給她。但她和作月子的孫媳婦相差五十歲，這半個世紀的差距在他們中間形成一道鴻溝，她嘮叨的個性也讓她們之間築起一道無形的牆，一言不合，兩個女人的版圖爭奪戰就此爆發，阿彬這個中間人的勸阻沒效，原因是淑華不願道歉。如果淑華願意道歉，詹氏會願意繼續留下來幫忙帶小孩，替這對年輕人操持家務，直到生命倒下的最後一刻，但她在尊嚴掃地下黯然地離開。

　　七等生透過人在地景中的移動，細緻地描摹出一個女人一生操勞的母親形象。就每個獨立的個體而言，性格本身其實就是個重要的表徵。劉再復說：

> 關於性格的本質，至今仍然有多種說法。如果較樸素地表述，所謂
> 性格，就是人的個性心理特徵的重要方面。恩格斯說：『人物的性格
> 不僅表現在他做什麼，而且表現在他怎麼做。』這就是說，性格表
> 現包括兩方面的內容：一是行為的現實，一是行為的動機和方式。
> 而行為的方式，包括思維方式、情感方式、實踐活動的方式，等等。
> 這兩方面的內容都表現出人物的心理特徵，這種心理特徵在類似的
> 情境中不斷出現，有一定的穩定性，以至習慣化，便形成獨特的性
> 格。〔註79〕

母親／祖母頑強的心志形成了她獨特的性格，以為可以對抗自然的衰老，然而卻被身體的內在面，如情緒、知覺、意向、價值、態度給打敗，她偏執地認為唯有勞動，身體才有價值，而身體的主體只有不斷地在時空中移動才能產生動能和意義。「既然不要我幫忙，我在此做什麼？」（《重回沙河》，頁219）話語中有一種酸溜溜的失落感，這種失落感來自於失去生存所依恃的空間感，

〔註79〕劉再復，《性格組合論》（上），頁77，台北：新地出版社，1988年9月初版。

她的生存空間依據著她的身體而存在，當一個人身體健朗地存活於此空間中時，大多數人並沒有領略到此存在的意義，一旦失落了（健康），才注意到「沒有存在空間」的感受，〔註80〕即使一個人兒孫成群，分散於不同的地方成家立業，但對一個長者而言，那不是他能宣誓主權的領域，也不是他能歸屬的地方；流浪的主體在尋找能夠接納它家或空間，而這個空間其實就存在他心靈願意敞開的某的地方，但很多人其實都不明白，詹氏就是如此。

二、《重回沙河》的中年心象

　　《重回沙河》一書出版於一九八六年。這一年遠景出版社重新整編「七等生作品集」共十二冊。但事實上這份札記完成於一九八一年，所以當時遠景的單行版的封面上的副標題是一九八一年生活札記攝影，內容除了文字札記外，並附了七等生的攝影專輯共五十六幀，成為圖象與文字結合的一次創作實驗。這是他攝影創作的起點，有攝影才有這本日記的誕生，但是當攝影圖片與文字分開的時候，整個書寫就是一個獨白的開始。圖象的缺席雖讓文字的話語少了對話的空間，但單音獨響的結果，讓隱遁者的聲音再次迴盪在沙河的寧謐空間中，成為七等生創作中難得一見的散文式獨白，但也多了想像的空間。當七等生〈隱遁者〉（1976 年）的主角魯道夫，從城鎮出走，隱居在沙河對岸的森林小屋，時常舉起舊式的單筒望遠鏡對周遭的景致加以觀察，隱約在找尋回歸的通道。〈重回沙河〉的觀看者，他的操作工具從望遠鏡轉換成了攝影機，不同的鏡頭呈現不同的意義，這兩篇文字雖然沒有必然的關連，但也讓我們做出聯想，事隔多年，隱遁者是否已經找到回城的路徑？而今重回沙河是否毫無阻隔？

　　七等生在第一篇〈晨河〉說：「現在我將我心象寓於這條河的名字，和我曾在小說作品中描述的河流也是同一條的河流，它就是沙河。」（《重回沙河》，頁3～4）看來七等生已經將沙河的寧謐空間與心靈空間融為一體了。在攝影機的鏡頭底下所呈現的人、事、物，並非是絕對客觀的存在物，而是「心靈存在的造物」，也就是精神分析學上講的「潛意識的象徵」，榮格的理論說，當一個人真心轉向內在世界，不依靠沉思默想其主觀的思想和感情，而是傾聽他的夢和真實幻想等客觀本性的表達，盡力去認識自己時，「本我」必定遲早會浮現出來，這樣，「自我」才會找到內在的力量，促進全面再生

〔註80〕段義孚，《經驗透視的空間和地方》，頁33。

的可能〔註81〕。譬如當七等生重新返回沙河，拿著照相機站在橋上，看到河床裡停滯著黑暗的污水，它使水草長得很兇惡挺拔，沙灘上散佈著臭味的垃圾，這些與他小時候在橋下涉水玩沙，沿著河水捉魚，在清澄的水潭游泳相比，怎不令他怵目驚心？他說：

> 看到河床傾倒著一堆一堆滿滿的垃圾和磚石，實在很難過，這種破壞自然的情景，加上我的失意生涯不覺傷心起來。每天騎車從橋上經過，俯視著這童年快樂的土地，現在成為污穢和廢物的堆積之所，有時焚燒垃圾的火煙漫起，微風吹來撲在我的面孔，我哀嘆著而流下淚水。（〈十八、失去的樂土〉《重回沙河》，頁 44）

於是他聯想到人類的自私、罪惡和無知，不知何時要遭到這惡行的處罰？雖然水流是污黑的，但岸邊茂密的樹林依然引動他的思緒，於是他開始在這樣留戀、懷恨、尋求構圖美的發洩的複雜交揉爭戰的心情拍攝這同樣沒有陽光的灰暗景色，而天空越黑暗下來，越能為這拍照的工作感動。當七等生透過照相機之眼重新省視自己的內在之眼時，他表示：

> 灰色天空，濃厚的高大樹林，幽黑的水流，就像我此時的心靈一樣的哀怨。沒有人會說，這樣的景物有著什麼感動人的成分，但對我而言，這像是代表我生命遭遇的史實，它們實在不必要什麼奇偉和豔麗才能構成優美，也不需要奇形怪狀才能代表象徵；我所面對的真實就是我的思想所在，無需隱瞞我生存的種種悲哀。（《重回沙河》，頁 44）

在七等生的黑白色差的鏡頭底下，反映的就是他真實的心境；當他真誠的去面對時，雖然他腳踏泥濘往回走，但卻從昔日的牛車路瞧見市鎮燈光的明亮。他感受到他的心靈和所有人類的心靈沒有兩樣，盼望著明亮帶來溫暖和快樂，他說，這行程的回轉就是象徵著一股希望。

　　七等生也感受到他的拍攝其實是順著心靈的指引去從事，像廢窯、沙河的早晨，還有某些無光黃昏皆是。他說：「我目前有個想法（但不是我的解釋理由），在陽光對比下的景物或人物，雖然顯得動人和明顯的格調，卻不如那狀如遙遠的、灰黑的、柔和的影像更吻合著我心裏的傾訴要求，尤其是風景，彷彿看到我憂鬱的魂魄徘徊在那裏。這是無需加以解釋的，因為所有創作的作品都代表作者的心。」（同上，頁 43）另外，他在〈七二、魔鬼新娘〉中也

〔註81〕卡爾‧榮格主編／龔卓軍譯，《人及其象徵》，頁 255；台北：立緒，2000 年。

寫道：

> 我走到沙河上的橋，看看雨水過後的河底。每次看到這不幸和被屈
> 辱的河總是令我噓嘆不已，它現在的樣子，就像是一個被整得很悽
> 慘的人，形態都曲扭而醜陋了。我內心充滿了灰心，就如我目前的
> 生活一樣。（《重回沙河》，頁 175）

每當他要出外拍照時，腳步總不自覺地將他帶往沙河的橋上，在迷濛的晨曦
中，被雨水沖刷後的沙河竟然如此的悽慘如同他此時的灰暗的心境。但等陽
光露出，厚雲退去，遠山和雲彩以及附近稻田和田間排列的木麻黃樹都包含
在鏡視內。而且他還發現了草上的露水，以及木麻黃外射的針葉同樣沾滿白
露的景致。他說：「是很美，深藍中灑著細粒的水珠，好像黑髮上鋪著一層白
紗。」（同上，頁 175）於是令他聯想到一位久遠似乎懷著憂怨和他告別的愛
人；他由鏡頭下去省視這一切時，看到內心的遠景，竟充滿了遺憾與自責，
而這些全都是他中年心象的投影；藉由沙河地景意象的重新觀看，縱使地景
的幽暗面一覽無遺，但在七等生的筆下卻開展出生動有致的人文空間，同時
也喚醒了他沉滯的創作心靈。

三、〈垃圾〉的在地關懷

　　沙河地景意象的描摹與重現不只明確地成為一個鎮名（沙河鎮）銘刻於
主角漂流困頓的身世和不順遂的感情經歷中，或成為攝影的地標內化於一個
中年男子的創作實驗與抒情的對象，也自由地流動於文學空間中變身為一遲
暮老婦的尋根之旅，更轉化為一個知識分子的悲憫，展現其在地的關懷。因
為，人文地理學家認為，看待地景的方式，並不局限於視覺再現，詩歌或地
誌書寫中的文字描寫，也可以傳達有秩序、遙遠且直線式的視野觀念，而不
是沉浸於地景及其聲音、香氣或景色的感覺。〔註82〕如七等生化身為〈幻象〉
中的老柯說道：

> 我離開城市之後，他們指責我逃避現實，卻不明白現在所見到的才
> 真的是事實。我從來沒有無代價地為他人做過事，可是我現在替你
> 所做的，是真正的神聖服務。以前我們會說去愛大多數人，去擁抱
> 群眾，這是多麼明顯的空言和泛論，因為再想一想就不難知道，所
> 謂群眾是一種沒有形體的存在，如果真要給它一種形相的話，那麼

〔註82〕Paul Cloke 等人編／王志弘等人譯，《人文地理概論》，頁 291。

> 它是一種沒有靈魂的禽獸，可以加以煽動和利用，那麼它就是一股
> 無可形容的破壞力量，因為去愛它是不可能的。真正的愛是有明確
> 的對象，必須找到一個，然後再找到另一個，一個一個逐一去施給。
> （《重回沙河》，頁224）

透過幫助一個山野男孩治療腳上膿瘡的行動，老柯要從實際的行動中去實踐
鄉土的愛，然而當他越深入地方，越想追求在地的認同，其挫折感不免油然
而生：

> 我和你坦誠相見，所以我不會隱瞞我自己，我老柯現在完全成為這
> 鄉村的一份子，在這片土地上的所有的一切，我都要表示親善和關
> 懷。我一個人居住於此，因為我喜歡這一代的山巒。我做過許多高
> 尚的行業，早年我是個教師，後來成為作家，但是我才覺得這些令
> 人起敬的頭銜是使人生厭的，在城市的生活是一種偽飾，由於心靈
> 的晦暗而逐漸敗壞的身體。的確人人都那樣指責城市生活蒼白色
> 彩，但是沒有多少人有勇氣從墮落的日子離開。不論如何，我看這
> 裡是個美麗自然的地方，可是我唯一不懂的是：為何你生長在優美
> 的園地裡去還會受到蚊蟲的侵害而毫無保護，而無知地去抓癢那些
> 沒有治療的瘡口而任其發炎腐爛。」（同上，頁222）

山野男孩自然俊美的外貌自是吸引老柯欣喜親近的主因，也是他開始體驗山
居生活後第一引起他關注的對象。老柯的善意起自人性自然湧生的悲憫，然
而在孤獨的生活狀態中升起愛的渴求卻也是一種潛在心理反應。他無法再逃
避能夠彰顯愛與體察愛的地方，愛需要有對象來實踐，但是在實踐中卻也有
無助的時刻。他看見有一條無形的繩索繫在那男孩與其父親與叔父之間。男
孩的高大俊美與其叔父的醜陋矮小兩相對比之下所形成的反差造成他內心極
大的衝擊，難道美的對立面就是不忍卒睹的醜態嗎？現象的落差和對立使他
陷入更大的孤獨和傷心，不知是為自己或為誰哭泣，他行動的意念受到內心
自我的質疑，追求美也要全然包容他的醜惡嗎？

　　一個逃避自我由城市返回家園的知識分子，雖刻意展現對存在空間的高
度關懷，仍不免曝露自己內心的優越與自尊，是他自我批判與反省的開始。
而且要去面對，沒有一個地方是純然完美而沒有缺憾的事實，正如他化身為
環保專家要為地方盡一分心力，純粹是一種地方感的真實表現。如〈垃圾〉
一文（原收於《老婦人》，洪範，1984），是七等生中年停筆小說創作後復出的

作品,於1985年榮獲中國時報文學推薦獎以及吳三連文藝獎,為他奪得很高的評價。主要描寫一個不請自來的環境工程師進入一個市鎮為其規劃焚化廠,卻無端捲入政治派系鬥爭,雖然歷經派系恐嚇與排擠,卻還是懷抱著使命感堅定地留下來;其間不僅透顯自然、生態等環保議題,同時也反映出整個社會的價值觀與權利運作的模式,最重要的是他寫出了對人類生存危機的諍言。而不管是老柯還是環保專家,其實生命的河都需要從真實的情境/地方出發,與愛的對象/源頭深深地連結,才能展現生命轉變的契機,而流向更深更遠的海洋。

(一) 河床——廢墟意象的表徵

〈垃圾〉文本一開始便描寫主角我「背著簡單的行囊,在那條唯一要進入東埔鎮的道路上行走,兩旁是稻田和木麻黃樹林的風景,顯得十分平靜和美麗。」(《譚郎的書信》,頁151)透過東埔鎮的地景意象,帶出台灣鄉鎮介於工業開發與保留傳統農村田園景致的混雜風光:「這市鎮沒有重大的工業,除了一所設在海邊新生地的火力發電廠,它的特殊廢水有一條涵管通流到海裡。」(同上,頁154)這熟悉的地景意象讓人不由得聯想起七等生的故鄉通霄。事實上,作者筆下的主角在市鎮中的移動與觀察的路徑也幾乎是循著《重回沙河》的鏡頭攝取角度在前進,如「我已經來到了一座石泥橋,望著這霧河的幻景,河邊兩岸茂密著高崇的竹林和大樹,河床中央流著細細彎曲的水流。」(同上,頁151)〈重回沙河〉的第一篇〈晨河〉也是如此描述橋下的黑暗的污水、凶惡的水草和臭味的垃圾等,而這條河就是七等生心象的表徵——沙河。從文學所展示的空間看來,七等生無不從人性的深處去挖掘生命存在的樣貌和處境的卑微,也不斷朝心靈的幽黯面去釋放自我的不安與焦慮,這層面雖然相當私秘和個人化,但從地理學的角度,此地景意象的呈現還是不免會牽涉到社會、物質和象徵層面,也成為一種文化意象,緊緊地牽繫於此地的特殊社會和群體。〔註83〕

這個自命為環保專家的工程師是以外來者的身份進入市鎮居民的生活空間,投宿在一家簡陋的旅店,預想鎮長應該樂於聘任他為這個市鎮的環境清潔規劃出一個有效解決的計畫方案。於是他從暫居的旅店搬到一對老夫婦的樓上閣樓,想要更專注而深入地觀察和研究。於是他跟隨垃圾車移動的路線,

---

〔註83〕Paul Cloke 等人編/王志弘等人譯,《人文地理概論》,頁300。

從市區轉入河岸，繞過室區邊陲來到河道的下游，可以遠眺海口處寬廣的沙灘風景的地方。他看到這些垃圾就是被棄置在河床的中央：

> 河床上開始有火光和漫煙在焚燒，一堆一堆的廢棄物佈置在那裡，像是一種廢墟的悲慘景象，使人想像抽象油畫的色澤和佈局。我從堤岸跳下，在那廣漠和惡臭的地域裡巡行和思考。（同上，155）

從堤岸「跳下」的動作意味著他已奮不顧身地涉入這個混亂骯髒的境地，這個被他喻為「廢墟」的悲慘景象竟在沙河乾涸的河床中心展佈開來。從清潔工人像患有貧血病的蒼白的臉、惡劣的壞脾氣、黏黏濕濕的垃圾桶，以及踩三輪車的男人空漠無情感的灰白眼色之中，或是被剪了無數孔洞的皮物，似乎都指向一幅世紀末廢墟圖象的提早降臨；這個城鎮不管是舊街的傳統製紙盒或提供每日需求的菜市場或是新街的塑膠工廠、木料製材工廠等，也都不斷地在製造即將危害鎮民自己的廢棄物來；即使是在沒有重大工業的情況下，由垃圾車處置垃圾的那種目光短淺的掩埋方式，以及從企鵝造型垃圾桶裂開的圓弧肚腹中，埋藏了太多腥穢惡臭的東西，令人難以卒睹。他因此要先打破鎮民對待垃圾棄之而後快的態度，就先要辨識垃圾的性質，予以分類，才能進一步去規劃焚化廠的設計。無怪乎他一進入這個市鎮就拾起被遺棄在道路旁凸起的廢棄物說：「如果你有生命和認知，那麼我們是彼此相識的。」（同上，151）人與物如何相知相識？對他而言，他必須要先對地方有認同感，而產生認同感的方式就從了解東埔鎮過去的生活史開始。僅五十年的光景，鎮上這條圍繞流經的溪流已由與海水相連可行船的景象變為現今河床淤沙和高浮的景象，於是他想再過五十年，那麼河道恐怕將高於鎮區的地面，而人類的生存也將會受到波及。

他透過對河道幾條流向的觀察，發現在橋北河道的轉彎處有一堆像小金字塔三角形的堆積物，有許多大卡車運送廢磚廢石和廢土到此荒僻的河床來傾倒，他像遊玩一樣靠近這些土堆：

> 我環視河道兩岸的風景和地勢，山丘上都是相思樹林，但有幾處較平坦的地方闢為水田，將來洶湧的山區水流會被這些堅硬的堆積物阻擋轉向衝破兩岸的土堤，淹沒農作區，漫流到附近的道路。見到這種肆無忌憚的傾倒景觀使我繼續在那一帶徘徊和思考。（同上，150）

然而他的這種舉動卻為他引來了殺機，有好幾部大卡車同時衝向他，甚至下

來圍住他，這些人握緊拳頭或手拿鐵棒，臉上露出「殺人之前的蒼白僵硬面貌」，就在千鈞一髮之際，白鎮長即時出現解除了他的危機。但鎮長隔天隨即向他表明，自己兩年的鎮長任期即將屆滿，因為權利結構的改變，將來他能獲得新任鎮長聘用的機會渺茫。

（二）海口——生命轉化的契機

撇開河床的髒亂，其實順著河岸的堤防，走到河道的下游處，可以遠觀海口處寬廣的沙灘風景：

> 我信步走到海口，那些被水流帶來為潮水漂洗過的廢棄物改變了另一種形貌擱淺在沙丘上。在那裡徘徊可以看到單獨一隻的女鞋、傢俱拆散後的一根木條、消瘦的洋娃娃或啤酒罐。我撿到一些被海水和風和太陽漂洗磨滑減輕了重量褪了顏色的木質物，它們像什麼我不知道，只是代表一種在時間裡轉化的東西：它們沒有什麼價值，但我把它們帶回我的住處，放在一隻竹編的小籃子裡。（同上，頁155）

或許這些他帶回來的東西後來也轉化為他長期居留的生活所需，甚至他也會每天到鎮街內去販賣一些經他巧手做成的玩具給婦人或小孩，後來就改由在家裡製作，房東兩老輪流去看攤子。此時他遇見了衛生所的護士茜娜，喜歡到海濱戲水的茜娜被同事取笑交了一個怪朋友，然而他更加關心被茜娜踩在腳底下的白色摻有雜質的泡沫群。那是他到海濱仔細觀察潮水所發現的景況，但是茜娜與她那一群愛戲水的同事卻是無動於衷。這海口岸邊的綿長沙灘曾陪伴現實的七等生渡過童年戲水與中年散步沉思與裸泳的美好時光，但人為的造作逐漸地破壞了自然的海岸景致，這不安與遺憾屢次在他的書寫中流露出來。如《重回沙河》之四五〈裸泳〉所說的：

> 我上岸再對周遭觀察一周，越看越不同往昔，而距離我童年對這海岸的印象更為遙遠，我心裡突然升起一股憤怒和恐懼，害怕將來一切的美景都會消失。去年我曾秘密地在木麻黃樹林獨自裸露的地方，現已被無情的推土機鏟掉了。（《重回沙河》，頁103）

而潔白的海岸更是〈我的小天使〉中年輕教師與學童們戲水和玩耍的地方，象徵曾經擁有過的純真無邪的生命狀態；〈憧憬船〉裡高雄過港旗津的海水浴場沙灘，是男主角宏良為女友音音偷了金飾後兩人攜手逃往的地方，留下他們搭船旅行的美好誓言；在〈哭泣的墾丁門〉裡，「我」在海濱浴場面對年輕

何麗芳的美麗女體時的心旌搖蕩，卻為黑蜘蛛的幻象所克阻；而老周在黃昏的沙灘因護衛沙馬蟹，勸導遊客不要虐待和玩弄小動物後，意外從沙馬蟹的生態所觀察到的生命處境（〈木鴉沙馬蟹和牛仔的故事〉），這些都是生命轉變的契機，而七等生更關懷的是代表人性的白色的沙灘是否已被玷污，而象徵廢墟意象的河床是否繼續遭受嚴重的戕害。

一場傾盆大雨下來，鎮內街道的水溝溢滿的水，滿街都浸泡在垃圾堆中，表面上橋下的水流把垃圾髒污給帶走，然而他預感著它們會再流回來。於是他拉著茜娜來到鎮郊，爬到一個可以俯瞰大東埔鎮區域位置。他指著海口的方向對茜娜說：「現在已快黃昏，我算著潮夕不久就要湧臨，如果這場雨不停地下著，到了午夜，當人們在說夢中時，將會發生海水的倒灌……」（《譚郎的書信》，頁161）。這就是這個環境保育工程師的世紀大預言，對於一切大自然反撲，他有他的警覺和憂心：

> 今天，我們還不會那麼快面臨它，東埔鎮今晚還是安逸的平安之夜，還不會浸泡在骯髒的水患裡，但是它一定會在未來的某日來臨。（同上）

這場雨讓他看得更清楚生命的真相，即便情勢如此，但他還是沒有動搖長期居留的決心。因為他說：「我對東埔鎮的垃圾已經產生熟絡的感情，我的生活已沒問題，我必須還要留在此地。」（同上，頁160）

小結

本章以「『沙河』地景意象的描摹與重現」為題，主要探究他中、近期「沙河」地景意象指涉在空間的流動，從早期「地方感」的描摹到中、近期的《沙河悲歌》、〈老婦人〉、〈重回沙河〉、〈垃圾〉等的書寫。一方面直接走入他生命中的通霄，去探索沙河的在地性，另一方面以人文地理學的角度，重新觀看他文學中的烏托邦與故鄉記憶疊合再現的意涵。先從通霄沙河的地理實體出發，扣緊七等生文學中的沙河象徵，發現七等生文體的地誌風貌隱然與其生平漂流的足跡相應合，而這些出現在他早期文本中的角色和身影背後，不時透顯九份、萬里、大甲、台北等這些他生平漂流的地誌痕跡，偶爾也有家鄉沙河場景的回憶閃爍在其中，或有少數鄉土語境的點染與烘托的佳構，呈現地誌書寫的風貌，但不如中期（1970～1992）以後大約二十年的時間，他以在

地作家的身份在書寫及觀察通霄，包括文字、攝影和繪畫等，沙河的地景越加鮮明，在地的色彩也更為濃厚；在意象的多重指涉中，營造出既真實又迷離的人文空間。

當七等生回到了原初之地，那個「白馬」奔馳而過的故鄉，持續其創作書寫，此時他更接近它的真實，同時也在此憧憬著夢幻的未來，混融著他對愛情的追尋。當他刻意避開城市的文明與現代性，以在地書寫表達對家鄉地理空間和文化空間的接受和認同時，除了有療傷止痛的意義外，更有實現自我，完成自我的意涵。我們相信，如果七等生沒有回到通霄來寫通霄，作家的生命之河將會沒入大量的泥沙，面貌模糊而難辨；而通霄少了七等生的書寫，這個地名也只是個地方，將缺少文化地理的指標意涵。通霄在七等生的筆下，並不只是一個等待描繪的地理空間而已，而是一個對話中的「他者」。在《沙河悲歌》中，他也把對大哥玉明的思念以及過往歲月的人事化作筆下的沙河來為他們的生命再次命名，而命名是為了賦予其空間意義，使之成為地方的方式之一。因此「沙河鎮」及「沙河」都是他筆下符碼化的鄉土，看出他已經有意識地在回顧及建構家族地誌。當「沙河」第二度以地標的意義出現在他十年後出版的《重回沙河》（1986 年）之攝影筆記時，此時作品中的「沙河」意象再度與自己的童年的出生地連結，視野放在對這塊土地的關注和了解上，象徵及指涉的意義更廣。

第三節是藉由深入《沙河悲歌》主角李文龍的潛意識世界，探看沙河在七等生作品中的隱喻和象徵。在文本中，文龍與二郎其實是一體兩面，是理想與現實的投影，也是陰影與面具的轉化，經常處在對立的狀態。當他決定返回到沙河鎮時，也就是他心靈覺悟的開始，當初父親加諸給他的巨大「陰影」，也巧妙地轉化為「智慧老人」（神秘的拾骨者）的原型；而現實中的七等生其實就是文本李文龍的化身，以二郎的形象出現時，因負載著過多自我理想的投影，也轉化為文學中的原型人物。七等生善於運用情節的虛實互涉，進入文本的寫實，逐漸把自我形上思想的追求落實到家族誌的探索，父親、兄長、甚至那童年因家貧被賣的妹妹敏子，都一再出現在文本的敘事當中，形成他創作的原型。

第四節以「重回沙河之後」來談〈老婦人〉、《重回沙河》和〈垃圾〉等篇，主要著眼於沙河地景意象的流動性，它不只明確地成為一個鎮名銘刻於主角的身世，也成為攝影的地標，更自由地流動於文學空間中。如老婦人詹

氏的尋親之旅，要在身體的移動中去探尋自我的價值；對一個長者而言，即使兒孫成群，分散於不同的地方成家立業，那不是他能宣誓主權的領域，也不是他能歸屬的地方；流浪的主體在尋找能夠接納它家或空間，而這個空間其實就存在他心靈願意敞開的某個地方。

　　總括七等生的在地書寫，其實有一個秘密武器，那就是──「文學聖地」的重現。沙河是七等生在地書寫中最明晰的地誌，以此延伸出的木麻黃及海濱景致，在黃昏雲彩的映照下，構成一幅恬淡自適的鄉野風情畫──當我們佇足凝望，視點就落在一位沙河獨行者的背影上，感覺他漸行漸遠的行姿，似乎還在尋尋覓覓他的理想與愛情。而透過鏡頭所呈現的人、事、物，並非是絕對客觀的存在物，而是「心靈存在的造物」，也就是精神分析學上講的「潛意識的象徵」，據榮格的說法，當一個人真心轉向內在世界，不依靠沉思默想其主觀的思想和感情，而是傾聽他的夢和真實幻想等客觀本性的表達，盡力去認識自己時，「本我」必定遲早會浮現出來，這樣，「自我」才會找到內在的力量，促進全面再生的可能〔註84〕。然而當七等生重新返回「沙河」，拿著照相機站在橋上，所看到的景致，竟然一切不再清新美好時，對一個在地的作家而言，難道能夠視而不見？不管是老婦人的尋根之旅，或是中年男子的心象投影，或是知識分子的悲憫等，在在都展現在地的關懷；而隱含於〈垃圾〉之中的沙河河床，其乾涸和殘破的意象，實為人性廢墟的表徵，寄望於生命源頭活水的救贖，也就是從眺望海口的海濱景致，期待能帶來生命的重整與新生。

〔註84〕卡爾‧榮格主編／龔卓軍譯，《人及其象徵》，頁255；台北：立緒，2000年。

第六章　內視與超越──七等生藝術與生命美學的開展

　　七等生曾表示，自己的寫作態度是永遠忠於自己的感覺，不去接受人家要他寫這寫那，如果不是自己想寫的就不寫；他喜歡用自己的方式處理問題。他知道這種態度等於是讓別人來孤立他，而他也有意要過孤獨安靜的生活。〔註1〕縱觀他橫跨幾個世代的寫作歷程，莫不是起因於他個人生活的苦悶以及對周遭環境的觀察；雖不對現實做直接的辯論，但現實依然有形、無形地存在於他的作品之中，以至於他要說：「它們不是我直接要描述的對象，而是一種提引，是一條要進入的路，經過它的鋪陳，去到另一個地域。」〔註2〕是以即使他以沙河為主述對象的在地書寫，也並不是他最終所要表達的途徑；他並不以現實的描摹為滿足，在乎的是其象徵及寓意。而他一生欲拒還迎的生存姿態，呈現出來的不僅是他的創作美學，也可說是他的生命美學。正如雷體沛對「生命美學」的闡釋：

> 藝術為分裂的人提供了完整自己的場所，將人自己本應存在的『活的形象』還給人，讓人不斷從現實的晦暗中超越而出，去擁抱理想，從而看到自己的完整性和神性。〔註3〕

如他在八○年的寫作的中、近期，決定暫時停筆撰寫小說，開始研習攝影和

〔註1〕七等生，〈中國文學討論會講辭〉，收於《重回沙河》七等生全集【8】，頁347。

〔註2〕七等生，〈給安若尼・典可的三封信〉，收於《重回沙河》七等生全集【8】，頁355。

〔註3〕雷體沛，《存在與超越—生命美學導論》，頁44；大陸：廣東人民出版社，2001年。

暗房工作,以及在小學工作退休的九○年代,竟然重握畫筆,揮灑他的油彩世界,可見他十分重視自己內在的聲音,且未能忘情於繪畫這最初的愛,而有心於藝術創作的領域開展他的另類空間,以回報關愛他文字的讀者;這些作品因為注入了很多在地的元素,其中沙河的意象隱隱貫串其間,因此與書寫呈現了多元而統一的面貌。於是除了從七等生的書寫中探尋文學中的沙河象徵外,也可從他的攝影與繪畫(粉彩與油畫)藝術探索出地景意象的美學意涵。

台灣文壇前輩鍾肇政曾評七等生說:「在這靈魂的顫動裡,一些在日常生活中常被忽略的事物都給他捕捉住了,於是表現出來的,係那樣不可捉摸地,莫名其妙地撼動讀者的心靈而與七等生之心弦起共鳴。在這兒,灰色和頹廢的色調都盡了它的能事,給作品憑添味道、色彩。」〔註4〕這種冷澀的色感正是七等生早期給人的印象,也奠定了他在台灣文壇與現代主義美學不可分割的關係;於是他的文體風格就成為文壇關注的焦點。透過前一章對七等生作品中「沙河」地景的描摹與重現,沙河的意象逐漸浮出地標,成為一個地方的概念,呈現出通霄的在地性與「文學聖地」的雙重意涵。本章以「內視與超越」為題,主要處理他回鄉定居一段時間後,中年心境轉變並暫停小說創作後八○年代的攝影專輯——〈重回沙河〉、九○年代的繪畫藝術,以及有關中、近期他將個人內在意欲轉化為對形上超越理念的探尋,如〈銀波翅膀〉、〈耶穌的藝術〉、〈目孔赤〉、〈環虛〉等具有啟悟與宗教關懷的文字,除此之外,並綜合之前各章所論七等生書寫的地誌特色,以人文地理的觀念和榮格的理論切入,冀望在其中開展出一條具美學意義的文體脈絡來。

第一節　孤獨的凝視——七等生攝影與繪畫美學

一、「此曾在」——攝影鏡頭下的異質空間

七等生在〈重回沙河〉第二篇〈山畔〉中註記:「我現在玩起照相機並沒有抱定朝向所謂偉大的攝影家或專職工作的志向;這樣的開始有如我二十年前第一次寫作時一樣,沒有所謂目標和使命感的認識,完全憑我心靈的啟迪,包涵著生命的自由意志,不論是快樂或痛苦,像愛情一樣沒有現實的計慮,

---

〔註4〕鍾肇政,〈文學使徒七等生〉,收於七等生《白馬》頁6,遠行出版社,1977年初版。

完全是無價的，也不具有比較優劣的功能。」（《重回沙河》，頁5）七等生完全是憑借著一股熱忱投入攝影創作，自稱對攝影的知識和技巧完全外行，只看熟了幾本關於攝影竅門的書，就開啟他的攝影之旅。

這個旅程當然是由沙河為起點，在他的攝影專輯中共有六張以晨河為主題的相片。如第一篇〈晨河〉寫道：

> 我把相機放在橋柵上，拍下了我的第一張擁有屬於自己的PENTAX
> 的照片，我已經四十一歲。河上空際佈滿灰靄的氣氛，沒有強烈對
> 比的陽光照射我所看見的景物，這張照片有如我心中的全部憂鬱的
> 感懷。我懷疑這會是我開始攝影的主題？悲傷或歡樂，事實上這又
> 有什麼不同和關係呢？我並不計較成敗如何，或將來給看到我的攝
> 影作品的人的觀感如何，我應該只關心我想要拍什麼就拍什麼，我
> 想這樣我的心就會自然只引我走向一條路，這條路大概就是我暫停
> 小說創作後的第二個生命；如果要俗稱生命的話，那當然也是與前
> 面的生命也是相連接的，……（同上，頁3）

這裡並沒有提到何以暫停小說創作的理由，是否如他在〈耶穌的藝術〉所說的：「我在此生命的中年，已變得意態闌珊，厭煩之心，日與驟增，不覺空自徒嘆，想在絕望的祈求中，獲盼一絲希望的降臨，為我著附魔障的心靈，掃除乾淨，為這軟弱的軀體，盼求健康。」（《銀波翅膀》，頁42）一個小說創作者，行至中年，感慨生命的污濁和軟弱，想在生命中尋求淨化與振作的可能，從提筆創作到拿相機拍照，這之間是媒材的差異，但創作的本質是不變的，他都視之為生命，或許透過這種改變，他重新找到了創作的動力，才能持續他對生命的自我認證與追尋。如他說：

> 我知道想再寫作就必須放棄現在的教職工作，可是我頗為恐懼。我
> 從許多方面來寬慰自己，有一方面是認為寫作並沒有什麼神聖之
> 處，既然人只要維持活命，做什麼工作獲得酬勞都沒有分別，何況
> 教書是我目前唯一能做的事，改別行業都不可能。但另一方面我又
> 覺得教職使我產生極大的煩心，受到它的束縛太大了，這項自由職
> 業似乎沒有任何的自由教育的理想精神，在學校中所見之處，都非
> 常使我痛心。我雖盡到我一份我的職責去教學，其餘的我甚覺難過，
> 這是我常想丟職的最大理由：一個工作如果沒有工作的快樂在，這
> 個工作便做來毫無意義了。（《重回沙河》，頁178）

一個中年男子還在為自己的溫飽（教書）與理想（寫作）猶豫掙扎，可見內心背負多少現實的壓力與無奈，他已不復一九六五年離職時的豪情壯志和壯士斷腕的決心，可悲的是，他也一直無法在小學的教職中找到快樂和意義。但面對寫作這一條坎坷之路，他雖投注最大的熱誠，付上無比的耐心和毅力，但仍避免不了創作的瓶頸和焦慮：

> 於是我極欲想在寫作上尋求安慰。但是我現在能寫嗎？我寫什麼？我怎樣寫？知道什麼也寫不出來，因為現在我的心裡沒有任何屬於我的風格。（同上，頁 178）

一個藝術創作者找不到自己的風格，只好暫時擱筆。而另一個理由則是：

> 現在，我越來越不能自信自己的判斷，我似乎一直在應用過去擁有的感覺來分辨現今的事，而現今的事物事實上並不如我所感覺的那樣。我想停筆不寫作是居於這個理由，因為真實的世界已不是我一向所懷想和感覺的環境了，它是全新的、陌生的，完全會讓我驚奇不住的，而我所感觸的人，他們都在跟時潮的腳步行走，而我一直停留在原地，以為自己所站的土地是原先的那塊，事實上，我是失掉了知覺而虛懸在那裡，等到發覺時，人們已都在我的前面了，他們是跟隨那移動的土地邁向前行，於是我發出一聲墜落的驚呼，帶著無比的疑惑，不了解這到底是怎麼一回事。」（《譚郎的書信》，頁 148～149）

為了重新去感受時代的腳步和脈動，於是他拿起照相機，像一個初進校園的小學生一切重頭學習，這個行動的意義不是單純的遊戲和玩耍，而是他生命的重整與出發。但他在做完墾丁之旅的拍攝工作後失望地表示，這個新的創作形式並不是輕而易舉只靠自修就能達成：

> 關於拍攝，我應該選定一個地方長久住下來，細心的觀察和等待，做有系統和有主題旨趣的拍照。我想要將臺灣的風景拍成可觀的創作，還需一番的努力，使之將我的內在心象藉景物顯達出來。從另一方面說，墾丁之旅是個有價值的經驗，如果能我有時間把它寫成一部小說。（《重回沙河》，頁 165～166）

在他的攝影專輯裡有一張「哭泣的墾丁門」，用廣角鏡頭將焦距集中在主體的門牆，不避諱手按快門時的震顫以及曝光不足的缺失，為呈現一種淚眼婆娑的哭泣感，這是攝影者把情緒（心象）投射在物像上的結果。其實七等生念

茲在茲的還是他的小說創作，或許他認為小說曲折的表達方式還是比較容易訴說內在心象的幽微，因此他也有一篇同名的小說〈哭泣的墾丁門〉（《重回沙河》），寫一個攝影工作者為一家旅行社到墾丁去拍攝旅遊風景的經過；「哭泣」意味著內在欲求的不滿與壓抑。另外，即使他在無師自通之下想進一步突破攝影的技巧，自己摸索暗房的工作，也試著去請教照相館的專業人員，但不見得就能抓得住竅門。因此他說：

> 我記得早年寫作的時候，情形也是如此，可是到後來，我對自己的作品有非旁人能夠插足進來的信心和靈感。但我能有多少時間去尋索到有如寫作的成績呢？我已經四十多歲了，還要靠自己的摸索，是不是太遲了呢？我還有許多日常生活的工作，我並不能放棄所有一切專心於攝影；我知道我在寫作的工作上，還有未完的感覺，我可能隨時重拾我的筆進行一次長時的努力，完成我內心需求的意念；也很可能拍攝的事會和寫作結合起來，我現在所記的日記可不就是這麼一回事嗎？（同上，頁98～99）

或許七等生寫作札記（日記）的用意，就是一種創作的新嘗試，把文字影像結合，在攝影鏡頭無能捕捉和暗房印洗設備無法表現的細膩處，交由文字書寫來延伸和發揮。然而透過一雙凝視的眼，他信步所到之處，在地的相思樹林的柔美形姿都喚起他美感的喜悅，他說：

> 這附近原都是丘陵地的田園，風景雖然不算優美，但比起市鎮或我原先服務的學校，卻令人心曠神怡很多；早晨我一路騎車從市鎮往山裡來，故意放慢車速欣賞在晨光中淡藍的群山；這條路約有九公里長，坡道和彎曲增加騎車的樂趣，黃昏返回時俯視山下的海岸，那裡永遠展佈著奇幻的圖畫。（同上，頁170）

這種美感經驗是由心眼出發，是再多功能的攝影器材和更高級沖印設備都無法取代的。如〈七八、決定去〉中他描寫被坪頂附近的山巒吸引，獨自一人騎車上山的心情，他以為，當他沿著歧曲的山路好不容易到達最高點，憑著肉眼站在高處眺望和欣賞所獲得的直接感動，比起訴諸描寫（或拍攝）要有趣多了；因為許多壯麗的風景，在被拍攝後固然可以看到它的美麗，但與當下親眼目睹實景的悸動相比，那就太微不足道了。（同上，頁189）這當然是攝影無法取代心象動人之處，但是由一個有心投入攝影世界的創作者的口中說出，未免少了攝影家的狂熱和執著。蘇珊‧宋妲說：「照片事實上是捕捉到的

經驗,而相機是當『意識』(consciousness)想要獲得某種東西的理想手臂。」〔註5〕顯然七等生一開始的這隻「手臂」還無法讓他到達隨心所欲、運用自如的理想地步,他甚至懷疑自己有沒有能力來從事攝影的工作。他在摘取主題事物時心態上的遲疑情緒,以及錯過了拍攝觸動他的瞬間景物的懊惱,和設心安排想拍一張好照片的造作心態,都讓自己察覺到自己的無知和限制,也進而體會到攝影絕非兒戲,必須付上更多的代價,包括體力和耐力等。而他的札記書寫就是在這樣的情況下,重新恢復了「說」與「寫」的自信,和一種創作實驗的喜悅。

決定暫停小說創作後,他興致勃勃地開始玩起相機並展開他的攝影之旅,這個攝影之旅並沒有預設主題和題材,完全是順著「心」的帶領,不自覺地就引他走向心中永遠存在的一座橋,橋下是他過去在小說裡描述過的同一條河──沙河,令他觸目驚心的是,這一條河已經失落了他童年澄澈水潭的印象,於是當他按下快門的那一瞬間,所捕捉到的「晨河」,是如此的淒楚迷離,像一抹幽魂穿過橋頭,沒入林間,留下黯然落寞的一瞥。他幾乎是為了緬懷「逝去的」的時光而拍下它的「現狀」,一連六張,呈現沙河在晨光中逐漸隱沒流失的主題。於是他生平第一次,也是唯一一次,在一九八六年「台北環亞畫郎」的「重回沙河札記攝影展」(1986年)裡留下六張角度不同的沙河晨景,另有兩張「夢裡的沙河」(見附錄七),到底是晨景是夜景,從黑白畫面上分辨不出來,這些像是沒有拍攝成功的灰黑景物,卻恰好吻合了他的心靈樣貌。或許他是要拍攝某些無光的黃昏,由於攝影技巧和設備的限制,讓他這一系列的黑白照片陰錯陽差地呈現出一種「低調」的懷舊氣息與夢幻氣氛,頗符合他心裡的訴求:

> 面對沙河我不會在大白天拍,通常是在清晨或傍晚拍,因為這是我童年遊玩的地方,我對它的想念。沙河在我文學的意義上來講,台灣任何一條河都叫沙河,它是一個統稱,是台灣地理上的一個名稱,我們小時候稱它為『沙仔溪』。平常它很安靜,大水來,每條河都沙河淹淹,甚至變成土石流之類的。〔註6〕

他曾如此表明沙河之於他的文學與創作上的意義,因此我們可以在他「相思

〔註5〕蘇珊‧宋妲著／黃翰荻譯,《論攝影》,頁2,台北:唐山出版社,1997年。
〔註6〕王雅倫／李文吉,《台灣現代美術大系》攝影類／【現代意識攝影】,文建會策劃,藝術家出版社印,頁67,2004年。

林」、「竹林」或者是「無題」等一張張無人的風景照中彷彿看到他憂鬱的魂魄徘徊在其中，或是感覺到一股蕭瑟、孤寂的氣氛暗藏在其內。從攝影「此曾在」的角度思維：

> 此刻我所看見的曾在那兒，伸展在那介於無限與主體（操作者與觀看者）之間的地方；它曾在那兒，旋即又分離；它曾經在場，絕對不容置疑，卻又已延遲異化。〔註7〕

透過這些相片，將沙河的真實帶返過去，有暗示真實已經逝去的意涵，不免令人為之憂傷。面對這個以沙河的故事為主軸的展覽，周本冀的整體感受是：「在這個展覽中，貫穿全局的是他這一年間的憂鬱心情，而所表現出來的則是作者沉靜、溫雅、略為悲觀的氣質。」〔註8〕或許是要藉幻想與現實之交替消長，把生命的斷片結合在一起，用以重組世界的真貌，使其盡可能接近完整的形態〔註9〕。

　　他的攝影之旅以「重回沙河」定名，也就是要重新去面對他生命的沙河，不是要用文字敘事，而是以「觀看」的方式，重新去認識家鄉的環境與事物。在遠景一九八六年版的《重回沙河》收有七等生五十六幀的攝影專輯，成為圖象與文字結合的一次創作實驗。但今日見到的全集（遠景，2003年）裡的〈重回沙河〉卻只收文字札記，攝影專輯並未放入，這對於了解七等生的創作美學是非常不充分的。雖然七等生自謙不是攝影工作者卻入選二○○四年由文建會策劃藝術家出版社負責專訪介紹的十二位傑出攝影家之一，他並非有意要沽名釣譽，但卻在現代意義和意識的影像創作上──攝影類，獲得肯定，〔註10〕被視為以鏡頭說故事的攝影家；如班雅明觀點下的「閒逛者」的身份，以某種距離感觀看自己所處的社會或空間，本質上已具有批判的潛能。〔註11〕他訴說沙河，其實就是在訴說童年，但童年已不復可追，但卻可透過

〔註7〕羅蘭・巴特著／許綺玲譯，《明室──攝影札記》，台灣攝影工作室出版，1997年12月（修訂版）。

〔註8〕周本冀，〈多情勝造景──由七等生的「重回沙河」談起〉，《當代》6期，1986年10月，頁104～109。

〔註9〕王雅倫／李文吉，《台灣現代美術大系》攝影類／【現代意識攝影】，文建會策劃，藝術家出版社印，頁67，2004年。

〔註10〕王雅倫／李文吉，《台灣現代美術大系》攝影類／【現代意識攝影】，文建會策劃，藝術家出版社印，頁8，2004年。

〔註11〕同一類型的還有柯錫杰和黃明川，他們都被視為「從古典跨越至現代，孤獨地面對『尋覓內心底層的烏托邦』，藉著內在細密的言說，不斷傾出的影像」

凝視現在去追溯過往，使意識在影像之外的時空中流動，讓自我與過去、現在和未來和諧共處，撫平創傷經驗。他有兩張題為「童年」的作品，都是取材自童年穿梭嬉戲的樹林，在看似荒煙漫草之間讓出一條足夠一群女童跨步前行的路徑，攝影者在捕捉這個背影鏡頭的瞬間，靈光乍現的當是綿綿歲月留下的足跡和慨嘆。他曾對當代攝影大師安瑟·亞當斯在攝影和繪畫藝術上的能力表示讚嘆和推崇，認為他是「光影效果的魔術師，他的意念都是經由黑線和空白之間所形成的繪畫效果呈現出來的。」（《重回沙河》，頁65）並在非寫實的影像中令人感受到詩的意象，這就是他一心想追尋的目標。攝影對他來說雖是半路出家，但以他早年對繪畫的喜愛和基礎，應當是他能很快進入狀況的原因之一；他的一張「魔鬼新娘」，就猶如一張林間風情畫，其中散落的枝幹就像被一陣強風吹過的新娘染污的紗裙，呈現某種魔幻現實，時空錯置的感覺，當然也隱含反諷的意味在其中，乍看之下也有水墨潑灑的繪畫效果。

　　當然最能呈現在地色彩的就是他拍攝當地草寮和瓦舍，還有小鎮的月台和田野的景致，以空無一人的靜態畫面，來表現小鎮農村的恬靜悠閒和幾許的落寞；但也以幾張動態的「草菇寮的工作」，來彰顯人物勞動的辛勞。他並非一味在歌誦祥和田園式牧歌，或展現「自然」豐饒的勞動景致，以及強調工人辛勤工作的德行，反過來，他透過地景光與影的反差，有意呈現「地景的幽黯面」。〔註12〕譬如也有幾張以人物為主的特寫鏡頭，如「收破爛者」系列三張，「害羞的人」兩張，「姊與弟」、「駝背的老婦」（見附錄七）等，是透過近距離的觀照來傳達他對生命議題的關注，而他也從自己小心翼翼的拍攝行為中體會和反省自己當初的拍攝心態與動機，跟自己所站的位置和距離，是否會造成拍攝對象的不悅和反感，或是對立和誤解，這些都是他在攝影之初所預想不到的課題，而在拍攝過程中逐漸產生的自省能力；尤其拍攝當下他心理的恐懼和害怕，並不亞於被他無意間拍攝的人。他說：

　　　　今天我把相機帶到學校，十點半後我便依循過去散步的路徑出去拍
　　　　照。我在田園小徑上站住了，一所破舊的土塊屋吸引著我，我內心

告訴我們那個從過去、現代到未來的影像故事。（王雅倫撰文）見王雅倫／李文吉，《台灣現代美術大系》攝影類／【現代意識攝影】，文建會策劃，藝術家出版社印，頁53，2004年。

〔註12〕Paul Cloke 等人編／王志弘等人譯，《人文地理概論》，頁293。

升起要拍它的責任感，好像沒有拍它就失掉我擁有相機的意義。然
後更動人的景象出現了，是一位蒼白瘦弱的男人挑肥料的形姿，我
躲到一處較隱密的位置，我害怕被他發覺，而引發我內心自覺的恐
懼；事實上也許是我自己的感想而已，如果我是他，和他交換生活
的位置，我會因發覺被人攝影而深感羞恥。其實，這個孤獨生活在
荒僻角隅的男人頗令我尊敬——是由憐憫而漸次升起情緒。（同上，
頁 15）

可見七等生的悲憫之心是與創作的熱情同步產生的，他特別去關注社會弱勢
及邊緣的人物和角色，覺得這是自然賦予的職責，不容加以輕賤，只要埋首
工作崗位者都值得敬重；但是在與對象未有進一步的互動交流前，他適度地
保留一段距離以保護自己和尊重對方。事後當他回頭去「觀看」自己所拍攝
的這一系列畫面時，讓他獲得拍攝當下未曾有過的思考和感動。他說：「在學
校牆邊，我看見一位頭頸部分彎得很低的老婦人的背影，我捉住機會追趕她，
拍了一張她轉身入巷的側影，我事後想到她的形態，有如是向命運低頭的模
樣。」（同上，頁 16）這就是「駝背的老婦」拍攝的由來；他作品中正面描寫
女性形態的不多，有的話也只有〈聖·月芬〉這類半瘋癲半神性的犧牲者形
象，或者是〈老婦人〉、〈大榕樹〉等傳統勞動者母親的類型。

　　他不僅觀看自己的作品檢討得失，以求改進，也從「閱讀」名家的攝影
集之中獲取經驗，他發現看照片要像讀書一樣，每一個細節都需看得到，但
也不能貪多，貪多可能造成反效果。這種細讀「照片」的方式讓他獲益良多，
態度之嚴謹，令人動容。周本冀認為七等生的潛力並不在於表現或創造任何
特出的視覺經驗，而是他獨特的攝影思維方式，使他的鏡頭著眼處時時能有
新意。這獨特的思維方式並非刻意地經過訓練而得到的，卻是自然地由他的
攝影態度與長久的文學涵養中產生的。〔註13〕七等生自己也說：

當我帶著相機要拍一個目標時，那個事物必定在我的心中產生一種
感覺，同時我的理性也產生著思維。但是我目前還未有經驗該怎樣
把它拍得更富我所希望的，或許當我有一天親自做暗房工作之後，
會由那裡得知要怎樣拍得更好。（同上，頁 16）

按下快門的霎那對攝影而言只完成了一半，另一半還要靠沖洗的技術和藥水

〔註13〕周本冀，〈多情勝造景——由七等生的「重回沙河」談起〉,《當代》6 期，1986
　　年 10 月，頁 104～109。

等設備的配合，據說當初這些照片的色調品質引起不少討論，有些人認為他洗的照片連最起碼的水準也沒有。〔註14〕然而正如蘇珊・宋妲所說的：

> 人們受到一種「驅力」（compulsion）去拍照將不是錯誤——它使經驗本身轉化為一種「看」的方法（a way of seeing）。最後，擁有某一經驗變得和拍一張相關的照片完全一樣，而參與一公眾事件變得愈來愈和從照相形式中去觀看相等。〔註15〕

從這樣的攝影觀點去看七等生的攝影心態，他拿起相機照相和提筆寫作的意義類似，雖然照相表面上必須是一種參與，而寫作是返回孤獨的自我，但是透過攝影機的距離，等於也把自己隱藏在攝影鏡頭的背後，其疏離的本質似乎沒有多大改變。他表面上是做了一趟以家鄉沙河為主題的攝影之旅，但透過孤獨凝視顯示出來的卻是異質空間的巡禮，這個空間已今非昔比。王雅倫說：

> 事實上我們仍能從小說中的文字發現，這些地點幾乎都是七等生文章中屢屢出現的場景；「車站」、「道路」、「河流」、「森林」、「認識的與陌生的小鎮鄉親」……是這些構成了小說的主體與影像，是正像也是負像，是現實也是幻象。〔註16〕

他的冷眼旁觀都寫在這灰澀的色感中，連他的「旅遊」全家福，也在灰暗色調下，給人更多影像以外的省思，這是他在沖洗時刻意壓低了色調造成的效果。七等生是用他的鏡頭在說故事，而且是企圖在做「抒情式的故事敘事，而不是以影像間視覺性的關聯為串連的考慮。」〔註17〕這與他一向藉由現實的形體去表達象徵和隱喻的文學態度是一致的。

正如周本冀所觀察到的，七等生攝於水邊的「旅遊全家福」（見附錄七），也不是單純的旅遊照，含有太多家庭的複雜與無奈；「小鎮的月台」（見附錄七）不再只是個不起眼的平凡月台，它變成旅人心情的象徵；海灘的木麻黃與雲影，不只是一幅風景，更是孤獨心情的寫照；即使一張毫無特色的墾丁

〔註14〕周本冀，〈多情勝造景——由七等生的「重回沙河」談起〉，《當代》6期，頁104～109。

〔註15〕蘇珊・宋妲著／黃翰荻譯，《論攝影》，頁23，台北：唐山出版社，1997年。

〔註16〕王雅倫／李文吉，《台灣現代美術大系》攝影類／【現代意識攝影】，文建會策劃，藝術家出版社印，頁67，2004年。

〔註17〕周本冀，〈多情勝造景——由七等生的「重回沙河」談起〉，《當代》6期，1986年10月，頁104～109。

山景，七等生用「恐龍再來的時候」為題，立刻賦予這張照片的神秘氣息。
〔註18〕這種相當文學性的影像個性，無疑是他以文學創作的態度延續過渡到
攝影行為的最佳說明。這種攝影文學倒很貼近許綺玲的體會。她從沙特（Jean-
Paul Sartre）早年的一部日記體的小說《嘔吐》得到靈感，她以為書中的敘述
者思索生命、生存、生活的方式是為了製造生命中的「奇遇」，而「奇遇」就
是攝影文學在述說相片由來的故事。生活與述說必須擇一而行，因為一旦開
始生活，奇遇的印象便頓時消逝。她的理解是：

> 結尾或事件的高潮（在可以決定何時為結尾、何事為高潮的條件下）
> 如何能夠去賦予先前的時刻不同凡響的意義，好像其前的一些瑣事
> 都因結尾而具有預示的價值；每個片刻，每個看似偶發的在場忽然
> 都重要起來，參與了小小啟示般的儀式化步驟，每一點都值得去回
> 溯去憶起，進而去被解讀前後關聯間的因果徵兆，綴連為一。而且
> 更重要的是奇遇的開始，也就是這些鋪陳的環境內外因素起初顯得
> 愈平凡愈佳，好像表面上雖難以預料卻又已在暗中結集種種線索，
> 命中註定的、無以復返地向奇遇推進。這樣的言述將人生劃分為有
> 意義的片斷，成為一部前後有序的寫實小說：我說故我在，我在一
> 致的意義中。〔註19〕

所以有些攝影家對其照片的由來往往提出類似這種「奇遇」的述說，因為未
經述說就不算奇遇，這點特別適用於採直接攝影方式捕捉生活中身邊事件的
攝影者的故事。七等生的拍照經驗也是如此，他「照片裡呈現給人看的就等
於奇遇的高潮；照片作為結尾或結果，讓攝影者先前漫無目標閒晃的所見所
感，都有了因緣及預示性。」〔註20〕這種攝影態度也可以追溯到他寫作的態
度及動機上，反映在他小說裡的人物最明顯的例子就是《城之迷》的柯克廉，
當他重回到之前居住過的城市裡漫無目標像一個漫遊者找不到存在的意義
時，他返回他漫遊的起點，此時，「每個片刻，每個看似偶發的在場忽然都重
要起來」，柯克廉獲得有如與生命之神「奇遇」般的經驗，心中的鬱結也得到
舒緩與解脫。從這個生命（攝影）的奇遇或歷險意義來看七等生的書寫，不

〔註18〕以上觀感，出自周本冀，〈多情勝造景──由七等生的「重回沙河」談起〉，
　　　　《當代》6 期，1986 年 10 月，頁 104～109。
〔註19〕許綺玲，《糖衣與木乃伊》，頁 99，台北：美學書房，2001 年初版一刷。
〔註20〕許綺玲，《糖衣與木乃伊》，頁 99。

也是一種在平凡的生活中選擇述說的開始嗎？

　　而對於七等生這樣的攝影者來說，或許他更耽溺於拍攝前後的「時空想像」，從攝影行為的開始，他之前的準備動作以及之後的記錄和述說，都混雜在想像中的複雜時空中。正如史塔羅賓斯基（J. Starobinski）對「想像」的理解：

> 「想像」（imagination）潛入感受中，融入記憶的程序中，在我們的四週伸展地平線，充滿種種可能（……），想像的能力並不止於喚起形影（image），疊合在我們直接感受的世界之上，它還是一種分裂的力量，有了這種力量我們能夠再現遙遠的事物，並使我們自身脫離眼前的現實。〔註21〕

雖然呈現在眼前的現實像一個「時空異境」，但是透過「時空想像」的作用，許綺玲認為這也就是精神分析中的幻想（fantasme）：也就是在心中編演一套劇本，讓欲求對象在想像中實現。或者不只是幻想，不止於幻想，而是潛在的拍照心理動機；已將拍照，尚未拍照的時空縫隙間露出的一絲光線，足以銜接現在，過去與未來。〔註22〕七等生透過想像或幻想的作用繼續在他的攝影機鏡頭背後從事異質的空間經驗，但流露的是他抒情的本質，以及美感的直覺。

二、野地的花——七等生的油彩乾坤

　　七等生在〈致愛書簡〉中有一段感性的告白：「藝術藉形式傳達，以便使你也發現你的心靈的滄桑；而我，本是一個拙笨又不幸的人，卻轉變成為單薄孤獨的你的支持者；我由弱化勇，只因我們同處在生命之中。但是我自私的希冀並沒有達到，對於在觀望裡相愛的我們而言，我們並不真的在一起，我不能獲得你親手的撫慰，我在火獄中成為一個寫作的藝術家，揭露我的心靈在這天地間。」又說：「讓我活著成為一個自封的寫作藝術家罷；這個變態已經替代了我的身軀；我的真我就是一個寫作的藝術家。但我多麼祈望愛情的可能，即使要我放棄擁有一個寫作藝術家的名銜的虛榮，我寧擇現實中的愛和溫飽的生活，就像一個僧人多麼欲望再恢復為俗世人，就

〔註21〕轉引自許綺玲，《糖衣與木乃伊》，頁104，台北：美學書房，2001年初版一刷。

〔註22〕許綺玲，《糖衣與木乃伊》，頁104～106，台北：美學書房，2001年初版一刷。

像一個涉急流的人多麼希冀彼岸有一雙伸出來攙扶的手。我生存一日，便對這種愛情的企望永不斷念。」〔註23〕一個自封的「寫作藝術家」，在創作的中期發出對愛渴求的呼聲，表明自己存在與欲望的真實，而在這大半生的創作旅程已告一段落的今天，說過「藝術是我一生的最愛，無論表現在文字或繪畫，藝術就是我的全部人生」〔註24〕的七等生，從他自述：「留在幼枝上的創傷，在樹的成長中變成浮凸顯明的記號。我唯一的喜悅，就是有一天你的到來，當你看到記號而記起我們的邂逅，我將從植物的冥頑轉化為鳥的鳴唱」〔註25〕如此感興的話語中得知，他以為文學是思想情感的記號，更是對愛欲渴求的心路歷程。然而，不知有多少人能真正用心靈接收到他如鳥鳴般婉轉的歌唱？還是感覺他只像一隻徘徊森林上空的鳥，獨自在低語，而遲遲尋覓不到知音？〔註26〕

　　七等生曾經說過：「我在二十多年前真正的學習興趣還是在繪畫和音樂兩方面，這兩件東西我是從小就能表現的才能，至今我還不能明瞭為什麼我會在二十三歲那年突然寫了一篇短篇小說發表在聯合副刊上，從此走上寫作這條路。」〔註27〕這一路走來，他曾感慨係之地表示這份遺憾與失落，與他在愛情的追求上永不得滿足一樣，成為他潛意識裡的黑洞，和永不止盡的空虛與孤獨。因此從他開始寫作以來，他就以「寫作藝術家」自封，但當他別人要給他冠上作家的光環時他自謙為不是作家，一度當他拿起相機煞有介事地來拍照時卻又不自詡為攝影家，而今當他提起畫筆作畫時，是否也不以畫家自居呢？我們從他在〈畫鋪子自述〉可以得到印證：

　　　　這個城市已經變貌充滿著新人類而不認識我，但仍有少數人是因為我在文字上與他們相知，我知道他們會愛我，那是因為他們知道我在文字上愛他們。所以我回到城市用我的畫再回報他們的愛。這是我要有個地點展示我的畫作的理由。可是我必須聲明我的作品沒有畫家們的畫好。畫家們的畫都是用他們可貴的心血畫出來的，我的

〔註23〕以上兩段引言出自〈致愛書簡〉，收於《沙河悲歌》，七等生全集【5】，頁310。
〔註24〕〈畫鋪子自述〉，收於《一紙相思》，七等生全集【10】，頁207。
〔註25〕〈致愛書簡〉，收於《沙河悲歌》，七等生全集【5】，頁311。
〔註26〕〈致愛書簡〉，收於《沙河悲歌》，七等生全集【5】，頁312。
〔註27〕七等生〈中國文學討論會講辭〉，此篇約作於接受美國愛荷華大學國際作家工作坊之邀赴美的前後（一九八三年八月至十二月），收於《重回沙河》七等生全集【8】，頁346。

> 畫也是用我的心血畫出來的，只有一點不同，他們是所謂美術史要
> 歌頌的畫家，是有脈絡可尋和承傳的，而我是一個赤裸的野孩子，
> 是誕生我的土地自生自長的，因為那最初受教的責罵之言已把我扭
> 斷了那份承傳。〔註28〕

果然他也是要與美術家歌頌的「畫家」劃清界限的，這是不戀慕虛名還是另
一種逃避（規避責任）呢？這雖是個見仁見智的問題，但卻可以從他「欲拒
還迎」的生存姿態看出他的一貫態度。而筆者以為，也就是因為他對畫畫始
終未能忘情的緣故，導致他一直存有「不完整是我的本質」的想法；任何想
用寫作或畫家來框架他、界定他都是不完整的，只有二者合一，用「寫作藝
術家」來稱呼他，才較能符合他心裡的欲求。從他的自我表白中，我們彷彿
可以看到一個心靈受盡委曲和創傷的小孩蜷縮在一個孤單的角落裡哭泣，他
那自早立定的志向和信心像被打落的盆栽一樣碎裂散落；還好，他擦乾眼淚
後拾起地上的碎片努力拼湊成一個寫作的自我圖象，但遺留的最後一塊拼圖
卻還得在千迴百轉的生活試煉過後回到原點來尋求。如他說：

> 生命的誕生，有了意識以後，邁向社會，似乎一步步的去尋找著自
> 我。我離開了使我徬徨和生活無依的城市去鄉下，三十年的筆耕把
> 我自己完完全全的洗滌了。從我的觀察和練習過程中認知了我應該
> 去作什麼畫，因此，我在教職退休後重握著這神聖的畫筆。我生活
> 環境的土地、樹林和海灘，每當我走近它們時，它們用形象和色彩
> 招引著我，我和它們和善相處和交談，它們和我產生前所未有的默
> 契。它們和我互吐氣息，互相知覺對方的存在，然後讓我和它們達
> 到和諧時呈現出一種境界留在畫面上。這個畫面就是我和它們共同
> 認可的合同。畫面上不僅有我，還有它們，是我和它們在時空中的
> 合一。當這些記錄足夠充滿時，我帶它們回到了闊別的城市。〔註29〕

返回城市，表面上是要展示他在寫作以外的另一項成績，其實也是在向他的
知音者坦露他文學生命中的另一個面相，讓人分享他油彩乾坤的奧秘：七等
生不只是七等生，七等生是一個時空的綜合體，除了與時間競走外，同時也
在空間中漫遊。如七等生化身為譚郎說道：

> 寫作暫時停頓了，卻想到要繪畫，譬如今天我到海濱散步，坐在沙

〔註28〕七等生，〈畫舖子自述〉，收於全集【10】《一紙相思》，頁204。
〔註29〕〈畫舖子自述〉，收於《一紙相思》，七等生全集【10】，頁203。

灘的救生船上望著海洋湧來的潮水，和沙灘上插著的竹籬，就想要
繪一張簡單的水彩畫。簡單的形象是我所喜愛的，這或許預示著將
來所要過的單純生活的意願。(《譚郎的書信》，頁 3)

譚郎透過信件毫無掩飾地向遠方的愛人傾吐生活的點滴，讓對方感受到他真
切的愛意。然而此時他或許覺得圖象比較能夠傳達這份心意：

我的生活方式很平凡，但我的心裡卻極為複雜，這是使我不得不藉
創作來抒發的緣故，我幾乎將我心中醞釀的一切(在現實中不能實
現的)透過藝術形式化為另一種生命。」(《譚郎的書信》，頁 44)

因此不管是書寫、攝影、繪畫時期的七等生，藝術都是他表達情感的形式。
他對作家阿平(三毛)的信上寫著：

我已經有許多時日不用書信的方式向一個人(或朋友)表達我心裡
的想法。你知道，所有有形的創作形式大概均來自內心思想的要求
和需要，有如自然創造了生命一樣，靈魂投靠到一個有形的物體而
彰顯出它的存在。」(〈兩種文體〉《一紙相思》，頁 102)

這時期的七等生剛從小學教職退休，重提畫筆並不是計畫中的事，從他給阿
平的信內(1989 年 10 月)得知他出外寫生，背著畫袋、手提著折凳，要去尋
找目的物時的心情感受：

這裡的環境我是走熟了的！從鎮上搬來山區住已經七個年頭了，平
常日子的散步就在這一帶附近的山巒，穿越樹林或橫過田畝，但我
不是農夫，走起路來頗有羞澀之感。散步就是散步，為了運動的理
由，一面還可觀覽景色，但卻沒有想到有一天會重提畫筆對它們描
繪。這十月的日子，天氣大都清朗，高秋的炎熱在白晝裡照耀，因
此在這個月份勤於外出寫生便不覺也畫了十多幅的風景。而自三月
退休，四月開始畫素描以來，好像真有介事似的在專心作畫呢。其
實，我知道只是在擺度我的時光罷了。近三十年沒有畫，開始時困
難極了，不知如何下筆，充滿著恐懼和排斥的心理；那種笨拙和惱
怒的複雜意識更加阻礙著我；畫什麼？怎麼畫？只有從頭開始罷，
而不是所謂跟隨時代的畫風去抽象或潑墨什麼的，只有老實的從根
本的素描重新開始，注視簡單的物體，就這樣起手來繪畫了。(同
上，頁 115～116)

不是農夫卻跟著農夫穿梭在山林田畝之間，雖是散步運動，本身即有很大的

殊異性，更何況繪畫寫生與在地的風俗民情的差異性之大，可想而知這之間
格格不入的疏離感；但這些生活方式都是他自然的本性流露，絲毫沒有做作
或自鳴清高的心理；而繪畫雖是他的舊愛，但是要跨越長時間的斷裂與鴻溝，
仍不免心有顧忌。他懷著小學生剛開始習字的心態從最基礎的素描開始，也
從最熟悉的山景畫起，用主觀的心靈去呼應大自然對他的召喚：

> 現在我已在想，甚至是在趕，在今年的壞天氣來臨之前，這附近山
> 色的寫生應該結束告一個段落，明年夏天天氣好起來時，應該移到
> 那等待我去寫生的其他地方去，那裡會有新的構圖和色調等著我。
> 以前用生澀的文字寫的，現在卻笨拙地畫出畫裡頭了，因為我總是
> 把自己沉墜於黑暗的心裡，從那黑暗的心顯出形象和色彩來。（同
> 上，頁 117）

他作畫的對象雖是山景，但此山景不是客觀的山景，而是心底深處顯出的形
象和色彩，跟他用文字創作，筆下所描繪的現實不是絕對客觀的現實一樣，
完全都是「心象」的投射。然而轉換創作的形式或類型對一個創作者來說仍
會帶來新的刺激與靈感，藉以反抗桎梏與僵化。這也是他能夠在貧賤中自安
的理由，靠文字、音樂、攝影、繪畫等藝術的表達，試圖達到人與人之間的了
解與尊重。但藝術工作最困難的地方就在於理念的表達，這也是最困擾人心
的所在：

> 這工作中的理念要把它演變成一張畫的事實，那麼要表明那理念的
> 存在，我每每在表現時遇到束手無策的困難，那難言的痛苦使我孤
> 獨的一個人在荒郊野外中掙扎。讓我把話說清楚，當我注視自然中
> 的物體時，我要相當的尊重它的形象，當我借助它表達出我的願望
> 和信息於紙上時，我要了解及珍惜它供給我的那份資源，我和它結
> 合於那所謂被畫出的圖象和色彩上，不但要看起來像它，也要看起
> 來像我。如此才有創作的快感可言。創作不是單指把對象畫得像它
> 的樣子就可以，那是模仿的作為，只有我和對象兩者之間謀求成為
> 一個新體，才是創作。在陌生的野外，要說服對方也要說服自己是
> 多麼艱辛的任務啊！（同上，頁 144）

七等生藏身在《兩種文體——阿平之死》中，將他在退休後與山林共處的心
得，透過私秘的信件與電話的交流，傳達給一位文壇十分受歡迎，卻跟他一

樣擁有一個自閉的心靈空間的女作家阿平，〔註 30〕倆人在孤獨的性格上好像是一對孿生子，彼此惺惺相惜互吐衷曲，也分享個人的藝術直覺，藉此宣洩生活的苦悶。而我們也可從這一幅幅山林的圖象中發掘出其繪畫思想與觀點：

> 在我常去散步的山谷間，就是因為這變化著的氣候，把春天時的樣
> 子完全地抹去，那些形象和色彩已經消失盡淨。而我想告訴你的春
> 日，僅僅留存在我的記憶裡，這個供我寂寞時消閒的小天地，在大
> 自然中根本微不足道，卻是我這卑賤的人的思想和意象所在。我因
> 為愛人太深的緣故，以致落得流放這些無人開墾無人蒞臨的林木土
> 石之中，去注視這些山林的變化，彷彿去思考這人際的冷暖一樣。
>
> （同上，頁 154）

於是七等生就像是一株開在野地的花，土生土長，花開花落，隨順自然。我們雖可從他這兩次畫展所展示的成果來進入他的油彩世界，看出他在通霄／沙河時期的在地風貌，但真正屬於藝術心靈的幽秘與細緻，他在書信體的小說中有更多的說明。

（一）光影之舞──粉彩與時間的交語

七等生說：「創作的奧秘猶如孤獨的自我和對象間的一場私有的交談，這交語的內涵的憑證就是作品。」（〈兩種文體〉《一紙相思》，頁 144）他的第一次畫展開在九○年代初，以「鄉居隨筆──七等生繪畫觀摹展」來表現對家鄉土地的關愛。這一次的畫作清一色都是粉彩的作品，共展出「山林」、「風景」、「紅光在背」、「茶壺與茶杯」等四十三幅，題材主要分成自然寫生、靜物、生活特寫和意念的表達等。如劉煥獻在畫冊跋寫道：

> 1962 年他從繪畫、音樂轉向文學創作，在這方面他雖有驚人的成就，
> 但始終不放棄遠始對美術的鍾愛，直到 1989 年退休。首先是以心
> 中累積數十年來的意念以粉彩描繪故鄉山丘之美，每一幅作品都像
> 往日文學的化身溶入畫裡而成了擬人的小精靈，出現在畫中任何可
> 能見到的造型與色彩裡，彷彿音樂般的韻律依循在大地上或大氣

〔註 30〕據葉昊謹碩論的推論，《兩種文體》正是七等生對於友人三毛的悼念；所謂兩
　　　　種文體分別是七等生與三毛之私人信件的往來，在三毛過世後才出版公開。
　　　　七等生以類似西方書信體小說的編者（或說隱形作者）的身份，用全知的觀
　　　　點發言，使兩人信件的往來猶如小說的進展般在創作者的掌控之中。見《七
　　　　等生書信體小說研究》：第五章雙音書寫兩種文體，頁 88～89，成大中文所
　　　　碩論，2000 年。

中，特別給人感受到一股鄉野山林綠意的生命活力。發光的雲彩，
平凡的山丘以及林間小路或盆花或野草，都成了他繪畫靈感的源
泉。〔註31〕

他這次展出的主題是「鄉居隨筆」，只是此「筆」並非平日慣用的文字，勾勒
出一個文學的想像空間，而是以粉彩筆為主，為要構築一個視覺的、形象化
的繪畫空間。這個媒材本身的特性就在於其鮮明的色感給人一種強烈的視覺
吸引力，而且可以重疊複沓、塗抹擦拭等方式製造出層次及光暈的效果，最
重要的是攜帶方便，沒有其他油彩顏料的笨重和煩瑣。因此七等生的幾幅山
林寫生圖中，即善用塊狀的塗抹來表現山丘的林相之美和層次感，以及用亮
眼的黃色暈染出陽光灑在林間生機勃發的感覺，使整個造型和構圖呈現出夢
幻仙境和童話般的趣味。〔註32〕而他在《兩種文體》中透過抒情的筆調所引
發的空間想像更是細膩：

> 無論如何，他依然在另一個山頭，那遠遠的木麻黃樹的高崇形影酷
> 像藍黑的騎士，出現在坡道的隘口，他不是要走下來，是要你迎上
> 去。山頭間，相思樹林突顯出曲折的灰綠樹幹和枝條，柔美的弧頂
> 是由細片疏鬆的翠葉點綴而成，空氣在那透明的間隙穿過去，輕輕
> 地搖動著它們，好似一種可親眼看見的精靈在穿梭其中，而遠眺時，
> 整片樹林卻像巨大的風勢在搖撼和撫弄。那搖擺著長翅膀逃逸而去
> 的是斑鳩，牠在幽暗的黃昏空際中，背部轉變了顏色，也在寂寥的
> 山谷裡顯得碩大些，好像海洋裡的灰鯨的背脊那樣，可以感覺那栗
> 褐色的羽膚在奮力滾動。牠是那麼驚慌，是因為有拜訪者——或者
> 恐懼那將統治大地的夜晚？（《一紙相思》，頁155）

這段文字像是他題為「騎士」（4342A）畫作的註解和說明，透過作者自己繪
圖時心境的剖白和意念的闡發，對觀畫者而言將更為充實而完整。另外一段
畫家自述的文字，更增添題為「晨路」（4322C）（見附錄七）畫作上一大片雲
霧駐足停留所產生的時間瞬間定格的意趣：

> 有時霧所搭起的布幕遮去了整片桂竹林，只留下晨光在近前顯現的
> 一條道徑；翠綠的草因昨夜的露浴而耀眼，輕佻無重量的小白蝶像

〔註31〕劉煥獻寫於1991年10月，東之畫廊所印製的畫冊封底內頁。
〔註32〕這幾幅畫以「山林」為題的畫作，分別標為（4301A）（見附錄七）、（4313 B）、
　　　　（4314B）、（4309A）。

嬉戲般出現又消隱。隨時隨刻都有聲音來自那寧靜的延續，流動而
演化的時光，不知疲倦的注視和醒敏；而無時無刻都有願望來自那
無欲的底淵，這空際原本一片虛無，反而充填著意想不到的景物。
終於出現的竹林開始有戲劇化的演變，這是因為距離、陽光和時辰
的配置；但是你只能幸運地目睹著形象和色彩，卻不能明白也不能
支配這景象的一切。（同上，頁 155～156）

而畫者在凝視景物的同時，內心思維的流動與筆下粉彩的觸動形成一組綿密
的互動，就好像是心靈透過粉彩的筆觸與時間在私密地交語。跳脫素描黑白
單一的世界裡，粉彩給予像魔杖般的色彩魔力，彩筆所到之處，不管是綠葉
（「綠葉」（4331A）、「綠葉子」（4340C）、「綠葉盆」（4343A）、（4305B）、紅
花（「玫瑰花」（4332B）、「紅花盆」（4306C）），或是如水果、靜物等都妝點
出飽滿、濃郁、乾淨、溫馨的色澤，也間接表達「愛烏及屋」的家居生活情
狀。馬森說七等生（的文字）沒有印象派畫家那種溫暖明麗的色調，他的作
品常常為黎明或黃昏的蒼灰色和黯夜的黑色所統馭。〔註33〕但奇特的是，在
七等生的粉彩畫作中卻看不到這類的繪畫風格，反而比較接近英格蘭鄉野的
亮麗色彩；或許七等生的綺麗夢幻世界和烏托邦的理想樂園，看起來似乎是
在他的粉彩世界裡一一地實現了。

（二）鄉野之歌──油彩與空間的對話

　　七等生不只一次表示自己對繪畫的興趣，卻陰錯陽差地走上文創作之
路，他在一九九二年「油畫與一張鉛筆畫個展」展出之際曾有一段感性的話
語：

余自小喜愛音樂和繪畫，不料學校畢業後踏入社會工作，卻走進文
學創作之路，三十年來歲月顛沛流離，只得溫飽。退休後，重拾童
年的喜悅，顫抖地握著畫筆，只是為了排遣這年邁的生活罷了。去
年在東之畫廊認識品鑑與收藏家周博文先生，經其介紹而再識欣賞
家藝術中心創辦人黃茂雄先生，蒙其厚愛受邀舉辦個展，緣此表達
衷心的感激和謝意。〔註34〕

〔註33〕馬森，〈三論七等生之一隱藏在本土的一塊美玉〉，收於《燦爛的星空──現
　　　　當代小說的主潮》，頁174，1997年11月初版。
〔註34〕這段話以七等生親筆跡錄於《初見曙光》七等生全集【1】之封面內頁，寫於
　　　　1992年12月。

這段話表達了他作畫的動機是要重拾童年的喜悅，充其量只是為了排遣生活自娛而已。他自封為「寫作藝術家」，但在很多場合裡卻不以「作家」自居，也不太理會文學界對他的批評，寧可被稱作藝術家，顯示他從來未能忘情於他想當畫家的初衷。而在此個展結束前，他接受詩人鴻鴻的專訪時說：「我現在提前退休來畫畫，實在是感到時間不多了。職業只能溫飽，沒有意義；寫作幾十年，也寫得差不多了，何況得到的回應，往往是很冷淡的。畫自己喜歡的畫，也許能讓自己快樂點吧。」〔註 35〕話中似乎隱含了他在寫作的歷程中受到的冷落和誤解的無奈。七等生是因為感受到文壇對他的不夠友善，以致降低文字創作的動力，還是他在文字世界裡摸索了幾十年後，還想開展另一類的藝術空間？在這次展出的「風景畫」的主題中，有一幅題為「林中受教」（編號 OP39）的作品，他的解釋是：「那是一種內在想要被接受、被陶化、被昇華的虔誠。我每天去散步，所見就是這些一草一木，自然與我發生聯繫。」〔註 36〕可見透過藝術的眼光，人與物的藩籬泯除，心靈的空間湧入超越者的信息，人自然謙卑起來。像這類的畫作幾乎成為七等生個展中的主軸。正如欣賞家藝術中心創辦人黃茂雄「觀看」七等生及他的畫作的心得：

> 由於周博文先生的引介，認識了劉武雄先生（筆名七等生）。留著小小的髮辮，一副鄉土的台灣臉，與我一樣，幾次見面，交談甚歡，乃往苗栗通霄劉府拜訪，一副怡然幽雅，自得其樂的神情。先前我知道他是一位鄉土文學家，文章中有真情、有生命，心中充滿著一份對感情、生命及土地的熱愛，表現於文章中，引起多少人的共鳴與傷感。
>
> 劉先生的繪畫與文章融為一體，看了他的畫，知道其中有感情、有生命、有土地，這是一般畫家少有的東西，好的繪畫必須注入這些東西才能感動人，感動人心的畫作才是好的畫作。〔註 37〕

令人十分訝異的是此時的七等生居然被藝術界人士冠上「鄉土文學家」的封

〔註 35〕鴻鴻，〈發現七等生〉，頁 12；《現代詩》，《中央日報》18 版，1993 年 3 月 12 日。

〔註 36〕鴻鴻，〈發現七等生〉，頁 14；《現代詩》，《中央日報》18 版，1993 年 3 月 12 日。

〔註 37〕黃茂雄在七等生「油畫與一張鉛筆畫個展」畫冊的序文，欣賞家藝術中心印，1992 年 11 月。

號，這跟早期他的文字風格給人的印象是截然不同的。或許六〇年代的七等生，甚至七〇年代中期以前的七等生作品中感染文藝界所謂現代主義的美學色彩，以致呈現荒誕、疏離、晦澀的異質傾向，但在他七〇年代返鄉任職中期以後在地（通霄地區）的書寫，已漸趨平實與社會化傾向，尤其八〇年代以他沉潛後再復出的作品，就不再選用異質的形式去表現，七等生自認為這是題材的關係，因為像〈老婦人〉這類的題材，適合用較平白的文字去描寫；〔註38〕因題材涉及關注的角度與表現的手法。

　　這次展出的四十九幅風景寫生畫，由於選用油彩的特性較粉彩多了一種厚重與沉鬱感，所以更能表達心靈空間的幽暗與深邃，好似七等生要再次向世人坦露他的內心世界。如他題為「瞻望與默念之處」（OP36）、「是迎迓或威嚇？」、（OP37）「為何堅持」（OP38）、「林邊獸影」（OP40）、「舉高作飛狀」（OP41）「降臨」（OP44）（見附錄七）、「獨居羞情」（OP45）等，這已不是純粹的寫生而是意念的表達，抽離掉部分現實的「形」，注入抽象的「意」，讓風景寫生介於真實與虛幻之間，在顏料色彩的使用上擅用灰黑、墨綠的色調來表現一種屬於七等生式的繪畫冷感，而用文學性的標題來扣緊心中靋那湧現的詩情，如「降臨」（Befallen）這樣的一幅畫作，在黝黑的林蔭深處以暗紅刷出屬於創作者的原始慾望之火，瞬間穿透進來的陽光如神秘的聖靈凌空降臨般，莊嚴肅穆的氣氛令人不由得要跪地參拜。這頗符合馬森從顏色的感覺來評論七等生的作品：「日午的亮綠與海藍也形成了七等生作品中另一種強烈的對比。我覺得在某一種程度上，七等生較之同輩的作家對熱帶台灣所呈現的沉鬱的綠與濕度很濃的灰黑色有更確切的把握。這種對顏色的敏感力，可能是受他過去習畫的訓練所賜。」〔註39〕

　　除了這類從自然中生出神秘感通的意象之作外，尚有以寫實為主，意念為輔的「山林路段」（OP01）、「春打雨中來」（OP02）、「雨落春野」（OP03）、「春郊陰且冷，作物放花黃」（OP04）、「穿過雜草與樹叢」（OP05）、「葉下交談」（OP06）、「脆弱的願望」（OP07）、「紅布為屏分內外」（OP08）等作，題材基本上與前一批粉彩畫作都是鄉野生活的隨筆，但在畫意中注入更多的詩

〔註38〕康原專訪七等生的提問和回答，〈坪頂的隱遁者——夜訪小說家七等生〉，收於《作家的故鄉》，台北：前衛，1987 年 11 月，頁 115～124。

〔註39〕馬森，〈三論七等生之一隱藏在本土的一塊美玉〉，收於《燦爛的星空——現當代小說的主潮》，頁 174，1997 年 11 月初版。

情,似乎是在印證七等生的文學心靈所展示的空間想像。像「船骸」(OP09)、「沙地上」(OP17)、「漫草遮徑、騎士安在?」(OP25)、「一隻船航行於水平線上」(OP48)、「海濱殘夢(OP49)等,都像是之前七等生小說作品的夢幻顯景。而唯一一張鉛筆畫「山谷之情」(OP23),用淡筆勾勒出站在高處遠眺山谷的愛憐之情,焦距集中座落在中心點小屋住處,好似一切由此出發、延伸與連結這無法割捨的脈脈情緣。而最能代表他的在地視野的兩幅畫作就是「水稻田在台灣」(OP32)及「當稻田初綠時」(OP33)(見附錄七),七等生留下九〇年代工業化台灣的水稻倩影,象徵一位寫作藝術家對已逝或即將逝去的鄉野風情的最後巡禮。

值得一提的是,這些由畫家親題充滿詩情的標題後都有英文的翻譯,更有幾幅加上英文旁白的說明,例如:「紅布為屏分內外」,英文翻作: "The red screen it into in and out." ,其英文旁白是: "My daughter comes letter to me said: I plan positively for a vacant room to live, I like take care of all things myself; this is the one of reason to leave you." 、「天與地的現象」(OP20),其英文翻作: "The phenomenon of heaven and earth." ,其後的旁白是: "My daughter often accompany with me go to the seabeach for a walk in last winter, but now I take a alone. I want tell her the art just like a mood from the memory. " 類似這樣把他與女兒生活互動寫入畫作的旁白的作品還有「五里牌人家」(OP21)、「林中水池」((OP24))、「憐惜羽衣和秀足」(OP27)等作,而「舉高作飛狀」(OP41): "Polo telephone me last night, words midway he choke with sobs, I said what things for, he speak disjointedly: I think of you'd worry about me. I respons Yes, it is naturally. " 則簡要地寫出兒子保羅在電話中欲言又止的囁嚅情狀。這是繼他在攝影作品中公開全家福的照片後,極難得地從書寫中看到他提及與兒女之間的私下互動,雖是輕描淡寫,卻充分流露了慈父的形象。但從他對「當稻田初綠時」後的英文書寫: "The television evening news report. The people advance political will demonstration for president be immediate by people election in tomorrow. " 用稻田初綠來隱喻民主進步黨在台灣的萌芽,看來這些英文字並非無的放矢,其中隱藏的政治現實和關懷在文字的際縫中如涓滴的山泉傾洩而出,絕非一位超然物外不食人間煙火的藝術家所可比擬。

第二節　透視時空的心眼

一、〈耶穌的藝術〉的想像與透視

創作與評論皆備受文壇肯定的楊牧曾在〈七等生小說的幻與真〉一文表示，七等生在十年之內（1969～1979）出版了十三本書，其中最近的一部題為《耶穌的藝術》，乃是文類錯綜帶著神學意趣的大著作。〔註40〕且對他的寫作技巧掌握得入木三分：

> 七等生二十年內不斷使用幻想與現實交錯互替的技巧，則他與此技
> 巧之性質和功能應該是自覺而深具認識的。大凡優秀的藝術家對於
> 他所掌握的基礎手法都深具自覺的信心，七等生應該不是例
> 外。……我感覺七等生對此一技巧之為物絕無懷疑，而且我相信他
> 會繼續發展下去。我之所以敢如此斷言，乃是因為我已經發現他深
> 深了解這種技巧的文學價值，更因為我覺得這其中包含了他的人生
> 體會和哲理。……然而七等生自己對於此技巧的文學價值之檢討，
> 更可見於他的新作品〈耶穌的藝術〉中，此書在七等生的文學生涯
> 裡，地位十分特殊，仍有待我們進一步去探索。〔註41〕

但時至今日，這部「文類錯綜帶著神學意趣的大著作」卻沒有得到更多文評家的青睞，也未見楊牧為文再作「進一步的探索」〔註42〕，顯然注定了它被荒置與遺棄的命運。這原是一本讀書筆記，涉及對《聖經》的解釋，它之所以被漠視，可能原因不外是文學界覺得它的文學性不強，而宗教界又覺得它不夠屬靈，遂免於「斧斤之災」（兩派人馬皆不屑一顧？）；然而這部作品如果還有討論的必要，我覺得它應該被放置在七等生的生命美學這個角度上去觀察，雖然他的風格有點特殊，難以歸類，但卻不失為其一創作的指標，藉以窺探他對「完整人格」的認定與個人生命書寫的歸趨。

這部屬於他生命中年的作品，其實是在一個尋訪親人的途中的意外收穫，他在這本筆記的開頭寫下他的創作動機：

〔註40〕楊牧，〈七等生小說的幻與真〉，初登載於《聯合報》12版，1979年4月23、
　　　　24日，後收於《重回沙河》，七等生全集【8】頁364，遠景出版社，2003年。
〔註41〕楊牧，〈七等生小說的幻與真〉，收於《重回沙河》七等生全集【8】，頁375。
〔註42〕文涓一篇簡短的書評，以及香港陳濟民：〈中國小說家談耶穌：評耶穌的藝
　　　　術〉；另，陳麗芬在〈台灣現代主義文學的另類想像──以七等生為例〉有稍
　　　　作論述，收於《現代文學與文化想像》，頁96～99，台北：書林，2000年。

> 一九七八年（民國六十七年）六月三日，從通霄趕去台南，尋找童
> 年與之分別的胞弟。抵達時剛好胞弟外出，於是先回飯店休息。在
> 床頭桌上發現一本聖經，便隨手翻閱……〔註43〕

在那一瞬間，他被聖經的簡潔文字所吸引，「愈讀愈覺興奮，心頭的焦慮無形中消遁，也獲得平靜。」（《銀波翅膀》，頁4）於是向飯店要了這本聖經，日夜研讀。此時他也正好處於創作的瓶頸，無意間的觸發，竟讓他有如獲至寶的感受：

> 近十年來，工作之餘，讀書寫作，對一般書籍日感乏味，思想變得
> 厄困阻塞，苦惱萬分。得此聖經後，再度打開我的心性，經文中闡
> 揚的生命之理，深得我心的喜悅。（同上，頁4）

因此他自言以非基督徒，也非存著宗教神學研究的心態，涉入新約馬太福音的研讀，著眼於耶穌誕生，至被釘十字架，乃死後復活的故事，加以揣想與詮釋。字裡行間透露出一種平實且虔敬的書寫風格，頗可看出他的內在思維與知識的興趣。他最大的發想是把耶穌當作是馬利亞的私生子，也視其為大衛王的子孫，肩負起猶太民族復國的使命。他以為如果不做此想像，幾乎沒辦法對經文做另外的了解；而方式就是對神學和宗教憑藉一般的知識去加以透視：

> 當初撰寫馬太福音是要給猶太人看的，藉耶穌的死，以便鼓起愛國
> 的情潮；所謂天國的福音，是藉信仰成為一股團結的力量，猶太復
> 國在當時，並沒有成功，要到二十世紀之後才實現。當時的目標沒
> 有完成，卻漸漸演成而成就了另一個更遠大的目標，不止將自己（猶
> 太人）的百姓從罪惡裡救出，更推展到為全人類，基督教成為一股
> 服務人世的精神標誌，每一個時代都有顯現基督精神的動人故
> 事，……（同上，頁9）

他用直覺且感性的閱讀方式，居然將耶穌在人間短短三十三年的生命歷程，以現實做基礎，賦予其民族主義的色彩，無疑是開啟了聖經解讀的另類想像，此與他一貫的寫作風格──幻想與現實交錯的手法運用，正有異曲同工之妙。這在他《全集》總序的自我表述，頗能看出梗概：

> 譬如我總是由現實出發，以免讓人搞不清楚狀況和分不清頭緒，
> 而有的人的閱讀習慣很頑硬，當小說由現實轉入虛構時，他們不

〔註43〕〈耶穌的藝術〉，收於《銀波翅膀》，七等生全集【7】，頁3～4。

肯跟隨進入，以致大叫荒謬和違背語法倫常。但所幸還有一些認
真和能掌握感覺的人，他們明白沒有幻想的部分是無法釐清現實
真相的。〔註44〕

對《耶穌的藝術》而言未嘗不是如此。他把此番筆記取名為此，是因為他十
分佩服這段經文的章法和意涵，文字謀篇中充滿現代藝術的手法，「而且只要
我們用藝術的眼光，來觀賞這部用藝術手法寫成的藝術的書，且把耶穌當成
藝術家，那麼我們的心情才能常保輕鬆愉快，不至於因耶穌的直心直語的冒
犯，而暴跳如雷。」（同上，頁96）除了對文體的欣賞外，他不把耶穌看為宗
教領袖，而只把他當做「人子」看待，以人性取代神性，這也是他能充分掌握
這部經書的祕訣。

　　七等生以他在小說創作上慣有的手法，觀照聖經中描述耶穌的言行，發
掘其文學意為象，因此這些在非信徒的眼中可能是枯燥乏味的經典陳述，居
然有了豐富多姿的意涵，例如他在詮釋〈馬太福音〉第十九章：「耶穌說完了
這些話，就離開加利利，來到猶太的境界，約旦河外；有許多人跟著他；他就
在那裡把他們的病治好了……」的話，就是一段極佳的文學評述：

> 漸漸地，我非常喜愛每一章節這樣的開頭，說教的內容被時間的流
> 動感，和地域的變換性所溶化了，成為很吸引人的特殊情節；有如
> 水滸傳裡，充滿砍殺的行動，卻被人物的交換替場，和迅來流動的
> 多樣地勢，而形成不枯燥的動態。經文中這種簡單約略的交代，與
> 小說中細膩繁複的描述，在藝術的領域裡，同樣收到適如其分的作
> 用。設若將耶穌的行程，改以風景的方式詳細撰描，無疑會搶奪了
> 其主要內容的地位，使人思考的精粹部分受到了分散，而減淺了其
> 德行貫注的功效。前面第一節的文字，因其以約簡呈現多樣的內容，
> 便產生直述的優美。（《銀波翅膀》，頁98～99）

至此我們看到聖經文字與文學的關係，通過一個非信徒的立場與眼光，在越
過起初偏激的排斥心理後，慢慢的讓理性與感性融合，進而衍生出文學欣賞
的態度，至此其筆端也逐漸充滿主觀感性的筆調，甚至不乏童年心理的告白
與反省：

> 不要說有地位的法利賽人會擺架子，就連我自己有時未免也有虛榮
> 心作祟。我回憶讀小學三年級時，導師選我做班長，學校的教室不

〔註44〕在《全集》每部作品前，皆收有七等生自己撰寫的總序。

夠，借用了鎮公所的禮堂上課。每天早晨，我們列隊從學校走出來，
經過市場的大街，我總是故意單獨和隊伍分開一二步距離，讓站在
街邊的人注意到我的職分；我擺出一種神氣的責任心，時時警告走
步不整齊的同學，感受一種領頭的快欲，自認無論在任何一方面都
優勝於我的同學。……但現在我為那份無知的驕傲之心懺悔，使我
今天落得孤獨之苦。（同上，頁 122）

這段童年的回憶，是他在讀到〈馬太福音〉第二十三章時的感觸。當時耶穌
警戒門徒莫要效法當時的文士和法利賽人，因為他們假冒為善，言行不一，
不足為取。在他的眼裡，古今現象沒有什麼不同，有權勢者操弄權勢，執法
者知法犯法，而為基督代言傳講愛與真理者，同樣有可能是陽奉陰違的偽君
子。可知自命清高的耶穌在當時儘管高喊清廉聖潔，或是去揭露多少不公不
義的行徑，到底有幾個人能聽得進去值得懷疑，有可能反被以瘋子視之。

　　七等生以為，耶穌不只一次向他的門徒談到他自己的最後命運，說他將
被殺的預言；一個能如此看透自己命運的人，具有其他預言的能力是很自
然的。而且他也相信，因為耶穌對他的生存環境也有很透徹的認識，才可能
產生犧牲的意志。他說：「這種無我性是他愛人類的出發點，他的言行便成
為一種藝術形式，把他心中的意願和感覺轉化成預言和救治的能力，這種
藝術主題就是拯救人類。」（同上，頁 128）藉由耶穌形跡的想像與透視，
自我生命的底蘊逐漸清朗明晰，縱使已然成往事的歲月仍會浮現出它的印
記，於是自我意識到存在的困境，覺察到生命中的失落感與孤獨感，而這份
孤獨感不完全來自於貧窮或自卑的處境，反而來自人性中莫須有的虛榮與
自傲，阻礙了人與人之間正常的關係建立，而逐漸形成孤傲的狀態。大陸學
者雷體沛說：

藝術家在孤獨中開創了生命在前的天地，當他感到孤獨時，便將這
種孤獨投入到他的藝術創作之中，在藝術的世界裡尋找自己的精神
所在。同時也為生命在前者提供了進取的世界。〔註45〕

這或許就是七等生將生命投注於文藝創作的理由所在，拉美作家馬奎斯認為
文學的全部基點就在孤獨，〔註46〕這也反過來印證雷體沛的論調：「藝術給孤
獨的生命存在的勇氣。孤獨是人的創造精神的最大體現。創造就意味著走在

〔註45〕雷體沛，《存在與超越——生命美學導論》頁 97；廣東人民出版社，2001 年。
〔註46〕引自雷體沛，《存在與超越——生命美學導論》頁 96 的說法。

生命的最前端，或是說遠遠超出了類的共同節奏。」〔註47〕又說：「先驅者只有通過孤獨，才能將自己和現實世界隔離開來，這樣就避免了同流合污，從而在超前的孤獨中更清楚地去認識現實世界的缺陷，使自己進入到超越這個世界的必要與迫切的行動之中。」〔註48〕七等生認為，如果我們深信人類和宇宙萬物都有一個來源，而這個來源是唯一的主宰上帝的話，那他應該就是個藝術家，世界萬物都是他的創造品，他賦給萬物不同的面貌，依其不相同的表象，而使我們互有差異。他看穿作為上帝之子的耶穌，在資質中有一種特殊的能力，也就是穿透時空的心眼，像一個藝術家的靈感，受到某種表象的刺激而懷孕，進而創造出藝術的真品。

二、〈目孔赤〉的觀照與思考

七等生在書寫福音筆記的過程中看到先驅者的典範，是以無私無我的愛為出發點，「他的言行便成為一種藝術形式，把他心中的意願和感覺轉化成預言與救治的能力，這個藝術主題就是拯救人類。」（《銀波翅膀》，頁128）這或可說是他將書命名為〈耶穌的藝術〉的深層意涵。或許是生命境界的認同，耶穌的形象便不再遙不可及或模糊難辨，甚至可以感悟到「耶穌在我裡面活」的宗教啟示。因此七等生會說：

> 但要是我大膽地提出，耶穌不止是那個二千年前的拿撒勒人，也是現在的你，或我們大家，你會不會有點詫異，感到莫名其妙？我相信任何人都具有像耶穌那樣的秉性，只是沒有機會把這種天賦資質，藉著特殊的環境而發揮出來。我們自認平凡，這表示我們已經享受到許多的庇蔭，假如我們懂得感激，更表示我們能夠享福。像耶穌這種代人類受到許多苦難，凡此樣的人，便在他的資質中產生一種特殊的能力，這種能力是一種透視時空的心眼，像一個藝術家的靈感，受到某種表象的刺激而懷孕，創造出藝術品。那麼耶穌的預言便容易的讓我們了解他是有感而發了；這種有感而發的衝動是人類資質中很普遍的能力；所以當我們聽到某人說耶穌活在我的心中時，便不應覺得這有什麼奇怪。（同上，頁128）

這份奇特的感悟經驗是否在他往日的創作中發生過什麼樣的影響或啟迪？從

〔註47〕雷體沛，《存在與超越——生命美學導論》頁95。
〔註48〕雷體沛，《存在與超越——生命美學導論》頁97。

七等生附在全集後的生活與創作年表顯示，〈目孔赤〉作於 1987 年，距《耶穌的藝術》的寫作（1978 年）大約有十年左右，這期間經歷了「決定暫時停筆撰寫小說」（1980 年），之後以研習攝影和暗房工作為主，創作的形態逐漸落實於平實生活的記錄與書寫。在〈目孔赤〉中所要進一步描述的神秘經驗和心靈的悸動，如果與耶穌的形象連結起來，那麼作者的創作靈感與指涉意涵不啻為一種存在的超越：

> 他的出現所帶給我的驚震和反思使我日漸怠惰的心靈產生一種機轉。他是一個景致，或者是一個景象，當他立在一個活生的環境裡與其他事物同時並存時，他是一個使人訝異的風貌。一個現今的真實人物會有那樣的一種給人的作用一定是超越真實，或者是我假造的，以便有著一種反現實的諷刺；但對他而言，他本身的表露是我無權杜撰的，因為他從他的表現裡所需要的就只有那麼一種形式，除了這個形式以外，沒有其他的形式值可代表他的確存在。（《譚郎的書信》，頁 175）

關於本篇小說的主要角色，或許只是一個山區砍柴的樵夫這樣的平凡人物，與敘述者在市鎮與山區的交叉路口不期而遇，敘述者試圖要描摹的不是這個角色的形體輪廓，而是形體之外所散發出來的形象特徵，「他從霧氣瀰漫的天地奔出時，我以為看見的是幻象。」（同上，頁 176）敘述者彷彿在訴說一個奇特的審美經驗：

> 享受眼睛所見的物象，這樣的說辭未免給人怪異的聯想。一個在他所生活的區域裡可能被指為醜陋不堪的人，我卻視他為神妙，如我要像他那樣打扮，恐怕就充滿了造作，而在他一切都是自然。（同上，頁 176）

這與莊子〈人間世〉中的支離疏以及〈德充符〉中兀者王駘、叔山無趾等「形殘」的形象不謀而合，也寓指世俗價值體系的崩解，一切有形之物，如死生、貧富、賢不肖等一樣，都是「事之變，命之形也」，不過都是偶然的現象，而非「有物有則」的真理的顯現；莊子想要轉化的不只是形體，還包括整個的現象世界。〔註49〕如小說中敘述者的表述：

> 我以為這個傢伙彷彿要在我離開家門去工作途中故意這般扮演來

〔註49〕楊儒賓主編，《中國古代思想中的氣論及身體觀》，台北：巨流圖書公司，1993年。

嚇唬人，或是這一切都是我的幻覺呢？現在是什麼時代了，還有這種樣相的人存在。古初的人類也不顯出從他那裡煥發出來的光澤和天生自然的形貌。在這個時代裡，貧富是懸殊的，一切都是對比的，甚至仁慈與殘酷也是同時並存的，諸事均可以從現象反應（映）出來。可是他看起來並不是有意要和什麼存在的事物去做比較。唯一矛盾的現象就是他那像是貧賤的矮小身軀上卻豎立著一個異乎尋常的奧貴的頭顱，一個大頭，他的容顏的莊美和掛著的微笑，幾乎在我和交視的瞬間裡把我攝住了。（同上，頁 178）

似乎有一股自然的力量震撼了敘述者的內心：

> 我眼望前方，遽然發現他的身影由淡薄而漸次顯明露出形體的輪廓；他從什麼地方來的，那時他的形象給我的感覺他是由虛無之處冒出來的。」（同上，頁 176）

敘述者似乎內心遭逢一次超驗的感受，一種美的體悟，而美的體悟與創造是同時並存的：

> 這僅有的一次遭逢是一定會自認為置身於夢境的世界。而這夢境的世界是我的誤撞或有意的走進也不易理會清楚了。但是，我不把這印象追憶詳細且具實招出，在往後的日子裡，恐怕會因印象已經模糊，而認為這件事無疑只是一次自欺與蒙騙。我杜撰這樣的現象來蠱惑自己一定愚不可及，用繪畫或雕塑一個奇行的人物也許較易於用筆墨文字，如果沒有實際的印象，要用文字模擬那印象使接收的腦幕再經由文字構成那印象，真是難之再難。」（同上，頁 178～179）

敘述者不厭其煩地要把內心的悸動與美的觀照對象透過文字描繪出來，這一方面反映了七等生創作的動機，一方面也表達了他創作的旨趣。如莊周視「儵魚出遊從容，是魚之樂」（《莊子·秋水篇》），正是對於美的對象的描述，也是對於美的對象，作了康德所說的趣味判斷。〔註 50〕莊子所做的是一種趣味性的審美判斷，正如七等生透過〈目孔赤〉的敘述者表達的也是類似的個人化的審美趣味。這是當下「即物」的印證，而沒有其他的原因、法則可說，也是忘知（認識之知）以後，虛靜之心與物的直接照射，因而使物

〔註 50〕轉引自徐復觀教授，《中國藝術精神》，頁 99，台北：學生書局，1998 年十二印。

成為美的對象。〔註51〕

　　七等生曾表示，〈目孔赤〉是他思考的核心，他將生命體現象界的思索落實於芸芸眾生，由此可以看出他眼光與焦距的落點，乃是藉形體回想內心的追尋。〔註52〕這不也呼應西方存在哲學思潮所探討的重心：

> 精神超越了思考與存在的對立，只有做為主體才能真正存在。精神有如神的氣息，是躍動的創造的行為，是它給了人類存在的尊嚴。
>
> 存在就是精神，精神就是自由。〔註53〕

由此看出，七等生的內在追尋和生命關懷不外乎以「自由」為依歸。其實「目孔赤」三字是台語眼紅、嫉妒的意思，小說中這位有個巨大頭顱、外表不修邊幅的小人物，從敘述者任教的校園圍牆外往內探視時，竟被一群玩耍中的學童視為「瘋子」，被罵做瘋子的反應為何？「目孔赤」三字出自這個男子的口中，竟使敘述者感到無比的驚訝：

> 童子呼他「瘋子」和他回應童子「目孔赤」應是錯置對錯置，毫無正面的意義。我在學童的年段曾混入閩南人與客家人、或台灣人與外省人的互相排斥而敵對謾罵的陣營，還有台灣人與日本人的區別中，一切顯得那麼錯綜複雜，但只要是做為其中的一個份子，就難逃那種勾心鬥角的敗絮情緒，但把他視為「瘋子」的確是「目孔赤」的行為；其實他並不瘋，童子的眼睛也不紅。充其言他只不過是不合群而已，他似乎能盡到做人的責任，並不寄生於他人仰賴他人而生活。他並不像瘋子或乞丐一樣全身充滿污穢；他光潔煥發，冷靜如水……（《譚郎的書信》，頁182）

為什麼敘述者會認為這男子用「目孔赤」三字回應是正當的防衛機制呢？是因為他太過自由逍遙，不合這個社會的體制嗎？這個社會中年男子都應該為養家活口而奔走勞碌，誰像他一樣一派瀟洒自在，這太違反倫理常情了吧！接下來我們來看他被怎樣地細致的描述：

> 高貴如帝王般的長形眼睛優美地落在寬大的額頭下面，靈活澄澈的

〔註51〕徐復觀教授，《中國藝術精神》，頁100，台北：學生書局，1998年十二印。
〔註52〕七等生於2005年元旦接受筆者訪談中表示。見附錄一：〈七等生專訪（一）：我父親像羅馬人──七等生專訪側寫〉。
〔註53〕松浪信三郎著／梁祥美譯，《存在主義》，頁85，志文出版社，1982年9月初版，2001年3月再版。

眼珠左右快速地移動，一點也不帶懷疑和壞意，不害怕人也不使人
害怕。依舊是永恆一般的微笑。（同上，頁182）

那是一張我的眼睛所見到過的最為脫俗和美麗的臉，沒有半點痃點
或陰惡的色彩，也不單為聰明或智慧顯露采光的那般存在，那是近
乎神聖和純潔而毫無人世歷練的形跡，有一點注視野獸面貌時所感
覺到的那種本然和透明。（同上，頁183）

這樣一個超凡脫俗的形貌，儘管敘述者後來聽到了有關他的傳言，也就是他
在當兵期間，妻子和別人同居生了一個小孩，回來後就獨來獨往，但敘述者
還是一廂情願地賦予他美好的想像，認定他幾近乎是個超然的存在者：

他有一個凡身，卻是另一種超然的存在，這可以從他的臉上看出來。
他是一個近乎完全的在人的課題裡最最困難獨善其身的個人，他以
最明白的心態活著，不假借任何事物張放他的慾望。有時，我所敬
佩的人是以思想知識存在的，但他卻高勝一籌，不是嗎？知識的世
界可以追趕和超越，可是來自自然的本相是無法模仿和超越的。他
的容顏象徵天庭，而他的賤軀落實於人間。難怪他的出現會佔滿我
的思潮，激盪我的心靈和想像。（同上，頁185）

緊接著，耶穌的事蹟被提出來，說耶路撒冷的猶太法老看到耶穌講道、治病，
於是去見希律王，說耶穌是異端，這其實是「目孔赤」嫉憤仇視的現象。敘述
者自己也回憶道：「我曾是一個目孔赤者，妒慕著別人的成就和榮譽。我有時
獨自悲哀流淚，疑問著不知，該向誰去學習。」（同上，頁186）且看這篇文
字最後結束在敘述者即將去尋訪一位舊日的戀人，途中忽然瞥見那個「穿簑
衣紅短褲」的男子：

我不覺遠遠盯住他轉過來的那張裂開嘴縫的面孔，感覺從那麼怪
異的妖魔臉上，有兩道光芒穿過密集的雨林投射過來，使我震顫
和憤懣；我一時像被那電光擊中，突然喪失神智般僵住了。（同上，
頁180）

可見這（瘋癲）男子的形象與耶穌超越者的形象，甚至與那「永恆／理想的
戀人」，其實都是重疊合一的，而且也回應了七等生對瘋癲意象的執著，或許
就像米歇爾・福柯所說的，他正試圖通過一種虛妄的自戀提昇自我而向自身
或更高的存在者認同。

第三節　神秘的異境

一、〈銀波翅膀〉的囚禁與自由

　　七等生在一九八一年以〈再見書簡──何必知道我是誰〉一文宣告自己要暫時停筆的聲明：

> 自我前年發表最後一篇小說「銀波翅膀」之後，這一切都已消逝與
> 現在的我無涉了；我心中的主角，他的命運不屬於人類，已歸給自
> 然了。現在有誰再說什麼，我更無動於衷了；我看透了這些世象，
> 我不必再寫作發表，以釀成更大的誤會，……〔註54〕

事實上停筆的想法從《銀波翅膀》（1980年）出版後就已開始醞釀，〔註55〕是為避開惡意的批評和毀謗，尋求內心真正的平靜，這也是他從城市退到鄉下來的理由之一：

> 自回通霄當一名小學教師後，這十年來充滿了內心反抗的掙扎，尤
> 其在今年裡，我感到心智無比的頓挫和憂悶的絕望的打擊；但從自
> 省中又漸漸回復平靜，只要我不奢求自己，就不會對外界感到那麼
> 大的不滿。〔註56〕

而他也的確在空間的轉換中，逐漸從單調乏味的生活中領略閒適的意趣。例如從每天騎車上下班的奔馳中，藉流風與自然風景的淘洗，體會到平凡與孤獨的快樂，而找到一種持久而中庸的哲學。就像〈銀波翅膀〉裡的盧生，心靈與自然冥合之際，身體與大海合而為一，而精神卻能夠超越與飛昇。這是一篇與〈綠光〉的追尋有異曲同工之妙的小說，寫一個與年輕的女同事發生不倫之戀男教師，在戀情曝光後，避開妻兒，獨自遠走到一個偏遠小學校任教。鄉間獨居對他而言是一種自我放逐，的確獲得恬靜的生活，偶而寫詩和札記一些生活感觸，感到一種解脫的自由和快樂。但盧生自從避居到鄉間的小學校來教書後，常常苦惱掙扎於到底是要保有他孤僻的性格還是要追隨人情世故而歡鬧。從小說文本的字裡行間，可以追索出幾項詹生所感受到的「囚禁」之苦，是介於俗世與自我之間所產生的衝突，造成「內心反抗的掙扎」，包括

〔註54〕〈再見書簡──何必知道我是誰〉，《中時副刊》，1981年1月11日。
〔註55〕七等生表明〈再見書簡──何必知道我是誰〉在他投稿後半年後不預期地以
　　　　大標題的方式刊登，讓他大感意外也不勝其擾。見《重回沙河》〈八○、大意
　　　　外〉，七等生全集【8】，頁191。
〔註56〕〈七七、持久而中庸的哲學〉，收於《重回沙河》七等生全集【8】，頁185。

愛情、人倫、肉體、知識與生活技能等等，從城市延伸到鄉間，空間的轉換有時只是暫時的逃避，新的人生課題還是會一一的衍生出來。

譬如他的確藉著隱居鄉間擺脫了婚外情的困擾，而且也明快地終結兩人的關係，但是他跟妻子的關係並沒有進一步去修復，而且也疏離了親子關係，使他想到自己過去在父子之情上的不滿足，而今自己的空隙越來越大，「像這昂首凝望的宇宙的空洞，太空船越航行越發覺天際的浩大無疆，我身陷此處，猶如人類寓居於地球，這是宿命……」（《銀波翅膀》，頁269）原來婚外情只是一個內心欲求的導火線，其實它引爆出來的問題可能得更多更複雜；愛慾未能滿足是一個關鍵，從愛情中去尋求也是一個表相，能夠看透的並不多。盧生從城市來到鄉間，脫離原先的生活秩序，會有一種新鮮感，但是鄉間也有鄉間的生活秩序，只要不想離群索居，要在群體中不被排擠，總得「入鄉隨俗」，與人（同事）維持一定的和諧的關係。對盧生而言，這種和諧關係即是一種膚淺的關係，而且困擾他的是「大小事情，都無法明明白白地馬上表示我個人的肯確態度，像類似喫飲的好事，更加無法不表示喜悅和贊同。」（同上，頁266）一般鄉里間人會透過前往別莊（鄉鎮）參加廟會（的喫飲喝酒）達到交際應酬、禮尚往來的目的，於是參加就是富於情理，不參加就是昧於人事。但他進一步體會發現，在喫飲喝酒中其實只關照人間的事並不談神的事；且一天的逝去猶如人一生的消失一般。他這種對生活瑣事如此嚴謹挑剔的態度，以及個性上的優柔寡斷，大大造成他不管在城市或鄉間，都會碰到人際互動的問題，只是形式的不同而已；他未能從自我放逐中得到真正的超脫，因而衝突一再上演。

年紀老衰是人力無法抗拒的，盧生隱居鄉間時已近中年，鄉村的悠閒尤其容易使人怠惰，滿足現實的一切，服從肉體的渴望，會使人降低鬥志和意志力，使對一切事情力不從心，而漸漸成為一個宿命論者。他已經警覺：「他要我成聖，而我卻只是一個不幸的平凡身，他明白的，我知道有一天他會放棄的，這一天不遠了。我對於離開城市後所發生的遭遇感到驚奇，可是我更感疑惑的是我似乎是個宿命論者」（同上，頁269）盧生從「星際爭霸戰」這個節目中，領略到認知和想像的啟示，他也從外星人史波克這個角色，體會到人類將來應具備像他一樣聰敏和溫和的優秀特質，他是知識的化身，絲毫沒有人類那種情感起伏的急躁和昏亂驚慌的面貌。例如：「盧生想到史波克的秉賦，可是他自己畢竟是一個平凡的人類，滿身只是所謂謀生和應付同人類

的經驗和知識，而一無了知與其他自然物的接攘；他突然哀憐自己只是一個受盡人事折磨而昧於對宇宙自然知識知解的愚盲物類，且升起對於人類自我已忘忽他和萬物通訊的智能感到無比的氣絕和憤怒。而此時野蠻地對待一個自身道理甚明的自然生命物，就更顯得不可寬恕了。」（同上，頁270～271）透過空間的隔離，盧生果決地斬斷情絲，在鄉間過起恬靜的生活，使身心獲得解脫的自由和快樂。藉著寫詩、札記生活感觸，重新感受自己存在的意義。例如：「我現在單獨獲得了幾近完全的寂靜，欲望離我而去，我最近寫了幾首詩，並且每天札記一些生活感觸……很美，我感覺這是極恬靜的生活，對我而言是最佳的生活，我的意思是對一個一生勞碌又沒有專志成就的人而言，有一個能夠暫脫形式生活的束縛是彌足珍貴的事。」（同上，頁262）從小金龜蟲的來訪，以及他《星際爭霸戰》給他的啟示，他希望自己對宇宙的自然知識有更多的了解，可以測透宇宙自然的奧祕，人與宇宙自然互通、尋回自我本原，然而「盧生整夜面對著它，企求從它的飛臨的啟示重新尋回他自我的本源面貌，但他難以撥開重重習染的俗世霧靄，他失敗了，直到天明，他坐在椅裡力竭而垂頭昏睡了。」（同上，頁271）七等生顯然透過此篇寫出一個現世的隱居者，面對所有的限制與自由，內心所呈現矛盾猶豫的掙扎狀態。首先他要先說服自己，鄉間生活是優於城市生活的，它不只是止痛療傷，暫時的退避之地而已，於是安排一個從城市來探望盧生的昔日好友，來打探盧生的生活狀況和心意。這位「外表閒散，面目如帶著詭譎」的探索者，是盧生來此一年多的首位訪客，兩人是憑著靈感交往，所以他是不期然而至的。當盧生向他表明自己欣喜於此地的自由美好，願意繼續留在鄉下的堅定意志時，他的傾出使他突然停頓和沉默：

> 他對自己的吐露感到驚疑之至。於是在他的臉上現出慘淡悽苦的笑容，羞赧地把身體轉來轉去。這時，他們的肩膀由於靠近，相互撞擊磨擦著，首先像是輕微而無意的，漸漸地像是有意而變為猛烈，彷彿一個軀體蓄意地要擠進另一個軀體，情勢變為越來越急迫。此時已是黃昏，霧靄的空際中響起像潮水般澎湃的音樂聲響，原本隱形於宇宙的透明的幽魂舞蹈般地現形了，直到他們的兩體的撞擊合併完成，一切又恢復為寂靜。（同上，頁262）

這一段文字的描摹簡直是神來之筆，寫出一個言不由衷者，內心遭受的撞擊與反應，用兩個軀體的碰觸，激起靈魂的騷動不安，像隱形透明的幽魂從暗

黑的潛意識裡竄出，瞬間受到震顫而分裂，致使身體與靈魂互不相容。這位探索者的角色也可以說是盧生的本我，他的面目和善而開朗，與憂鬱的盧生恰成對比，兩個人站在一起時，卻混合成一種難以描摹的奇特形象。他的出現一直在提醒盧生認真地面對自我真實的感受，但盧生不願承認也不願面對，一直到小金龜蟲一再地於夜間重臨，「他聽到它飛來降落的撞擊聲音，像是一個悶鼓的音符響在他寧靜的腦幕。」（同上，頁 270）於是他迫切地想了解它是否真帶來某種傳遞的信息，就像他的好友的蒞臨一般，他迫切希望自己能有史波克的稟賦，可以和他們進行更深入的溝通和交流。

這是盧生某天自參加鄉人的廟會吃食回來後，驚覺發現一隻小金龜的叩訪，他原先以為它是為了展現它的美麗尋光而來，後來才明白「尋光瞭耀」並非它無意搔撩他的原由。盧生在與小金龜在一夜的對峙中，苦思不得其中啟示的真義，為了忘掉那夜痛苦掙扎的經歷，他謹慎地恢復到正常的生活起居，且盼望他朋友的來臨。他想到在有生之年，一個知音朋友比什麼都來得重要。意味著他要與自我／本我和諧共處。那夜，他刻意等待的好友再度來訪，領著一群舊日一起在城市狂歡的老友，在一場豪飲之後，一路狂奔黑漆的海岸。當走進無人寂靜的海濱時，突然被一股無形的力量震撼，海平面上瞬間翻飛的白色波浪，喚起內心的感動，感受到一種詭密而無聲的信息，像是受到某種神秘之光的吸引，心凝神釋，跳脫七等生筆下的主人翁單一沉鬱的平淺性格，也就是所謂自我的困境與限制，進入存在空間的審美化層次與心靈超越的途徑。且看這篇小說在結尾的處理方式：

> 他們一路走到黑漆的海岸，並排站立著，眼睛的視覺漸漸地辨識清楚了；有一刻他們完全被海洋動盪的形貌嚇住，驚呆有如直立不動的化石；這海特別顯現的雄偉壯闊在次一刻又把他們感化，他們猶如處在幽明的最初的域地。這時，其中的一位突然對身旁的人指著翻起的白色波浪說：「你看，」「是什麼！？」是「銀波翅膀」「真的嗎？」「當然是它。」「銀波翅膀」像他們心中所希望的光，他們詭密地一個傳給一個這久盼的信息。於是他們全都狂喚地衝下奔向沙灘的漲高的浪潮，他們展開雙臂，一面跑一面躍高，似有離地起飛之狀；先是他們的歡欣和祈求高過浪濤，企圖奪佔宇宙自然的聲籟，最後在天明破曉之前，剩下潮退的低吟。（同上，頁 272）

主角盧生和這些友人們到哪去了呢？從文本透顯的訊息，這個「離地起飛」

的姿勢，似乎暗示盧生和這群愛好文藝的舊識已經領悟到自然傳給他們的神秘信息，當他們無視於身體的存在，跳脫生命的束縛，投入大海的懷抱與自然合而為一時，就是一次精神的提昇和飛躍。再也不理會人情世故的纏累，也不受人類命運的擺佈。透過書寫，海洋的意象成為他生命的出口，這真是中年七等生又一次在小說文本中表達對自由渴求的呼聲和精彩的演出，充滿了超現實主義風格和浪漫色彩。

二、〈環虛〉的迷失與悟道

　　〈環虛〉中的「我」，一個孤獨的膜拜者，帶著預先寫好以代替遺囑的墓誌銘，以決絕的姿態出走，將自己自表面的人世放逐出境，要去尋訪屬於自己的一方樂土──那是墓，也是門，一個世界之終而另一個世界之始。那是他長久以來，因相信「土地之說」（人在自己的土地上含笑閉眼）（《譚郎的書信》，頁171）而墮入輪迴的苦境所形成的悲劇性的宿命觀。但因為一場恐怖荒誕的夢境，讓他在真實與虛幻之間，去思索現實世界與未來世界究竟何為清淨，何為墮落的問題。夢境中他進入一個原始的人獸雜交的荒島，就是那個吸引他的神秘沙洲。他在那荒淫離奇的行徑中感受到一種和平寧謐的氣氛，但他卻拒絕一位窈窕少女的邀請，倉皇逃出濃密的樹林，直奔大海。他躺臥在沙灘上任由海水的浸潤與淹沒，猶如躺臥在母親的襁褓中。但他思索夢境中他逃離了樹林、選擇了海洋，是出於被迫的無奈，然而要是他的生命被大海吞噬了，也一樣尋訪不到自己的一方地土，這就是生而為人注定的悽慘命運，還是一樁無可挽回的悲劇？他忽覺自己已無路可逃，且一無所有，此時自信與驕傲都不再與他有關，靈魂也彷彿跳出了他的軀殼，他陷入了極大的空無，只有淚與哭成為空間裡的唯一真實：

> 這盡情的悲哭，竟成為我一生中唯一經驗到的一次徹底。淚水沖刷
> 著靈魂，滌清了我的心。我悠忽自遙遠的彼端渡回到現實的情境；
> 低黯的情緒已經宣洩，平靜了的心一片空明。（同上，頁172）

就是這一次徹底的悲哭，讓他盡情地得到釋放與解脫，那久長以來無形壓力與束縛獲得解除，他撕毀袋內的遺書，心想：「人生誠然並非圓滿，然一意追求圓滿之心不亦是一種圓滿？」他對那迷幻的沙洲投注視最後的一瞥，再遙望那相連接的海和天，毫不猶豫的轉身離開。（同上，頁172）文本中的沙洲或許預表遺世獨立的遠始社會，雖然給人一種回歸的嚮往，但卻是一個混雜

人性與獸性的所在，其實它更像是人類潛意識裡混沌不明的幽暗空間，投射的是人的慾望，就像那荒僻的小島上茂密的叢林中所顯示的生機一樣，充滿了不確定感，暗示真正的救贖其實就在遙遠寬闊海與天相連的地方。

然而這個孤獨的膜拜者，不但棄守了他生命中的沙洲，也不再迷戀海天的寬闊無涯際，似乎已找到了心中的路。這是一條怎樣的路，小說中沒有交代，留給讀者自己去想像。這幾乎是七等生常見的美學態度，以直觀的方式，當下「即物」，沒有原因和說明。七等生在〈我年輕的時候〉中說：「悲劇性的靈魂卻是來自遺傳，不快樂是我的宿命，每當月圓我會感到特別的憂鬱，即使今日我能擁有人間的一切價值的事物，我依然不會全然處於快樂，因為烙傷已不能去除。解脫和悟道已經成為我現在和未來的文學追求的一項重要課題了。」〔註57〕這樣的生命態度是比較接近佛道思維，追求的也就是佛道的當下頓悟與超越，但是卻難以捉摸。

根據七等生〈環虛後記〉的說明，這篇小說得自於友人蘇永安原作〈求道〉的靈感，於他有所感應，因而改寫而成：

> 那篇作品在我的身邊逐日醞釀和變幻著，左右我的思潮和生活，我感覺一切真實和虛幻的無從分辨，逐漸與我一路來寫作的思想銜接和混合，像生命呼吸一樣，一個簡短的形式遽然成形，而原作的優美文體有如我們常加贊嘆的美的肉體的塑造，我不忍捨棄而珍愛地檢選並加以連綴妥切併隨玄秘的內在精神存在著。我應著某種內心的呼求，就在那暈眩下筆的一夕間撰寫完成了；題名〈環虛〉也一併產生。〔註58〕

從〈求道〉到〈環虛〉，其實是一種感應與變貌的過程，接近於道家美學的所謂「藝術中的超越」，這不應當是形而上學的超越，而應當是「即自」的超越。徐復觀表示，所謂即自的超越，即從每一感覺世界的事物自身，看出其超越的意味，也就是在事物的自身發現第二個新事物，而從事物中的超越予以落實肯定的，必然是第二個新事物。〔註59〕而〈環虛〉中的「我」原只是個「孤獨的膜拜者」，喜歡在沒有人聲的黑暗裡擁抱天地，擁抱自己。在靜夜裡感受

〔註57〕〈我年輕的時候〉，頁164，最初收於《散步去黑橋》，現收於《銀波翅膀》，七等生全集【7】。

〔註58〕〈環虛後記〉，收於《譚郎的書信》，七等生全集【9】，頁173。

〔註59〕徐復觀教授，《中國藝術精神》，頁104，台北：學生書局，1998年十二印。

自身生命的逐次擴張、延長乃至無限。自認為已經觸及了神的秘境般的既惶恐又感激和滿足。在愛情與孤獨之間他慶幸所擁有的是孤獨，因為這是他透過追求愛情所完成的極致。因此在靜夜桂花的芬芳中，他也以為他已追求到孤獨的極致。但經由夢境的啟示，他獲得了近似於「物化」（〈齊物論〉）的解脫，因為放下即解脫，當他不再執著於想像中的夢土（沙洲）時，生命是無所待的，無待的人生才能得到大自由、大解放，也才更接近莊子所謂「獨與天地精神往來」（〈齊物論〉）的「獨」的境界。如徐復觀所言：

> 這種由一個人的精神所體驗到的與宇宙相融合的境界，就其對眾生無責任感的這一點而言，所以不是以仁義為內容的道德。就其非思辨性而是體驗性的這一點而言，所以不是一般所說的形而上學。因此，它只能是藝術性的人生與宇宙的合一。〔註60〕

也如莊子在「獨與天地精神往來」下緊接著「不敖倪於物，不譴是非，以與世俗處」的說法，他的人生哲學其實是一種「離而不離」的美學態度，身體雖無法脫離世俗而獨立，但卻透過自我態度的翻轉而得到心靈的自由。如祝平次所言：

> 藉著「物化」的觀念，人能對自己存在的情境多所了解，而於中消除自我成見的束縛。雖其形體仍然無法超越生存的短暫，然其自我的體認，已能超越生死差別的限制，這未嘗不是一種暫時之境界的自由，一種實踐的自由。〔註61〕

七等生在創作的當下不必然有此存心與意念，但透過敘述者所呈顯的精神狀態卻接近於道家莊子的思維與藝術精神的境界，這或許就是他個人的超越之道。

三、〈重回沙河〉的信仰獨白

關於七等生式的超越之道，還包括出現在《重回沙河》攝影札記中的多篇有關信仰的獨白，如：「神啊！挽救我吧，我就要崩倒碎裂了。每當我要躺下來休息，紛擾的思念就襲擊我，使我不能安寧；我不能沉靜地坐下來讀書，因為心裡積壓的事情都沒有獲得解決，它們佔滿我的心思，使我不能輕鬆。」

〔註60〕徐復觀教授，《中國藝術精神》，頁103，台北：學生書局，1998年十二印。
〔註61〕祝平次，〈從禮的觀點論先秦儒、道身體／主體觀念的差異〉；收於楊儒賓主編，《中國古代思想中的氣論及身體觀》，頁322，台北：巨流，1993年。

（《重回沙河·〈五六、禱告〉》，頁126）他訴說的對象是「神」，而透過書寫來表達一個孤獨者的自我救贖之道，向上帝發出呼求，以顯明自己的脆弱無能。若非將自己全部倒空，將生命的主權交託，承認自己徹底的失敗，不可能雙手合十跪地，請求上帝的寬恕與憐憫，或得到任何的回應。但在一段感性的獨白之後緊接著自有他對信仰的詮釋和議論：

> 就從愉悅感來說罷，一般所說的禱告，可能是一種傾出體能的方式；
> 我們從環境和個體自身都會產生壓迫感，造成身心的窒悶，極需想
> 法將之放舒；因此禱告應該就有多種的方式，除了語言的部分外，
> 勞力工作和從事藝術活動，或運動等都是一種禱告；像我根本不是
> 基督教徒，也不是其他教派的信徒，我的方式就是工作，從工作中
> 把自己釋放出來，成為一個自由人。（《重回沙河》，頁150）

以及對神性與神學的好奇和質疑：

> 有一天，我終於相信宇宙是有一位造物主，我也贊同稱呼祂為上帝
> 或神；但是，除了相信祂的存在外，我並沒有增加多少對祂的認識，
> 可以說我一無所知。我相信我最大的痛苦是這種無知，或一知半解
> 的情形，以致無法尋求一條法則來適於我的生存。我肯定有神在似
> 乎與我沒有多大關係。即使我知道我的不幸是由於無知而來，我也
> 沒法獲得改善，除非神有一天照臨我，使我猛然覺悟，而見到那法
> 則。（《重回沙河·〈六〇、要一個新世界〉》，頁140）

他透露不能親眼目睹上帝的照臨是他無知的原因，然而對生存課題的思索和宗教信仰的終極關懷，都是「個體化過程」的必經之路，文本從內在的自省到神性空間的開展，其風格無疑是〈耶穌的藝術〉的延續，他在這部寫於1987年的讀經筆記中表示自己雖非基督徒，卻「希望在生活的諸樣煩惱的理念之外，找尋另一個榜樣，再做一次虔誠和有益的學習，盼能在懷疑的思想中，尋獲內心的信仰。」（《重回沙河》，頁4）於是夾敘夾議地將自己與耶穌的生平疊合起來，用自己的主觀認知去詮釋耶穌的生平。但是對於上帝，他採取較低的姿態，渴慕得到上帝的垂憐，以重整自己混沌的心靈空間。三年後的這本札記（〈重回沙河〉），有若干片斷是承接著此理念和思考而來，以慕道者的身份，顯明對基督信仰既渴慕卻又猶移不前的生命樣態。

　　這一部分的關懷主題雖已逸出七等生的五十六幀攝影題材之外，但卻表明有意讓自己的生活與神的意志做連結的態度。如〈重回沙河·〈六四、為我

而發生〉〉中說：

> 省視我過去諸行為和動機，沒有一件不是合乎神的意志，就以寫作
> 和愛情而言，這兩件事是交錯地進行在我過往的生活裡，痛苦與快
> 樂也密切地纏伴成一股生命的激情，假如說，這不能代表真正的我，
> 那麼我又是什麼東西呢？我相信發生在我身上的事件，是為我而發
> 生的，不是為我，又該為誰？我應該感謝神的美意，雖然有些部分
> 已經結束了，但它們永遠留在我的記憶中不會抹滅，現在的我就是
> 由那些經歷而成長的。（《重回沙河》，頁158）

他對超越者神性的理解與認識是相當主觀和個人的，常從一己的觀念出發，
與他對「自由」意涵的認定一樣的隨性。例如他會突出豪語：「我一面抽煙一
面思想神與我們有關的事，這樣會算是褻瀆嗎？我一面聽流行音樂一面閱讀
聖經，這樣也算是不純淨嗎？我經常在做愛之後，繼續讀書或寫作，這樣不
構成荒謬嗎？我想像不出有什麼理由，神會不喜歡我的這種行為；不要以為
我膽大妄為，紛擾常常是我集中思考力的溫床。」（同上，頁154）一般敬虔
教徒已突破的困擾對他而言還是很大的試煉。例如他原先懇求神的憐憫，求
能解脫「紛擾的思念」，但此時卻認為「紛擾常常是我集中思考力的溫床」，
這類矛盾的思緒和做法，常常糾結在他的書寫之中。就一個以自我為中心的
「寫作藝術家」而言，顯然上帝對他而言只是想像的超越、書寫的策略，根
本未達宗教神學的層次。如周芬伶所說：

> 然而七等生是藝術家而並非宗教家，他對《聖經》除了聖義的感
> 動，最多的還是文學的感動，他認為《聖經》以約簡呈現多樣的
> 內容，具有直述的優美，因此他更體認高貴的文章，必須顯露其
> 清晰的輪廓，讓人感到親切，而充滿欣悅的心情。這也許是他改
> 變早期朦朧的冷調子，而變為清晰的熱調子，尤其是書信體的寫
> 作的重要原因。〔註62〕

《聖經》（上帝）對於他的影響或許只在於文體，或在思想的層面刺激他去思
索「我是誰？」「我從哪裡來？」等「自我存在」的基本課題，以引發重新去
解釋和發現自我與存在之間的超越意義，至於是否已探尋到愛的本質則有待
商榷。就佛洛姆對愛的理解而言，其實人對神的愛與對人的愛基本上並無不
同，我們之需要愛，其根本在於人類的隔離體驗，以及脫出隔離的需要——

〔註62〕周芬伶，《聖與魔——台灣戰後小說的心靈圖象（1945～2006）》，頁85。

用結合的方式來脫出隔離。〔註63〕而真正要進到信仰的核心，還是有階段性的。聰明如七等生者顯然懂得透過禱告的修辭，表達他追求理想之愛與願望，並為此獲得心理的機轉，但他對信仰的態度，卻始終徘徊門外，未能真正跨入神聖的殿堂；雖所持非無神論的觀點，但傾向於有神論和神秘主義之間：

> 七等生晚期的思想雖接近奧修，透過性（愛）追求無自我性與無時間性，然他只是具有宗教情懷的小說家，並非哲學家或宗教家，他提供的思想體系是不完整，且處處是破綻，然他那如聖徒般的狂熱，只有直接與上帝對話，對於愛對象只能是獨白了。〔註64〕

周芬伶從奧修的宗教哲學去理解七等生的宗教修辭，奧修畢竟還從性愛的角度去開展他的超意識觀，然而七等生卻只願意承認精神領域的真實存在，相信確實是有一超越的力量，在乎人之上，使人類的精神力量，以及他所追尋拯救的目標和內在的新生稟具意義及確當性，〔註65〕但卻遲遲不願放下自我，把生命的主權完全交托，讓上帝真正成為他生命的救主，這與信仰的追求實有一大段的落差。

第四節　永恆的低語——七等生中、近期的書寫語調

一、「理想戀人」的渴求

七等生在〈理想的戀人〉一文中道出了心底的欲望與渴求：「要是依照俗世的膚淺看法，只能愛妻子（丈夫）而不能瞻仰理想的戀人，就等於只渴慾肉體而摧折原真的自由意志，那麼雖然能在日子裡表面的履行夫妻的義務，但根本上是連一點愛意都沒有。」（《重回沙河》，頁149）如同〈隱遁者〉的主人翁魯道夫對「雀斑女郎」愛的表白如此的熾熱和赤裸：「妳當知道，沒有妳，我幾乎已沒有理想，沒有精神，沒有欲望，也沒有任何的道義，也不像這個世界的公理。我愛你這個人，那個軀身，那種模樣，那種語音和那種眼神；我所有的愛將集於你一身。」（《沙河悲歌》，頁190）這種把愛情當信仰來膜拜的態度，並沒有因時空的變遷而改變。中年的七等生坦誠自己面對一個沒有愛情的婚姻的無奈與嚮往，且用一個高蹈的言論來提昇「理想戀人」的層

〔註63〕佛洛姆，《愛的藝術》，頁82。
〔註64〕周芬伶，《聖與魔——台灣戰後小說的心靈圖象（1945～2006）》，頁92。
〔註65〕佛洛姆，《愛的藝術》，頁91。

次，至此他已經不避諱用散文式的獨白來表露追求愛情是一種原真自由意志的展現。因此他在《譚郎的書信——獻給戴安娜女神》對戀人的叨叨絮語就顯得如此急切而直接：

> 我最親愛的，假如你願意領受我對你的稱呼，我敬重你是因為你是一個純潔的少女，像我久遠的戀人，像愛倫波詩中的安娜貝爾·李，如果你有默契，我同樣以最純淨的愛意對你，我可以將你的存在視為我愛的象徵，我要以此告訴我內心去膜拜，把我最苦的心志奉獻給你，只要你能使我從扼困的精神中解脫出來，使我能日日洗清被染蓋和自生的污穢。（《譚郎的書信——獻給戴安娜女神》，頁13）

當他面臨創作的困厄，準備暫時放棄創作的時候，他很感激戀人的出現，他把她置於真實與夢想之間，視之為「美」的真實與「美」的理念的化身，對她盡情地傾述滿腔的熱情：「我要呼叫你最親愛的，直到力竭為止。在我們互往的信函中最好是想到什麼就寫出什麼，不要讓它遺落，我們應該不怕蕪雜，而最怕那種不能信實的公式。在我結束今天的記錄之前，讓我再說一句我愛你。」（同上，頁70）他毫不掩飾自己在愛情欲求上的缺口，也不避諱坦誠過去幾次戀愛的不成功和婚姻的不美滿，並且坦白內心對一份純潔的愛情的嚮往和渴求。但他也表明即使有「愛人」的「存在」，並不足以使他去排斥另一些人（如妻兒），「我同樣愛那些和我生活在一起的人，不過其愛意有所差別罷了。」（同上，頁14）這是他對著不在場的「愛人」以書信的形式直接坦露內心的愛意，完全不去考慮道德的禁忌，且也不逃避面對的衝突：

> 昨夜她問我是否我永遠需要我曾經說過的心靈追求的異性目標（你大概在閱讀拙作中記得，我說過追求理想戀人的事，如果這世界沒有，我亦要將這追求轉移去表現形上的思想），我回答說是的。我這一生唯一具有意義的事就是完成自我。」我對她坦白說，我在外面做事當教師是十分痛苦不得已的事，因為那只是為謀生照顧家庭，而非我的職志和理想，所以我顯露的一切都沒有人能了解（反而誤解），家長批評我，學校討厭我（連想到調職的事），沒有知己的朋友，反受到誹謗，文藝界雙方（在朝與在野）視我為異類排斥我，是一個真正活在現世的疏離者，如果你（指她）再給我吵鬧打擾，不給我精神的自由，我顯然是個內憂外患重重的痛苦者。的確我滿心的憂煩和痛苦，只想逃避到另一個自我存在的世界去。我希望你

（指她）體諒和了解我的苦衷，而不要再用偏狹的情感束縛我，使
我目前努力建立和維持的稍能容居的家庭分崩離散，加增我的苦
痛。（同上，頁 55～56）

這個「活在現世的疏離者」譚郎，以及「隱遁者」魯道夫，都是因為愛情的形
式與內容不能兩全而苦惱不已。事實上也證明沒有一個現世的女子有辦法容
丈夫的精神出軌，這種愛是不屬於人間的，理想的「永恆戀人」只能存在於
書寫的自我／主體之中：

我再告訴她，如果我不愛這個家，我不會在千辛萬苦中親手動手將
它維持安逸，用理性去克制使我能承擔人世的責任和義務，否則自
可憑情緒放開瀟灑離去。我希望她能看透生活的世界和生命的意
義，使自己安於滿足和單純（將來年老我勢必將過更為簡單的生
活），建立對家庭子女的責任感，不可因情感的挫折和敗傷而放棄這
些任務；而我的精神理想那是我的另一個生命世界，不屬於這個塵
世，也不屬於她，也不專屬任何人，只屬於我自己。（同上，頁 56）

但七等生似乎從書信／日記體的形式中感受到一種前所未有的創作的自由，
「戀人」的缺席反而讓他無所顧忌地闡述心中的理念和情感：「我對你的愛的
思想完全是幼稚的，好像我面臨的是初戀，因為在我年少的時候，我從未獲
得愛戀的女性的承諾愛意，這使我心中永存著空虛至今。現在要是我能到達
你處，我一定棄職前往，在你的窗下唱出愛曲。」（同上，頁 102）「我不是為
戀愛而戀愛，我是為生活的現實和希望而愛你；愛是我的生活的一部分，也
是我的藝術表現。」（同上，頁 131）因此當現實的情愛落空時，他墜入自我
的獨白中喃喃自語：「我仍然對你滿懷情意，但沒有堅定的決心，你可能明瞭，
我對現實並不執著，我只對理念抱著忠貞的態度，我可以把你視為是顯現於
此時的理想戀人的形象，這個形象是個時空的幻念所產生的，並不永恆，會
隨時空變異形貌和性格，但是我的意志和信仰卻始終如一，永不改換。」（同
上，頁 141）如果說漸入老境的七等生是處在「迷失」於情慾狀態，未免是一
欠缺美學的評斷。劉再復曾說：

浪漫主義作為古典主義的對抗性文學思潮，它恰恰努力地用情慾去
反抗社會理性規範。它把人的情感看成是神聖的，甚至把人的情慾
也看成是神聖的。他們對古典主義利用理性規範過分地抑制個人情
慾進行抗爭，而把自我的情感充分地解放出來，它不再追求規範之

> 美，而是捨社會規範而求個性之美。在典型的浪漫主義觀念中，自
> 我的情感就是上帝，一切抑制個人神聖情感的所謂『理性』，都是不
> 合理性的。盧梭主張『返歸自然』，對於人自身來說，就是敢於把人
> 的情慾真實地表現出來。這些在古典主義理性法庭上被視為罪惡的
> 東西，到了浪漫主義的審美法庭中，則變成了神聖不可侵犯的東西
> 了。〔註66〕

他以為，西方在經過現代主義思潮的洗禮下，就其典型形式來說，又進一步
與古典主義的總趨向相反，它不承認理性的社會價值，而想從心理學的角度
論證人的情慾的客觀依據。這股思潮在佛洛伊德的精神分析學說開啟了「偏
執於情慾，迷戀於夢境」後，人的情感已經從意識層次的各種社會規範的束
縛中解放出來，而且也使潛意識層次的人的感性慾望得到充分的表現。目的
也就是要從傳統的理性標準下解放人的個性，使人獲得更深廣的自由。〔註67〕

　　榮格認為，「當自我需要堅強起來時，如果沒有來自潛意識心靈源源不絕
力量的幫助，意識心智就無法完成此項職志時，英雄象徵的需求就出現了。」
〔註68〕而一個「典型英雄神話更重要的一個面相就是『護花的英雄』或『英
雄救美』（陷入危難的少女是中世紀歐洲廣為流傳的一個神話）。神話或夢這
個向度涉及了『安尼瑪』（anima）——男性心靈中的陰性成分，歌德稱之為
『永恆的女性』。」（the Eternal Feminine）〔註69〕在七等生筆下，在戀人的心
目中以神話般姿態出現的菱仙子，其實就是「仙女」性格／男人內在「安尼
瑪」形象的投射：

> 安尼瑪的這些不同面貌，與我們曾觀察過的陰影具有同樣的傾向：
> 它們都能被投射，因而，它們對男人會經常表現為某種獨特的女性
> 特質。正是這種安尼瑪的出現，會讓一個男人在初次看到一個女人
> 時，一見鍾情，而且立刻知道就是「她」。這種情況下，那個男人感
> 到自己好像早就深心認識這個女人，他愛她愛得難以自拔，以致旁
> 觀者會覺得他瘋了。具有「仙女」性格的女人，對這種安尼瑪的投
> 射有著特別的吸引力，因為男人們幾乎可以把任何事情都歸因於一

〔註66〕劉再復，《性格組合論》（下），頁241～242，台北：新地出版社，1988 年 9
　　　　月。
〔註67〕劉再復，《性格組合論》（下），頁242，台北：新地出版社，1988 年 9 月。
〔註68〕卡爾·榮格主編／龔卓軍譯，《人及其象徵》，頁132。
〔註69〕卡爾·榮格主編／龔卓軍譯，《人及其象徵》，頁132～133。

個如此魅力四射而虛無飄紗的生靈，因而能圍繞她編織出種種幻
想。〔註70〕

如七等生在〈思慕微微〉的第二封信裡說道：

> 我曾經不只一次向你表達過我對你初次的永遠不能忘懷的美好印
> 象，像是一個女戲子的出場那麼含羞待放的姿容永遠地留在我的心
> 頭，即使有一天你離我而去不再理會我，我都會為那奇異的一刻為
> 你感到光榮，是我生命中少數美麗的記憶的一個，這個印象的存在
> 也因為之後我們愉快的相處而變得愈形重要和有意義。（《一紙相
> 思》，頁7）

第十四封信中也說：

> 向自然和美麗說再見，到人世熙攘的大城去尋覓投胎於人的麟獸，
> 像傳說中尋找墮落天使的使命，當我遇到她時一定能認識她，她有
> 奇異的外表，奇異的聲音，不可測知的性格，有如我在雨天的午後
> 邂逅你，我就知道你就是小麒麟，你給我的快樂和痛苦就是那麼具
> 體和神奇。愛情就是一種連繫，把古老悠遠的來源的兩個元素結合
> 在一起，有愛情才能產生一種視野，認知人世和自然，知道人心和
> 象徵，知道誕生和死亡。啊，人間無疑是那貪戀的纏綿和繾綣……
> （同上，頁35）

文本以直接坦露的抒情方式，傾洩最真摯的愛慕，初讀來令人覺得「濫情」
不已，質疑是否回到了早期浪漫文學的年代，是徐志摩《愛眉小札》的翻版，
還是無名氏《塔裡的女人》的再現？有多少現代人會被這種「古典版」情書
感動？我想作為文壇的老將七等生絕不是無意為之的，葉昊謹曾針對《譚郎
的書信》與《思慕微微》之間的「理想愛情」加以論述，〔註71〕並仔細比對
這兩部書信體單音敘事的不同。〔註72〕也特別引用馬森對《譚郎的書信》敘
述體的肯定：「好的敘述體竟是真好，是不能放棄，也不容貶抑的。感謝七等
生在這部新作中為我們呈現了如此具體的證據。」〔註73〕但其論述終究沒能
舉證《思慕微微》在創作意義層次上有無勝過《譚郎的書信》之處。難道兩部

〔註70〕卡爾·榮格主編／龔卓軍譯，《人及其象徵》，頁216。
〔註71〕葉昊謹，《七等生書信體小說研究》，成功大學中文所碩論，2000年。
〔註72〕葉昊謹之碩論《七等生書信體小說研究》第四章〈理想愛情兩部曲〉，頁 53
　　　～80。
〔註73〕葉昊謹之碩論《七等生書信體小說研究》，頁107所引。

相距有十年之久的作品，後者只是前者的「狗尾續貂」嗎？一個曾經是文壇的巨人只能掏心撈肺地向他的讀者獻出「灼熱情感與真誠的苦痛」（葉昊謹語）的「愛的詩篇」嗎？

　　無可諱言，文本中很少對女性有正面描寫的七等生在字裡行間已出現了疲態：

> 我那時已經結束了創作，已經沒有靈感，一個喪失愛慾和心靈的人，
> 一個憔悴和悲傷的人，有如醜惡和卑鄙的靈魂在辜負秀麗壯大的自
> 然，我感到羞恥，所以我必須走，走往一個骯髒污穢的大城去，只
> 有那裡能再一次的試煉我的心志，只有那裡才能凝聚破碎的心，再
> 度尋回青春，才能完成使命，……（《一紙相思》，頁 35～36）

可以試著從中解讀七等生為何選擇在退休之後返回他曾經詛咒、厭棄、逃離的城市作為歸隱之所，難道隱含英雄試煉使命的宿命與完成？對一個（悲劇）英雄而言，他仍要堅持走完這精神上的朝聖之旅，而且考驗著他是否有愛人的能力：

> 直到我邂逅你，菱仙子，你是個仙女，一個在地的天使，雖然我的
> 心田貧瘠，我的思想庸凡，我的體魄不壯，但我想著去耕耘一份或
> 許是超過我的能力的愛，試著考我是否還能愛人。（同上，頁 44）

榮格認為，對於這種通過超越而獲得解脫的類型，最普遍的夢的象徵之一，便是孤獨之旅或朝聖之旅。而這種朝聖似乎是精神上的朝聖，〔註 74〕且通常這趟旅程的引導者，都是由「女性」來擔任。她是個無上陰性的（即安尼瑪）人物，如中國佛教中的觀世音，基督諾斯提教派（Christian-Gnostic）中的蘇菲亞（Sophia），或是古希臘的智慧女神雅典娜。〔註 75〕而這個「永恆的女性」也就是所謂的「理想戀人」，她其實是神格化的「理想形象」，對男性而言，它以一陰柔的形象投射，對女性而言則反之。相對於〈譚郎的書信〉對理想愛情的追索只重在過程，藉由「文字」的書寫已經完成了自我的追導；而〈一紙相思〉則落實到具體的器物上，琵琶樂器的女體轉喻恰好滿足了男性的慾求：

> 回到木柵的家，解開皮套，現出琵琶那可愛的樣相來，從來沒有一
> 種樂器像它那樣更像仿古代的仕女的模樣，我目不轉睛的注視它，
> 摸它，舉它，試著挑動它的琴絃，它的清亮和果斷的音響讓我震嚇

〔註 74〕卡爾‧榮格主編／龔卓軍譯，《人及其象徵》，頁 173。
〔註 75〕卡爾‧榮格主編／龔卓軍譯，《人及其象徵》，頁 174。

了一下。那樣的型態發出的又是那樣的聲音，將是我永遠不解的問題，也會有永不休止的思考。這就是了，彷彿命定似的，我會愛它和學習彈奏它。那夜你背著琵琶和我一起來木柵的印象從此沒有離開我的記憶。(《一紙相思》，頁52)

想及你那激奮的面部表情在黎明前那白白淡淡的幽光裡，我的心在甦醒後就湧起一股力量挑撥你的慾潮，猶如我在練習彈奏琵琶時必須自始至終所保持的情緒和體力。(同上，頁65)

當愛情落實到對南管曲式的追求時，作為樂器的「琵琶」已具象化為情愛的投射；而在抽象的情愛無法具體掌握時，寧捨情愛而取琵琶，因為他說：「要是有一天你為了某種原因而必須離開我，那麼就留下這隻琵琶給我吧！」(同上，頁65)不管是書寫或愛情，甚至是對樂器的摯愛，在七等生的哲學理念中，都等同於藝術的追求，也是所謂的自我塑造的工程。但就佛洛姆對愛的分析，有一種並非少見的假愛，它常被當作「偉大的愛」(特別是在小說和電影中)，這種愛是偶像崇拜式的愛：

一個人如果未能達到自我認同的階段，或自我感的階段——這種認同和自我感是以建設性的展開自己的力量為根基的——他就想把所愛的人「偶像化」。他同自己的力量疏隔開，而把他們投射到所愛者的身上——他把所愛者當作至善的化身，是一切愛，一切光，一切至福的使者。〔註76〕

把樂器視為女體／性愛的隱喻，與《沙河悲歌》中處處以「河流」的豐饒、美麗來比譬赤裸的女體在夜中幽明的情狀(同上，頁44～45)，是前後文本頗能相互呼應之處：

生命從不滯留，像河水，注視它時有一份悵然若失的心情，它的象徵和寫照同時給你一份由內心產生出來的憂鬱力量，去關注身邊的事物，去愛你能獲得的歡欣，去創造，去把自己洗刷乾淨。如果我不能從這簡單的生活意象獲得存在的意識，我就無法從他處再去學習和證明我曾經活過。(同上，64)

於是我們也可以想像，沙河也是七等生心靈深處永遠流淌的一條靈泉，不停地發出潺潺的鳴唱，在時空中發出永恆的低語，訴說著全人類的渴望。

〔註76〕佛洛姆，《愛的藝術》，頁122，台北：志文出版社，2000年再版。

二、「神話空間」的開啟

我們在七等生小說的自我追尋中，發現了英雄神話的原型，從啟蒙、出發、歷險到回歸，這個在文學裏可謂無處不在的追尋（quest）主題，同時也可說是一種對形式的追尋。榮格說：「啟蒙事件不只發生於年輕人的心理方面，個體生涯發展的每一個新階段，自我要求與本我要求所產生的原始衝突，都會一而再、再而三地出現。事實上，跟生命的其他階段比起來，這種衝突在從成年初期轉換到中年的階段（我們社會中三十五歲到四十歲的階層），會有較猛烈的表現。」〔註77〕他以為，即使從中年轉換到老年階段時，心靈的自我（英雄）仍有可能接受最後一次的召喚，以反抗死亡迫近、大限來臨時的生命崩解。〔註78〕而蕭兵於《神話學引論》提到：

> 許多藝術作品，看起來似乎出於「自主情結」，其實並不純由個人的
> （自覺）意識所控制，而是「集體無意識」的驅動，或是「民族記
> 憶」和歷史經驗在個人創作裡的投影。神話尤其如此。許多原型性
> 的母題、形象、情節在其中反覆出現，而且歷久常新，不但體現「民
> 族的靈魂」，而且表現人類「集體的夢」，心理情結和「創造性的幻
> 想」。這對理解「心理學派」的名言──「神話是集體的夢，夢是個
> 人的神話」──是很好的解說。〔註79〕

他認為這是一種「同化」和「對位」的現象。〔註80〕因為個體無意識絕大部分由「情結」所組成，而集體無意識主要是由「原型」（archetypes）所組成。〔註81〕原型又稱原始意象（primodial images），它總是自發地顯現在神話、童話、民間故事、宗教冥想、藝術想像、幻想和精神失常狀態中，也會出現在兒童思維和成年人的夢中。〔註82〕根據卡西勒（Ernst Cassirer）對「隱喻的力量」的體認，他以為神話和語言受著相同的至少是相似的演化規律制約，而不論

〔註77〕卡爾・榮格主編／龔卓軍譯，《人及其象徵》，頁142；台北：立緒，2000年。
〔註78〕卡爾・榮格主編／龔卓軍譯，《人及其象徵》，頁143。
〔註79〕蕭兵，《神話學引論》頁37；台北：文津，2001年。
〔註80〕蕭兵：「人類的「無意識心理」（集體層面之下意識）強烈地要把外界的變化「同化」為一個「心理事件」，也就是要把──物理與心理、無機物與生命形態、自然與人類等整合或「同化」（assimilate）為一個相互對應的「過程」（並從而形成若干原型）；這樣，自然與生命共有的節律性、週期性變化就最容易被隨機地「對位」。」（《神話學引論》，頁38）。
〔註81〕葉舒憲，《探索非理性的世界》，頁52。
〔註82〕葉舒憲，《探索非理性的世界》，頁53。

語言和神話在內容上有多大的差異，同一種心智概念的形式卻在兩者中相同地作用著。〔註83〕蕭兵引羅蘭‧巴特的話說：「作品是複數。這不僅意味著作品具有多種意義，還表示它完成意義的複數本身：一個不能減少的複數」，指出神話以其「創作－接受－再創作」的「待完成性」更突出地表現出「作品」這種「複數的特徵」。〔註84〕因此陳麗芬說：「七等生的文學創作隨著他對未知的現實作進一步探測而繼續開展，事實上他寫的愈多，便愈顯出每篇新作都是他追尋不輟大連鎖的一部分。七等生於八〇、九〇年代的作品，不論是《譚郎的書信》（圓神，1985年）或是更晚近、復出後的《思慕微微》（聯合文學，1996年）仍延續著他一路走來的寫作風格，透過可供延展的形式傳達其恆久不變的主題。」〔註85〕然而，以我們深一層對《一紙相思》（遠景，2003）的理解，他在書信體的敘事中有超出以往不同的神話想像。七等生在〈一紙相思〉中也曾談到對「神話」的看法與見解：

> 神話的架構在意表不可抗逆的倫理，它的威力對當時的人們無不誠惶誠恐命定般地被約制，而現在對我們文明化之後而言，它有如焚燒過後的灰燼，我們在火灰中找什麼呢？似乎沒有什麼具體的東西流傳下來，只不過有時在自我的情緒中浮現出那假借的形影。或許，對存在感而言，當你意會到你情感的源頭是出自於那個端頭時，那麼自古至今，延續於未來，你是全程活著的，不但開釋了你當下的凝重情結，也為你的困境闢出了一條可行的前路。（《一紙相思》，頁59）

或許這可作為我們試圖為其文本找尋意義的理論根源。陳麗芬認為七等生小說中那刻意的永遠「不完整」的狀態，正是他身為作家的存在理據，因為七等生的所有作品都在引導我們把它們串連在一起看作是一「還未寫完」的大部頭著作。她相信唯獨不偏離七等生文本的不完整性問題，才能更直接進入他小說藝術的核心。〔註86〕比如他在〈思慕微微〉和〈一紙相思〉這兩篇書信體小說，以單音敘事的方式絮絮叨叨地對「菱仙子」的呼喚，在情愛的辯證背後其實已經開展出一個「神話空間」，引領他在人世肉體疲憊的年歲裡，

〔註83〕恩斯特‧卡西勒著／于思等譯，《語言與神話》，頁72；台北：桂冠圖書公司，1998年。
〔註84〕蕭兵，《神話學引論》，頁237；台北：文津出版，2001。
〔註85〕陳麗芬，〈台灣現代主義的另類想像──以七等生為例〉，頁100。
〔註86〕陳麗芬，〈台灣現代主義的另類想像──以七等生為例〉，頁85～86。

重燃青春之火與生命熱情，而持續走完人生的（自我）追尋的旅程。如人文主義地理學者段義孚說：

> 神話空間基本上可分成兩類。第一、神話空間是依據經驗已知地的缺陷知識所形成的模糊區域。換言之，神話空間是經驗知識空間的外框。第二、神話空間是世界觀的空間元素，是人在實踐行為時所得的區域價值概念。這兩種空間，在沒有文字的和傳統社會中的學者都能很自由和完美的描述，但在現代社會則大受抗拒。抗拒的原因是由於神話空間常是一片所知模糊或完全不知的區域，同時也因為人們多被引導以「神聖的方法」來了解「人在自然界中的地位」，即把人神化了。〔註87〕

七等生透過文本將心靈地誌做無限的延伸，雖然所知是模糊的，但卻賦予其美好的想像，近似於近他在宗教境界的尋索與體悟，也啟發他要在人生的後半段去效法耶穌的「以身證道」：

> 但我還是多麼祈望愛情的可能，即使要我放棄擁有一個寫作的藝術家的名銜的虛榮，我寧願現實中的愛和溫飽的生活，就像一個僧人多麼欲望再恢復為俗世人，就像一個涉急流的人多麼希冀彼岸有一隻伸出來攙扶的手。我生存一日，便對這種愛情的企望永不斷念。
>
> （《沙河悲歌‧致愛書簡》，頁310）

也如七等生對「愛樂斯」的描寫：「自從人類原形被剖切為兩片以來，每一邊的半身，均憧憬另一半，並且渴望能合併為一。於是他們燼燃再使身體成為一體的慾望，饑渴的糾挽著手，互相擁抱。」（《一紙相思‧愛樂斯的傳說》，頁213）這種從身體引發的空間概念，愛情一旦賦予了神話意義，便擁有了神祕的召喚力量，值得傾其一生去追尋。

　　七等生在〈一紙相思〉（第五封信）中提到有次他們預先有約會，但電話一直打不進去，他直奔女孩的家，但迷失在錯綜複雜的巷弄中，辨不出方向，也不知是那一間，因女孩始終不肯告訴他。「我心中很惶恐，繞來繞去無法尋找，折回高架橋下，心想今夜見不到你，孤單的回家必感覺失落而黯淡，挫折感無可形容地損傷了心中的熱情。我不甘心地重返巷裡，在一座小廟前試著再打電話，依然無法接通；此時我的胸腑充滿不能釋出的氣壓，在偶有行人的幽暗巷道上，只聽到自己按踩的腳步聲。我急中試著每走幾步路就輕聲

〔註87〕段義孚，《經驗透視中的空間和地方》，頁79〜80。

呼叫一次你的名字，行到一個兩巷交會的地方，警覺中忽聽到一道細弱的聲音『我在這裡』傳來，我抬高點呼，那回音又說：『我在這裡』。我尋聲走到一個門口，出現著你，我們喜極而泣，加上我酒熱情急把你擁在懷裡，那時的興奮如是一種重生的喜氣，沒有那一夜的重逢，我不能想像我們之間會跌落到什麼難測的谷底……」（《一紙相思》，頁 57）這是一個熱戀中的尋常男女彼此尋找、急切相見的情景，或許是一個真實的事件，然而它卻可以將之比賦到宗教的底蘊中，如《聖經》：「你們祈求，就給你們；尋找，就尋見；叩門，就給你們開門。」（馬太福音七章七節）

其實七等生早在〈理想的戀人〉〔註88〕即已探觸到基督信仰的核心，對聖經及神學知識充滿了好奇與質疑，因此他所謂的「理想戀人」未嘗沒有基督教所羅門的戀歌（〈雅歌〉）的美好想像。他說：「愛女人（丈夫）而且相信他個人世界必定有一理想形象的存在，是完全依照心理的本質衍生而來的，和愛妻子（丈夫）並不牴觸，也不矛盾，因為短暫的人生是永恆生命的分支和過程，生活的意識的源頭是宗教虔誠的情操。」（頁 149）此話說來並不做作，因為早在一九七八年他就開始撰寫《耶穌的藝術》〔註89〕，對宗教的思索已處處散見在他的各種文體中，如〈禱告〉一文：「該怎樣去體會神愛世人呢？簡單地說：神愛我嗎？在什麼時候我體會到這件事實呢？尋找者是神而不是人；人並非尋找者而是被尋找者；如果真如是說，這事就被澄清了。」（《重回沙河》，頁 128）因此，我們或可從這些蛛絲馬跡回溯七等生思想的痕跡，甚至回到他創作〈思慕微微〉的意圖，那些充滿愛意的文字頓時意蘊深刻，就不再只能解讀成一失意男人的喃喃自語。如：

真的，在我的生命裡，世界上沒有任何一件事比我愛著你更重要，因為你存在，帶給我內心的光明，讓我產生清醒和理性，讓我意圖重建我的青春之愛，也讓我肯定愛你的價值，使我所做的每一件事都是為著你，為著我，為著生命的價值與意義，為了認知所有可以感覺的一切，為著創造為著生命賦予我們的能力去表現，當一個人愛著另一個人時，他就是在愛全世界的人類，這是那麼的微妙和神奇，那麼合理；菱仙，回來罷，我在等你。（《一紙相思》，頁 40）

〔註88〕新版收於《重回沙河》，七等生全集【8】，（2003）散文類別中。
〔註89〕1979 年洪範初版，1988 年四版，而今遠景編入《銀波翅膀》，七等生全集【7】散文類。

而〈一紙相思〉更是把「我」全副的精神投注在愛「你」這件事上：

> 我是用著我的所有經歷和認知在愛著你。我愛著你正如我愛著自己，我看不見你有如看不見我自己。我認不得我自己，這個世界猶如虛空，那麼我的生命變得頓失了一切意義。（同上，頁44）

因此我們就較能理解，當他與女孩在狹巷相逢時，他的感覺竟然如獲重生。而他若干充滿「慾情」的描繪，如：「如果我心愛的人在那裡，那麼總有一天我會在那裡看見她，在千百萬人中辨識她，從她身上我會看見一切自然的象徵，我會撫摸她的全身，熟讀她肉體的韻曲，服侍她，彷彿服侍我那顆驕傲的心，使她和我都充滿了燦爛和歡樂……」（同上，頁36）就不至於被解讀為純粹只是肉慾而沒有精神的象徵意涵了。〔註90〕

三、抒情自我／主體的確立

七等生在追求永恆／理想的戀人中，發覺到創作形式真正的自由。他說：「回想這四十多天來的日記，對我竟產生了一個啟示，我也在這段時間完全放開過去的習慣不再思考創作形式的問題，反而以自由的日記方式直接闡述我心中的理念（往日我全無日記生活習慣，現在算是首次嘗試）。我認為這是認識你之後，所自然發展的有用的表現形式。」（《譚郎的書信》，頁57）而且也幾乎陷入書寫／自我混一的狀態：「我也不明白，我到底是為文學的創作在安排我的生活，或我的生命主旨本就如此，而文學只是用來供我做一番留下的記錄罷了。我分不出那一樣才是真正的我，是我那實際而瑣碎的生活日子，還是那不斷書寫的工作？」（同上，頁149）對他而言，日記是情書的表現形式，也是真情的告白。而他已無形中建構了一個以抒情自我為主體的創作形式。當一個人對其安尼瑪提供的情感、情緒、願望和幻想持嚴肅態度時，當他把這些心態與其他的形式的揉合在一起——如寫作、繪畫、雕塑、音樂創作或舞蹈時，安尼瑪的積極作用就會發生。當他很細緻耐心地從事這些工作時，另外更深刻的潛意識材料就會從深處湧出，並同早先的潛意識材料聯結起來。一個幻想固定在某個形式中以後，它必須帶著評價性的情感反應，通過知識和倫理兩方面的檢查，並且，把它看作絕對的真實也十分必要，不能有任何潛在的「只不過是個幻想」的懷疑。如果這是一個長期專心致志的實踐，那麼「個體化的過程」會逐漸轉變為唯一的真實，落實為真確的形式。

〔註90〕對東年〈迷失的人無法尋找迷失的他人〉的回應。

〔註91〕如「我化身為文字讓你有空時看到我對你思念的模樣」（《一紙相思》，頁43），是想透過書寫，將語言的流動凝結在時間的想像中，創造出一「美的語言」，也就是「永恆現實的語言」，也就是創造一個美的物體，連結時間與永恆，並據此將我們從時間的暴虐中救贖出來。〔註92〕而且試圖與音樂的曲式一脈相承：

> 放眼望去，曲譜上已經一清二楚，曲式上是自然脈動，自然發聲，依情懷高昂和低迴，曲詞相纏合而為一。講究藝術的美善，那是個人才情的問題，我不想要評論它，我學它和愛你是相輔相成的，完全為了我生活的愉快，只有私下個人的目的。……和你過每一個我們能相處的平凡日子，就是這一紙相思，也寫不盡我心中的含情寓意，我不自量力的學唱這一曲，實是感悟那曲式的脈動精神，這種情感與任何時況的存活息息相關，直到命火熄滅而曲唱無聲。
> （《一紙相思》，頁79）

對「愛」信念的純粹與合一，使他試圖在文本中找尋抒情自我／主體的可能，也就是回歸到一種心靈絕對孤絕的封閉狀態，以無比自由／無羈的形式呼應他早期的孤獨。這種信念在文學的表現上，就有三、四〇年代追求散文透明化的傾向，也是最深情的告白：

> 七等生的特別在於他的堅持，堅持向人心的最幽微之處探索，赤裸表白，完整呈示。他所捕捉到的意識深層細緻體貼到令人怦然心動。〔註93〕

然追溯西方歌德自傳書寫的譜系，書信體單音敘事的傳統，以及卡夫卡《給菲莉絲的情書》中感性脆弱的真情流露。正如耿一偉的編譯後記談道：「情書的型態使得卡夫卡會採取一種比一般寫作還要強烈的姿態，使他勇於將自己的優缺點與內心衝突表露出來，從而彌補了自傳的不足。」〔註94〕七等生近期情書形式的文本所表現的複雜性，在與〈愛樂斯的傳說〉（讀柏拉圖《饗宴》的筆記）的互涉中，更表現出單音多軌的對峙力量。如劉康對巴赫金「複調小說」理論的理解：

〔註91〕卡爾‧榮格主編／龔卓軍譯，《人及其象徵》，頁221。
〔註92〕夏鑄九、王志弘編譯，《空間的文化形式與社會理論讀本》，頁68。
〔註93〕呂季芢，〈對人世的深情注視〉，《中央日報》，1998年10月5日41版。
〔註94〕卡夫卡，《給菲莉絲的情書》中，其情書時間是從1912到1917年，耿一偉編選，麥田版，頁202。

> 作者筆下的主角與作者一樣，是一個獨立的主體，具有自覺意識。
> 作者創造了主角，是因為作者在努力尋求和實現他的自覺意識，確
> 立他的主體性。作者深刻地認識到，他的自覺意識永遠具有未完成
> 性和不確定性；只有在與主角的自覺意識的平等對話中，作者才能
> 實現其自己的自覺意識。為了完成自我，必須創造一個他者。巴赫
> 汀在闡述這一貫串他一生的對話思想時，從杜斯妥也夫斯基的創作
> 中發現了深刻的歷史內涵。〔註95〕

這段話很能拿來與七等生的創作態度互相印證，正因為七等生在創作的自覺
意識上的未完成性，使他在創作的近期回歸創作形式最自由的情書寫作，表
達內心世界最赤裸最原始的渴求，而文本中的女性因為缺席，容許在身體以
外的幻像世界中注入神話思維和想像的元素，於是迴旋在此「神話空間」的
竟是柏拉圖古典愛情觀、古希臘「愛神」，甚至基督大愛，眾聲交響，演繹出
極其混雜而柔美的聲音，宛如天籟的低語。

　　不管是音樂或繪畫，形式的釋放與自由是他最終的追求；不管是琵琶、
南管與馬勒的大地之歌，由年輕時對西方的五線譜的崇拜與狂熱，到晚近回
頭看傳統曲譜（工尺譜），生活可以如此自在隨性，頗具自我完成／救贖的意
涵。如文本「我」在情書中表露：

> 美的行為是生活的最大意義，如果它能帶來報償當然更好，如果沒
> 有，那過程的存在已經無所遺憾了，這點就是我所要說的主旨。我
> 高興的是我能如願的完成我的這份自許，我感激你的是你成了我敘
> 情的對象，如果不是，我說不出我心中愛你；當一個人由衷的叫出
> 我愛你時，不論你在不在場，它已經完成了。當你在讀我的信時可
> 能會知道這一層意涵，好像音樂，它只存在於演奏或歌唱的時空，
> 那一刻就是它的一切和永恆。（《一紙相思·思慕微微》，頁37～38）

這幾乎是〈愛樂斯的傳說〉的最好註解。如果說「每一個生命都有它的表現
形式」（〈沙河悲歌〉），那麼一位創作者在為其素材找尋形式時，評論者也在
為文本找尋意義。從七等生對永恆的戀人的追索中，不難看出他個人追求自
我實現／完成的痕跡，以及對愛情近乎宗教般的虔誠，以最自由解放的形式
——書信體來演練他對人間理想情愛的摸索，頗具有神話空間想像與開展的

〔註95〕劉康，《對話的喧聲——巴赫汀文化理論述評》，頁13；麥田出版社，1998年初
　　　版二刷。

意義；而在尋找藝術美善的思辨下，以最自由的形式──書信體，向理想戀人發出召喚，傾吐衷曲。因此七等生文學中的沙河象徵，從心靈地誌的延展，到永恆／理想戀人的追求，乃至神話空間的開啟，無不流向匯歸於一永恆的低語，亦即是抒情自我／主體的確立；而其近期創作之所以對書信體式的特別的偏愛，也就有了清晰的脈絡可尋。

小結

　　透過前一章對「沙河」地景的真實與想像的探索，沙河的意象逐漸浮出地標，成為一個地方（通霄）的概念，也由此得知七等生在橫跨幾個世代的寫作歷程中，大都取材於他個人生活經驗的轉化和苦悶的發抒，以及對周遭生活環境的觀察。而他忠於一己和刻意追求安靜孤獨的生活態度〔註96〕，與不對現實做直接辯論，卻是透過幻想做為文學心象的表徵的創作態度，其實就是他的生命美學的展現。本章以「內視與超越」為題，主要是以他創作中、近期的藝術創作為探討重心，將焦點擴大轉移到他時常以藝術家性格自居的攝影與繪畫媒材的實驗中，嘗試做跨文類的研究，探索他在文字書寫以外的藝術時空與在地性，並進入他隱退生命美學與空間開展，最後以榮格的精神分析心理學找出一條「神話」原型的脈絡來追索他一生創作自我追尋的意義，以「永恆的低語」歸結到他近期抒情自我／主體的建構。

　　第一節主要探索他的藝術創作美學，從攝影到繪畫，繪畫又分為粉彩和油畫兩種筆觸及畫風的不同。一個小說創作者，行至中年，感慨生命的污濁和軟弱，想在生命中尋求淨化與振作的可能，從提筆創作到拿相機拍照，這之間是媒材的差異，但創作的本質是不變的，他都視之為生命，或許透過這種改變，他重新找到了創作的動力，也才能持續他對生命的自我認證與追尋。他表面是做了一趟以家鄉沙河為主題的攝影之旅，但透過孤獨凝視顯示出來的卻是異質空間的巡禮，這個空間已今非昔比；七等生透過想像或幻想的作用繼續在他的攝影機鏡頭背後從事異質的空間經驗，但流露的是他抒情的本質，以及美感的直覺。

　　退休後的七等生，從住慣的鄉間返回城市，表面上是要展示他在寫作以外的另一項成績，其實也是在向他的知音者坦露他文學生命中的另一個面向，

─────────────

〔註96〕七等生，〈中國文學討論會講辭〉，收於《重回沙河》七等生全集【8】，頁347。

讓人分享他油彩乾坤的奧秘：七等生不只是七等生，七等生是一個時空的綜合體，除了與時間競走外，同時也在空間中漫遊。他作畫的對象雖是山景，但此山景不是客觀的山景，而是心底深處顯出的形象和色彩，跟他用文字創作，筆下所描繪的現實不是絕對客觀的現實一樣，完全都是「心象」的投射，藉以反抗生命的桎梏與僵化。這也是他能夠在貧賤中自安的理由，靠文字、音樂、攝影、繪畫等藝術的表達，以展示他的創作理念與人生態度。

第二節主要從「透視時空的心眼」來談《耶穌的藝術》和〈目孔赤〉。窺探七等生這樣一位存在主義者的另類思考與個人生命美學的歸趨。七等生用現實的角度重新觀看宗教的經典，以透視與想像的方式重新詮釋聖人的典範，目的在對自我生命的回顧，以便重整和出發。在書寫福音筆記的過程中，他看到先驅者的言行是以無私無我的愛為出發點，「他的言行便成為一種藝術形式，把他心中的意願和感覺轉化成預言與救治的能力，這個藝術主題就是拯救人類。」這就是他將書命名為〈耶穌的藝術〉的深層意涵；而〈目孔赤〉是他思考的核心，藉由一瘋顛與自然結合的形象，將生命體現象界的思索落實於芸芸眾生，以回應內心的追尋。

第三節由「神秘的異境」來談〈銀波翅膀〉、〈環虛〉、《重回沙河》等文本中宗教關懷的面向，以透顯生命美學的開展。七等生從城市退到鄉下來的十年間，內心充滿了反抗的掙扎，也不時遭到頓挫和打擊，但卻能夠從單調乏味的生活中領略閒適的意趣。就像〈銀波翅膀〉裡的盧生，心靈與自然冥合之際，身體與大海合而為一，而精神卻能夠超越與飛昇；而〈環虛〉中的沙洲所預表的是遺世獨立的遠始社會，雖然給人一種回歸的嚮往，但卻是一個混融了人性與獸性的所在，其實它更像是人潛意識中混沌不明的幽暗空間，投射的是人的慾望，就像那荒僻的小島上茂密的叢林中所顯示的一片生機；這個孤獨的膜拜者，棄守了生命中的沙洲，也不再迷戀海天的寬闊無涯際，心中似乎已有了歸趨。這幾乎是七等生常見的美學態度，其直觀的方式，接近西方克羅齊的美學；而大解放的生命情態，卻恰似莊子「獨與天地精神往來」的境界；在《重回沙河》無所顧忌的札記書寫中，他雖願承認精神領域的超越的力量，也向上帝發出渴求，但卻遲遲不願放下自我，將生命主權真正交托，對上帝的呼求和禱告，也只能是獨白式的修辭，與信仰的層次還有一大段距離。

第四節主要由「永恆的低語」，來談他中、近期作品的書寫語調，也發掘

出隱含於文本中的神話原型脈絡。而這條脈絡的主軸也就是他一生自我追尋的實踐過程。對七等生而言，他在早期顛沛流離的生活演繹下，已經足夠讓他在生命的中期（35 歲之後）將心靈的圖譜加以拓展，朝更深廣的潛意識層面去探索；從「永恆／理想的戀人」的追求中，發覺到創作形式真正的自由——完全放開過去的習慣不再思考創作形式的問題，反而以自由的日記方式直接闡述心中的理念，幾乎陷入書寫／自我混一的狀態。對創作者而言，日記是情書的表現形式，也是真情的告白；當愛戀的音符在傳統的民俗樂器中響起時，在文本中迴盪的卻是最抒情的詩篇；而那演奏的主體即是那永遠現代的作家——七等生。

第七章 結 論

　　本論文的研究動機來自於七等生的魅力和他生命中的一條河,這條河成為他文本中最主要的地景意象,也是他文本中的最大象徵,成就了本論文藉以論述的依據。如他說過的:「沙河在我文學的意義上來講,台灣任何一條河都叫沙河,它是一個統稱,是台灣地理上的一個名稱,我們小時候稱它為『沙仔溪』。平常它很安靜,大水來,每條河都沙河淹淹,甚至變成土石流之類的。」〔註1〕於是研究的角度從生命史的構建到文本的論述與解析,都環繞在這條別具意義的沙河上,試圖找尋它在七等生個人生命的在地(通霄)情感與文學層面的象徵意涵,兼及其藝術創作與生命美學的開展;因而研究的方法綜合了口述歷史、田野調查、文化地理學及精神分析心理學等理論,以凸顯七等生的沙河地景意象與文學藝術的空間向度。

　　因前行研究者的論述幾近乎全面而完整,站在前人的研究基礎上,發現七等生的傳記和年表還有添補的空間,以此為起點,運用口述歷史的研究法,並以文學地理學的角度切入,目的在為作者的生平建立更為周詳的傳記資料;而他在創作的中、近期,以沙河為地景意象式的在地書寫,則是他創作歷程中的重大轉折,一反之前被冠以現代主義美學的書寫風格,開展另類的人文空間。於是本論文的研究範圍鎖定七等生創作中、近期的生命情態與創作歷程,以「在介入與隱遁之間——七等生文學的沙河象徵」為題,分從「在自我的土地上漂流——七等生小傳」、「『黑眼珠』的隱喻空間——七等生文體的再

〔註1〕王雅倫／李文吉,《台灣現代美術大系》攝影類／【現代意識攝影】,文建會策劃,藝術家出版社印,頁67,2004年。

檢視」、「城鎮的召喚與失落——七等生的自我與主體追求」、「『沙河』地景的描摹與重現——七等生的在地書寫」、「內視與超越——七等生的藝術與空間美學的開展」等五個章節，藉由若干文學理論的闡發，著重傳記與文本美學的探討，以進行素樸細緻的專家研究；扣合他創作之初即據以執著自封的「寫作藝術家」形象，以凸顯其「沙河行者」的孤獨身影。基於此，以下就歸納幾個要點來做為本論文的總結：

一、傳記資料的建立

（一）一位「寫作藝術家」的文學版圖

為了添補七等生生平傳記上的疏略，使得本論文起意要藉由與作家本人的訪談，以錄音並親撰逐字稿、整理稿的方式，建立文本以外彌足珍貴的第一手的口述歷史資料；[註2] 之後再參照細讀《七等生全集》（2003年，遠景版）所蒐羅出的蛛絲馬跡，和前人研究所得，以及親訪七等生的故鄉通霄，目的在為作家的一生勾勒一清晰立體的生命圖象，並以此修訂和製作較為完整的〈七等生年表〉、〈七等生漂流之旅圖〉以及〈七等生通霄文學現場之旅圖〉等，以為專家研究建立一完整的傳記資料。

然而由於作家本身孤傲的性格與自我防衛心理，要運用口述歷史撰寫生平傳記的訪談方式，一開始並未取得作家的認同，透過幾次互動交流取得信任後，作家才願意敞開胸懷侃侃而談，而且還欲罷不能。在替作家所做的五篇專訪整理稿中，除去雜蔓與枝節，依其創作的歷程，從文學地理學的角度勾勒出「通霄的孩子」、「追逐生活的浪子」、「沙河的獨行者」、「游走文類的『寫作藝術家』」和「城鎮的隱遁者」等幾個生活的斷面，其一生「在自我的土地上漂流」的生命史面貌也才逐漸清晰明朗起來。而在作家的生命史與創作史有極高的重疊應合成分之下，作家小傳的整理也有助於文本的論述。

於是我們從中看到一個「寫作藝術家」的文學版圖：一個出生於通霄的孩子，在軟軟的棉被店裡誕生，因為與生俱來的柔順氣質，備受鄰人長輩的疼愛。在小學時代逐漸嶄露繪畫與數學的天份，但因父親早逝，家境窮困，在初中的求學生涯裡逐漸籠罩著悲傷的色調。以為考上台北師範藝術科可以發揮所長，卻在僵化的師範體制裡遭受到一次次信心的打擊。初嘗教鞭後發

[註2] 因篇幅的限制，後面附錄四只放第一次與第五次七等生專訪整理稿的完整內容，其餘幾次則為節錄。

現教學的環境與自己認同的信念悖離太遠，慢慢地從書寫中找到抒發的管道，甚至一度天真地以為可以轉換跑道專心地從事寫作的事業。但在台北經歷了漂泊不定的生活後，才知光靠才氣不足以在這個現代文明的城市裡立足。於是想到故鄉小屋的召喚，回鄉（通霄）復職成為他人生黃金時期的重大轉折，讓他再次去面對陪伴他童年時光的沙河。他透過沙河地景的書寫，讓躁動不安的靈魂得以舒緩。成為一個在地作家的七等生，也重新面對自我，在白天的教學之餘，常獨自漫步於海濱和相思樹林間，幻想他的理想和愛情，寫下一首首愛的詩篇，成為他的文學聖地，也構築他的文學城堡；成就了他文學中的最大象徵，如沙河潛流的潺潺細唱，唱出了永恆的低語。

（二）個人歷史文本（生命史）與文學文本的互涉

在他前後高達三十五年的創作歷程中，有三次重要的集結，不僅可以概括七等生創作的大半生涯，也可說是他漂流之旅的縮影——以瑞芳九份為起點，而環繞在以家鄉苗栗通霄為核心的北部人文空間的一個循環的創作歷程。這種以自我的一生為創作藍本的創作手法，如以文本互涉的觀點看來，其間的諸多關聯和重疊性，在在呈現個人歷史文本（生命史）與文學文本的互涉性，相對於作家本身厚厚的十冊全集而言，探討七等生的創作美學，其實也就是他的生命美學。

七等生對美的追求反映在他的文學、攝影與繪畫創作中，遵循的是「合理性，約制和和諧」〔註3〕，雖然在過程中難免要面對評論界的嚴酷批評，但已逝的作家郭松棻的一席話——「他（七等生）是現在我覺得最有成績的作家，他基本上已經完成了他的事業，他幾乎是台灣最早完成一生的文學家。」〔註4〕這應該是最貼近作家創作心靈的肺腑之言。如果以他「在逃離與隱逸之間」的生存姿態所衍生的生命史當作歷史文本，對照厚厚十冊的文學文本（全集），其間的諸多關聯和重疊，在在可以看出前後文本之間的互涉關係。根據海登・懷特（Hayden White，1920～）對《後設歷史》中提出了他對歷史本質的認識，其中最引人注目的論點就是：歷史修撰的可能形式，無非就是歷史在哲學思辨意義上的存在形式。這也就是說，在實際撰寫歷史的時候，必須首先為具體歷史表述形成之前已經在我們頭腦中存在的詩性灼見賦予某種形

〔註3〕〈畫舖子自述〉，收於《一紙相思》，七等生全集【10】，頁207。
〔註4〕舞鶴訪問郭松棻〈不為何為誰而寫——在紐約訪談郭松棻〉頁54；《印刻文學生活誌》23，第一卷第十一期，2005年7月號，頁39～54。

式，這樣才能使撰寫出的歷史表述呈現出合理性。〔註5〕而七等生將生活透過藝術形式轉化的創作美學，其實就是成就他一生文學與歷史文本的最佳利器。

二、文學意象空間的塑造

（一）「黑眼珠」的意象原型

七等生早期的文體特徵，以實驗性和異質性見長，其中尤以〈我愛黑眼珠〉（1967 年）最受矚目，奠定他在台灣小說史上的一席之地。早期七等生以〈我愛黑眼珠〉（1967 年）受到文壇的矚目，他虛擬的超現實異境和衝突情節的創意，挑戰了我們慣有的思維和世俗道德。當我們重新以空間的角度來思索〈我愛黑眼珠〉這篇小說所帶來的場所〔註6〕意義時，我們發現七等生為了突顯「人的存在便是現在自己與環境的關係」的理念與議題，他把人生的場景以一場災難的形式縮影在城市的屋脊之上，下面是滔滔的洪水，幾乎沒有退路。當時，他為了保護無意中救助的虛弱女子，即便聽見妻子在對岸呼喊，也硬生生地否認自己是他的丈夫的事實；這個場所（屋脊）意義因為一場洪水而產生了價值，也因救助的舉動，而提昇了高度。「黑眼珠」雖隱喻了他的小我與大我之愛，但由於意義紛歧，備受爭議。

追溯「黑眼珠」的意象原型，可以從他初出茅廬所寫就的一篇散文——〈黑眼珠與我〉（1962 年）談起，其「黑眼珠」的意象牽涉到他的秘密戀情。〈黑眼珠與我〉的時空場景正是七等生在九份國小與「黑眼珠」相處的經歷；「黑眼珠」是他對當時一個五年級女學生的暱稱，〔註7〕九份的街道、風土和山色都在字裡行間與「黑眼珠」互動交織成一篇文情並茂的小品文。而〈黑眼珠與我〉之後又有〈我愛黑眼珠〉和〈我愛黑眼珠續記〉，其前後文本的關連，可以看出七等生對「黑眼珠」意象情有獨鍾，可以視之為創作的原型和靈感的泉源。從「黑眼珠」系列作品的符號與意義的流動中，我們可以看到他作品的「不完整性」與「互涉性」；這與他習慣於文本中流露自我的形象有

〔註5〕盛寧，《新歷史主義》，台北：揚智，1998 年。

〔註6〕此「場所」的意涵是轉引自顏忠賢：「『我們存在中經驗到有意義事情的焦點』，唯有在特定的場所脈絡中，事件和行動才有意義。因此以場所作為對象，場所基本上具有固定的位置及可資辨認的形式。」（Relph，1976：40-41）見顏忠賢，《影像地誌學——邁向電影空間理論的建構》，頁 52，台北：萬象，1996 年。

〔註7〕附錄四之二：【七等生專訪二】，2005 年 11 月 6 日。

關，類似記憶陰影與創傷書寫的型態，反覆在文本中稀釋創傷經驗，用「想像」做為書寫策略，以小說的形式達到自我治療與闡述理念的效果。而「黑眼珠」的意象又可與他「永恆／理想」戀人的追尋連結，使他近期書信體寫作在文體的脈絡與內容的取材上有了一脈相承的意義可尋。

（二）城鎮的空間指涉

城鎮的空間指涉可以追溯到七等生的「城堡」意象，那是他用「希望和夢的鑽石」打造的「王子城」，但在「攀高的腳步移進時／轉變醜陋而降冷」（《僵局‧五年集》，頁281），因此也呈露了他心底最真實的自我：以「石屋疊砌」，周遭散落著「粗石、殘牆、瓦礫和垃圾」（同上）的堅固堡壘。但現實的殘酷讓他不得不從城市的文明中退縮，選擇回歸鄉土，安於教書的工作和持續他的書寫。曾說過「不完整就是我的本質」的七等生，視文學為一生的事業，也是生命求知探討的手段，透過它了解人類歷史和世界環境，以窺見自我的內在世界。他的大半人生都在與自我以外的世界抗辯，要追求自我並建立起真正的自由，由城市隱退鄉間只是空間的置換，他清楚的認知：「在這個他所能用眼看到的空間裡，事物同樣不依真實而存在。這種荒謬的順序和全然順應感官的生活又同樣使他厭責起來了。」因為：「這座城市和廣大的世界去比較不啻就是一陋鄉僻壤罷了。」〔註8〕就現實而言，城鄉當然有所謂廣狹之別，但對心靈的意象所投射出的空間感而言，一個能讓他自在又安穩的生存環境才是他安身立命的所在，也才是他心靈的原鄉和自我／主體追尋的起點。

透過《離城記》、《城之迷》和〈散步去黑橋〉等這幾部反映今昔對比與城鄉意象的小說，在與自我的對話和城鄉空間的置換中，重新召回失落的存在感與確立主體的位置。換句話說，越是表現出城鄉遊移的細節，越是反襯出內心的焦躁不安，但很奇妙的是，當小說的場景從過去傷痕累累的「記憶空間」移轉到自己的出生地沙河附近的「存在空間」時，因為生活實感與在地空間有了緊密的連結，小說人物的氣息就予人氣定神閒的感覺，這或許就是母土做為一種生活的、精神的「原鄉」，所帶來的自在及安定感，這一方面是因為他已結束漂泊的生活，在家鄉復職已有一段時日，小學的教職的工作，在鄰里間自然會受到一定程度的敬重，不僅微薄地支持了他的家庭經濟所需，

〔註8〕以上兩引句，見七等生〈木塊〉，收於《僵局》七等生全集【3】，頁159。

也提高了自我的認同與價值感。透過文本，他將自我的感情世界赤裸裸地攤開，就像破敗的舊屋不能住人，他必須搭建新屋重新整頓自己再次出發一樣，因此他所有的文本都是自我塑造的工程。

三、「沙河」地景意象在台灣文學（文化）上的意義

（一）「沙河」的在地性與超越性

七等生在文本中所透顯的地理空間，與他的生平經歷有一血脈相連的關係。早期這些大多以九份、萬里、大甲、台北等他生平的漂流地為背景或場景的描寫，其實也有地誌的傾向。只是偶爾出現家鄉沙河場景的回憶，不如中期（1970～1992）以後大約二十年的時間，他以在地者的身份在書寫及觀察通霄，包括書寫沙河的文字、攝影和繪畫等，有較鮮明的在地色彩。那些早期偶而閃現在他記憶書寫裡的地景──沙河原鄉的意象，就在他人生的黃金時期，離城（台北）返鄉後，逐漸成為他中期以後在地書寫的一個清晰的地標。「沙河」意味著容易挾帶大量的泥沙，是他從小從鄉人的口中聽來的稱呼，也是他從小就常與之親近、玩耍的一條河；它被寫入他的幾部小說中，做為主要的地景，或成為他文學心象的表徵。

當一個在地作家把對土地的情感寫到他的創作中時，或許意謂著作家對自我與主體展開追尋之旅，也就是說，當一個人的生命走回原出發點時，事物對他的意義已經有所不同。本論文從文化地裡的觀點來探討七等生回鄉後以「在地作家」的身份所展開的書寫空間，用意是要在他過早被劃入現代主義美學陣營的文學史標籤的隙縫中，重新看見他在中、近期的書寫風格中所開出的一個嶄新另類的文學視野；而這個嶄新另類的文學視野，其實並不是他前期的美學風格的突變，而應該說是延續與深化。此時沙河在他的書寫中不再只是背景式的烘托，雖然他的確是以一個「在地作家」的身份重新詮釋自己過去成長的家鄉、城鎮、溪流與山嶺，然而以他曾表明「台灣任何一條河都叫沙河」，以及作品中對人性刻畫的深度與廣度而言，沙河都不應被局限於通霄「在地書寫」的這一層意義上，換句話說，他的「在地書寫」其實具有在地性與超越性的雙重意義。

（二）「沙河」地景的文學想像與文化意涵

當七等生回到了原初之地，那個「白馬」奔馳而過的故鄉，持續其創作書寫，此時他更接近它的真實，同時也在此憧憬著夢幻的未來，混融著他對

愛情的追尋。

　　這個時期的作品呈現繽紛多元的創作傾向，除了小說以外，散文、攝影、粉彩及油畫創作，都在這塊以他的出生地通霄為核心的土地上孕育出來的，因此檢視他在文學或藝術上的總成績，就文化地理學的觀點而言，無疑是展現了很高的「在地性」，這與台灣六、七〇年代的鄉土回歸運動不謀而合，也與台灣當代藝術在地化的認同潮流相一致。當他刻意避開城市的文明與現代性，以在地書寫表達對家鄉地理空間和文化空間的接受和認同時，除了有療傷止痛的意義外，更有實現自我，完成自我的意涵。

　　「文學聖地」的重現是七等生在地書寫的秘密企圖，通霄／沙河在七等生的筆下，並不只是一個等待描繪的地理空間而已，而是一個對話中的「他者」，透過攝影鏡頭，他記錄中年生活的點滴，也在「沙河」的倒影中反射出中年的心象。因此，如果七等生沒有回到通霄來寫通霄／沙河，作家的生命之河將會沒入大量的泥沙，面貌模糊而難辨；而通霄／沙河少了七等生的書寫，這個地名也只是個地方，將缺少文化地理的指標意涵。

　　七等生的創作歷程其實就像一條與其生命歷程相始終的河，流淌過其生命的高原與低谷，曾經發出滔滔的吼聲，但卻在歲月的摧殘下，逐漸處於泥沙淤積的狀態，只聽見淺流潺潺細訴，就像故鄉通霄的沙河一樣，已不復童年記憶中的清澈與盛況。換句話說，這段從在地的人與地方的情感出發所寫就的文學創作歷程，也就是一位沙河行者，一個寫作藝術家，在漫長的漂流旅程中，尋求回歸文化的在地性／主體性的生命歷程。而他忠於一己和刻意追求安靜孤獨的生活態度，〔註9〕以及不對現實做直接辯論，卻是透過幻想做為文學心象的表徵的創作態度，其實就是他的生命美學的展現。在此「沙河」生命的混雜與流動特性，其實早已隱喻在人世的漂泊與遷移之中，而「沙河」最終朝向「海洋」的形姿與面貌，也象徵著生命境界的開展與提昇。

四、文學史上的「沙河行者」

（一）文字與攝影、油彩的相遇

　　一個小說創作者，行至中年，感慨生命的污濁和軟弱，想在生命中尋求淨化與振作的可能，從提筆創作到拿相機拍照，這之間是媒材的差異，但創作的本質是不變的，他都視之為生命，或許透過這種改變，他重新找到了創

〔註9〕七等生，〈中國文學討論會講辭〉，收於《重回沙河》七等生全集【8】，頁347。

作的動力，才能持續他對生命的自我認證與追尋。為了重新去感受時代的腳步和脈動，於是他拿起照相機，像一個初進校園的小學生一切重頭學習，這個行動的意義不是單純的遊戲和玩耍，而是他生命的重整與出發。他的攝影之旅以「重回沙河」定名，也就是他重新要去面對他曾在小說中描寫的沙河，不是要用文字敘事，而是以「觀看」的方式，重新去認識家鄉的環境與事物。他訴說沙河，其實就是在訴說童年，但童年已不復可追，但卻可透過凝視現在去追溯過去，使意識流動在影像之外的時空，讓自己的過去、現在和未來和諧共處，撫平自己失落的創傷。

退休後的七等生，從住慣的鄉間返回城市，表面上是要展示他在寫作以外的另一項成績，其實也是在向他的知音者坦露他文學生命中的另一個面向，讓人分享他油彩乾坤的奧秘。他一反之前慣用的「筆」，意圖在勾勒文學的想像空間之上，以粉彩和油彩，構築一個視覺的、形象化的繪畫空間。即使他透過粉彩畫作中來展現綺麗夢幻世界和烏托邦的理想樂園，然而他的油彩較粉彩多了一種厚重與沉鬱感，所以更能表達心靈空間的幽暗與深邃，好似七等生要再次向世人坦露他的內心世界。這已不是純粹的寫生而是意念的表達，抽離掉部分現實的「形」，注入抽象的「意」，讓風景寫生介於真實與虛幻之間，在顏料色彩的使用上擅用灰黑、墨綠的色調來表現一種屬於七等生式的繪畫冷感，而用文學性的標題來扣緊心中曇那湧現的詩情。

（二）隱退的生命美學

「隱遁退走」是他一生為生活而掙扎所採取的姿態，以逃避危害他的心靈而能繼續存活下去，〔註10〕然而即使隱居在鄉間，他還是要說：「我的思緒常常漫無止境，想到現實社會，在這小小寄以生存的土地空間，半世紀的生活經歷不禁使我憂鬱衝上心頭。現在我的空間自限得小之又小，我畏懼前往城市，也畏懼上街，幾乎等於蟹居於偏鄉的山畔的屋子裡。」〔註11〕透過讀書筆記，七等生才願意把他孤獨的心靈赤裸地攤開，讓我們看到他極感性脆弱的一面。他承認：「我幾乎逃避一切而只喜歡面對自我。也許你會說我是自戀狂，人格和生活鍛鍊均不足，總之就是懦弱、逃避責任，不敢面對現實。」「退走是我唯一處事的方式，如果我有機會可以在將來銘刻一句墓誌銘，我

〔註10〕〈讀《寫給永恆的戀人》手記〉，收於《一紙相思》七等生全集【10】，頁254。
〔註11〕〈讀《寫給永恆的戀人》手記〉，收於《一紙相思》七等生全集【10】，頁238。

會寫『我唯一的心願是模仿造物者的沉默』。」〔註12〕

而藉由多篇文本的探討，顯露出自我追尋的困境與限制，彷彿也找到了心靈超越的途徑。在〈環虛〉中，七等生透過一個孤獨的膜拜者，棄守了生命中的沙洲，不再迷戀海天的寬闊無涯際，找到了心中的一條回歸的路。這是一條怎樣的路，小說中沒有交代，留給讀者許多想像的空間，有宗教的關懷但卻無涉及信仰的層次，關乎的是七等生常見的美學直觀態度，接近於克羅齊的美學，與道家莊子無待的人生哲學。

（三）抒情主體的建構

作為一個台灣現代作家，七等生的特色除了以文字的怪誕、晦澀標示現代主義的美學特徵外，其重要性應在於他對台灣弱勢、邊緣人物的描摹，以對抗偽善的社會道德、對「主流」價值觀的思辨，以及對生命意義的重新思索。從七等生對永恆的戀人的追索中，不難看出他個人追求自我實現／完成的痕跡，以及對愛情近乎宗教般的虔誠，以最自由解放的形式——書信體來演練他對人間理想情愛的摸索，頗具有神話想像與思考意義；而在尋找藝術美善的思辨下，以最自由的形式——書信體，向理想戀人發出召喚，傾吐衷曲。七等生在《重回沙河》之〈理想的戀人〉中道出了心底的欲求，中年的七等生坦誠自己面對一個沒有愛情的婚姻的無奈與嚮往，且用一個高蹈的言論來提昇「理想戀人」的層次，至此他已經不避諱用散文式的獨白來表露追求愛情是一種原真自由意志的展現。一個永恆的戀人的面貌，是從「理想戀人」的追尋，到「神話空間」的開啟，可以從中找到一條抒情主體的脈絡來。這條脈絡是呼應他對創作形式的追求，他要追求形式上真正的自由。對他而言，日記是情書的表現形式，也是真情的告白。而他已無形中建構了一個以抒情自我為主體的創作形式。

五、餘韻：一切都指向未來

以上是本論文的研究所得，期待為專家研究略盡棉薄之力，也希望對七等生的研究貢獻一己的管窺之見。當然，傳記資料的建立還可以透過多種管道，而文本的詮釋尚有多種理論可以輔助，筆者僅能提供目前所能企及的視野及圖象。另外，我們是否也可由幾位與作家在創作的三十幾年間，有過接

〔註12〕〈讀《寫給永恆的戀人》手記〉，收於《一紙相思》七等生全集【10】，頁248～249。

觸與交往的重要代表人物的觀察中，以文學社會和接受美學的觀點切入，來
解釋七等生現象與台灣社會之間的關連，並輔以統計學「問卷調查設計與分
析」的操作模式，以進行「讀者反應理論」的專業分析與文化研究？或者當
七等生的作品被改編為電影或電視劇，作家的心態與兩者之間的差異為何？
將有助於進一步釐定七等生在台灣文學或藝術史上的地位和價值。這是筆者
早先也頗感興趣及有意要討論的部分，但因為論文的主題設定與篇幅的限制，
未能即時處理，只好暫時擱置，留待未來成為論文持續研究及發展的空間，
就如七等生的名言：「一切都指向未來」。

參考書目

一、七等生作品集（以出版時間先後順序排列）

1. 七等生，《1966—1971 詩五年集》，台北：林白出版社，1972 年。

2. 七等生，《離城記》，台北：晨鐘出版社，1973 年初版。

3. 七等生，《僵局》，台北：遠行出版社，1976 年。

4. 七等生，《隱遁者》，台北：遠行出版社，1976 年初版。

5. 七等生，《沙河悲歌》，台北：遠景出版社，1976 年。

6. 七等生，《削瘦的靈魂》，台北：遠行出版社，1976 年初版。

7. 七等生等人著，《女與男》，台北：拓荒者出版社，1976 年。

8. 七等生，《白馬》，台北：遠行出版社，1977 年初版，1986 三版。

9. 七等生，《城之迷》，台北：遠行出版社，1977 年初版。

10. 七等生，《情與思》，台北：遠行出版社，1977 年初版，1986 年再版。

11. 七等生，《放生鼠》，台北：遠行出版社，1977 年初版。

12. 七等生，《散步去黑橋》，台北：遠景出版社，1978 年初版，1979 年再版。

13. 七等生，《老婦人》，台北：洪範書店，1984 年。

14. 七等生，《譚郎的書信——獻給黛安娜女神》，台北：圓神出版社，1985 年（初）再版。

15. 七等生，《精神病患》，台北：遠景出版社，1986 年再版。

16. 七等生，《來到小鎮的亞茲別》，台北：遠景出版社，1976 年初版，1986 年三版。

17. 七等生，《跳出學園的圍牆》，台北：遠景出版社，1986 年三版。

18. 七等生，《沙河悲歌》，台北：遠景出版社，1986 年五版。

19. 七等生，《銀波翅膀》，台北：遠景出版社，1980 年初版，1986 年再版。

20. 七等生，《重回沙河：一九八一年生活札記·攝影》，台北：遠景出版社，1986 年初版。

21. 七等生，《耶穌的藝術》，台北：洪範書店，1979 年初版，1988 年四版。

22. 七等生，《我愛黑眼珠續記》，台北：漢藝色研文化事業有限公司，1988 年初版。

23. 七等生，《兩種文體——阿平之死》，台北：圓神出版社，1991 年初版。

24. 七等生，《沙河悲歌（外一章）》，臺灣商務印書館，1998 年初版一刷。

25. 七等生，《思慕微微》，臺灣商務印書館，1997 年初版一刷，1998 年初版五刷。

26. 七等生，《沙河悲歌》，台北：遠景出版社，2000 年。

27. 七等生，《初見曙光》，台北：遠景出版社，（七等生全集【1】），2003 年。

28. 七等生，《我愛黑眼珠》，台北：遠景出版社，（七等生全集【2】），2003 年。

29. 七等生，《僵局》，台北：遠景出版社，（七等生全集【3】），2003 年。

30. 七等生，《離城記》，台北：遠景出版社，（七等生全集【4】），2003 年。

31. 七等生，《沙河悲歌》，台北：遠景出版社，（七等生全集【5】），2003 年。

32. 七等生，《城之迷》，台北：遠景出版社，（七等生全集【6】），2003 年。

33. 七等生，《銀波翅膀》，台北：遠景出版社，（七等生全集【7】），2003 年。

34. 七等生，《重回沙河》，台北：遠景出版社，（七等生全集【8】），2003 年。

35. 七等生，《譚郎的書信》，台北：遠景出版社，（七等生全集【9】），2003 年。

36. 七等生，《一紙相思》，台北：遠景出版社，（七等生全集【10】），2003 年。

37. 鍾肇政主編／七等生等人著，《台灣文學獎作品集——回鄉的人》，台北：鴻儒堂出版社，1977 年。

38. 「七等生油畫與一張鉛筆畫」（畫冊，七等生提供），台北：欣賞家藝術中心，1992 年 11 月出版。（七等生提供）

39. 「七等生繪畫觀摩展」（畫冊，七等生提供），台北：東之畫廊，1991 年。

二、專書（按姓氏筆劃順序排列）

1. 中華綜合發展研究院總編纂，《通霄鎮志》（第九篇　第二節　新文學：七等生，頁 609～610），苗栗縣通霄鎮公所編印，2001 年 10 月。

2. 王志弘，《性別化流動的政治與詩學》（The Politics & Poetics of Gendered Flows），台北：田園城市，2000 年。

3. 王德威，《眾聲喧嘩——三〇與八〇年代的中國小說》，台北：遠流，1988 年。

4. 王德威、黃錦樹，《想像的本邦：現代文學十五論》，台北：麥田，2005 年。

5. 王溢嘉，《精神分析與文學》，台北：野鵝出版社，2001 年。

6. 王寧，《全球化與文化研究》，台北：揚智，2003 年。

7. 王國芳・郭本禹著，《拉岡》；台北：生智文化事業，1990 年。

8. 王雅倫／李文吉，《台灣現代美術大系》攝影類／【現代意識攝影】，文建會策劃，藝術家出版社印，2004 年。（共二十四冊）

9. 王威智編，《在想像與現實間走索——陳黎作品評論集》，台北：書林，1999 年。

10. 王岳川主編，《存在主義文論》，大陸：山東教育出版社，2000 年。

11. 方珊，《形式主義文論》，大陸：山東教育出版社，2002 年。

12. 方漢文，《後現代主義文化心理：拉康研究》，上海：三聯書店，2000 年 11 月一版一刷。

13. 也斯，《越界書簡》，香港：青文書屋，1996 年。

14. 古繼堂，《臺灣小說發展史》，台北：文史哲，1996 年。

15. 古添洪，《記號詩學》，台北：東大書局，1999 年。

16. 石計生，《藝術與社會：閱讀班雅明的美學啟迪》，台北：左岸文化，2003 年。

17. 白少帆等主編，《現代台灣文學史》第二十章，遼寧大學出版社出版，1987 年 12 月一印。

18. 朱光潛編著，《變態心理學》，台灣商務印書館，1998 年。

19. 朱立立，《知識人的精神私史——台灣現代派小說的一種解讀》，上海三聯書店，2004 年 9 月一印。

20. 【韓】朴先圭,《繪畫思想與造型理論》,台北:新形象出版,1989 年。

21. 呂正惠主編,《文學的後設思考》,台北:正中書局,1990 年。

22. 呂正惠,《小說與社會》,台北:聯經,1992 年。

23. 杜聲鋒,《拉康結構主義精神分析學》;台北:遠流,1988 年。

24. 宋雅姿,《作家身影——12 位作家的故事》,台北:麥田,2005 年。

25. 周芬伶,《聖與魔——台灣戰後小說的心靈圖像（1945～2006）》,台北:印刻,2007 年。

26. 周芬伶,《芬芳的秘教——性別、愛欲、自傳書寫論述》,台北:麥田,2006 年。

27. 周芬伶,《孔雀藍調——張愛玲評傳》,台北:麥田,2005 年。

28. 周芬伶,《豔異——張愛玲與中國文學》,台北:元尊文化,1999 年。

29. 周芬伶,《憤怒的白鴿——走過台灣百年歷史的女性》,台北:元尊文化,1998 年。

30. 周英雄、劉紀蕙編,《書寫台灣——文學史、後殖民與後現代》,台北:麥田,2000 年。

31. 周春塘,《撰寫論文的第一本書》,台北:書泉出版社,2007 年。

32. 邱貴芬,《後殖民及其外》,台北:麥田,2003 年。

33. 邱珮萱,《戰後台灣散文中的原鄉書寫》,台北:學生書局,2006 年。

34. 吳潛誠,《島嶼尋航——黑倪和台灣作家的介入詩學》,台北:立緒,1999 年。

35. 吳東辰,《心理分析與齊克果之存在概念》,臺灣商務印書館,1996 年二版一印。

36. 林瑞明、陳萬益主編,《七等生集》,收入《台灣作家全集‧短篇小說卷／戰後第二代（10）》前衛出版社,2000 年初版四刷。

37. 林宏璋,《後當代藝術徵候:書寫於在地之上》,台北:典藏,2005 年 12 月初版。

38. 馬森,《燦爛的星空——現當代小說的主潮》,台北:聯合文學,1997 年 11 月初版。

39. 姚一葦,《美的範疇論》;台灣開明書店,1997 年。

40. 柯錫杰,《柯錫杰的攝影美學》,台北:大塊文化,2006 年 11 月初版一

刷，2007 年 1 月初版四刷。

41. 莫渝，王幼華，《苗栗縣文學史》（第四篇戰後文學——第一章　第四節　面向永恆的獨語：七等生，頁 269～273、第二章　第五節　來自憂傷的靈思，頁 316～320），苗栗縣立文化中心，2000 年。

42. 高辛勇，《形名學與敘事理論：結構主義的小說》，台北：聯經，1987 年。

43. 徐復觀，《中國藝術精神》，台北：學生書局，1998 年十二印。

44. 陶東風，《文體演變及文化意味》，雲南人民出版社，1999 年。

45. 許綺玲，《糖衣與木乃伊》，台北：美學書房，2001 年初版一刷。

46. 張京媛編，《後殖民理論與文化認同》，台北：麥田，2007 年二版。

47. 張恆豪編，《火獄的自焚》，台北：遠行出版社，1997 年。

48. 張恆豪編，《認識七等生》，苗栗縣立文化中心，1993 年。

49. 張堂錡，《跨越邊界——現代中文研究論叢》，台北：文史哲出版社，2002 年。

50. 張邦梅著／譚家瑜譯，《小腳與西服——張幼儀與徐志摩的家變》，台北：智庫，1996 年 11 月一版一印，2000 年 4 月一版二十三次印行。

51. 張小虹，《慾望新地圖》，台北：聯合文學，1996 年。

52. 陳芳明，《殖民地摩登——現代性與台灣史觀》，台北：麥田，2004 年。

53. 陳芳明，《後殖民台灣——文學史論及其周邊》，台北：麥田，2002 年。

54. 陳芳明，《殖民地台灣——左翼政治運動史論》，台北：麥田，1998 年。

55. 陳芳明，《左翼台灣——殖民地文學運動史論》，台北：麥田，1998 年。

56. 陳建忠、應鳳凰、邱貴芬、張誦聖、劉亮雅合著，《臺灣小說史論》，台北：麥田，2007 年。

57. 陳惠齡，《現代文學鑑賞與教學》，台灣：萬卷樓，2001 年。

58. 陳麗芬，《現代文學與文化想像——從台灣到香港》，台北：書林，2000 年

59. 陳映真主編，《諾貝爾文學獎全集（27）——1956 希蒙聶茲》，台北：遠景出版。

60. 陳俊輝，《祁克果存在詮釋學》，台北：師大書苑，2002 年。

61. 陳俊輝，國立編譯館主編，《祁克果新傳：存在與系統的辯證》，台北：水牛出版社，1996 年。

62. 陳榮華，《海德格「存有與時間」闡釋》，國立台灣大學出版，2003 年。

63. 陳文玲，《多桑與紅玫瑰》，台北：大塊文化，2000 年。

64. 陳嘉映編著，《存在與時間讀本》，北京：三聯書店，2001 年。

65. 陳義芝主編，《台灣文學經典研討會論文集》，台北：聯經出版社，1999 年。

66. 盛寧，《新歷史主義》，台北：揚智，1998 年。

67. 游鑑明，《傾聽她們的聲音──女性口述歷史的方法與口述史料的運用》，台北：左岸文化，2002 年 9 月初版。

68. 畢恆達，《教授為什麼沒告訴我？》，台北：學富，2005 年。

69. 畢恆達，《空間就是性別》，台北：心靈工坊 2004 年。

70. 畢恆達，《空間就是權力》，台北：心靈工坊 2001 年 6 月初版一刷，2006年 4 月初版二十三刷。

71. 程金城，《原型批判與重釋》，北京：東方出版社，1998 年。

72. 黃梅主編，《現代主義浪潮下：英國小說研究（1914～1945）》，中國社會科學出版社，1995 年。

73. 楊照，《夢與灰燼──戰後文學史散論二集》，台北：聯合文學，1998 年。

74. 楊小濱，《否定的美學──法蘭克福學派的文藝理論和文化批評》，大陸：上海三聯書店，1999 年。

75. 楊慶球導讀‧選讀，《那清心的獨行者》，香港：基督教文藝出版社，2003年。

76. 楊大春，《沉淪與拯救──克爾凱戈爾的精神哲學研究》，大陸：東方出版社，1997 年二刷。

77. 楊儒賓主編，《中國古代思想中的氣論及身體觀》，台北：巨流圖書公司，1993 年。

78. 葉舒憲，《探索非理性的世界──原型批評的理論與方法》，大陸：四川人民出版社，1988 年。

79. 雷體沛，《存在與超越─生命美學導論》，大陸：廣東人民出版社，2001年。

80. 廖炳惠編著，《關鍵詞 200》，台北：麥田出版，2003 年。

81. 鄭明娳總編／何寄澎主編，《散文批評》（當代台灣文學批評大系），台北：正中書局，1998 年 3 月二印。

82. 鄭明娳，《現代散文構成論》，台北：大安，1989 年。

83. 鄭明娳，《現代散文構成論》，台北：大安，1989 年。

84. 鄭毓瑜，《文本風景——自我與空間的相互定義》，台北：麥田，2005 年。

85. 趙毅衡，《文學符號學》，北京：中國文聯出版社，1990 年。

86. 趙遐秋、呂正惠主編，《台灣新文學思潮史綱》，台北：人間，2002 年。

87. 劉紀蕙，《文學與藝術八論：互文、對位、文化詮釋》，台北：三民，1994年。

88. 劉紀蕙主編，《框架內外：藝術、文類與符號疆界》，台北：立緒，1999年。

89. 劉紀蕙，《孤兒・女神・負面書寫：文化符號的徵狀式閱讀》，台北：立緒，2000 年。

90. 劉紀蕙編，《他者之域：文化身分與再現策略》，台北：麥田，2001 年。

91. 劉紀蕙，《心的變異：現代性的精神形式》，台北：麥田，2004 年。

92. 劉再復，《性格組合論》（上、下），台北：新地出版社，1988 年 9 月初版。

93. 劉康，《對話的喧聲——巴赫汀文化理論述評》，台北：麥田出版社，1998年初版二刷。

94. 潘朝陽，《心靈・空間・環境：人文主義的地理思想》，台北：五南，2005年 12 月初版二刷。

95. 應鳳凰主編，《嗨！再來一杯天國的咖啡——沈登恩紀念文集》，台北：遠景，2005 年 9 月初版。

96. 鍾肇政主編，《不滅的詩魂——對談評論集》，台灣文藝出版社，1981 年。

97. 顏忠賢，《影像地誌學——邁向電影空間的理論建構》，台北：萬象，1996年。

98. 簡瑛瑛主編，《認同、差異、主體性：從女性主義到後殖民文化想像》，台北：立緒，1997 年。

99. 蕭兵，《神話學引論》，台北：文津，2001 年。

100. 譚國根，〈中國文化裡的「自我」與現代「主體意識」〉頁 39；《主體建構政治與現代中國文學》，牛津大學出版社，2000 年。

101. 龐守英，《新時期小說文體論》，山東大學出版社，1997 年。

102. 國家台灣文學館籌備處／財團法人台灣文學發展基金會《台灣作家的地理書寫與文學體驗》（2006 年青年文學會議），文訊雜誌社編印，2007 年 3 月初版一刷。

103. 《在地與遷移──第三屆花蓮文學研討會論文集》，（吳冠宏、須文蔚主編），花蓮縣文化局編印，2006 年。

104. 《地誌書寫與城鄉想像──第二屆花蓮文學研討會論文集》，花蓮縣文化局編印，2000 年。

105. 《第一屆花蓮文學研討會論文集》，花蓮縣文化局編印，1998 年。

三、譯著（按作者英文字母的順序排列）

1. Beth M Robertson（貝絲‧羅伯森）著／黃煜文譯，《如何做好口述歷史》（Oral History Handbook fourth edition），台北：五觀藝術管理，2004 年。

2. Carol Gillgan 著，王雅各譯，《不同的語音：心理學理論與女性的發展》（In a Different Voice：Psychological Theory and Women，s Development），台北：心理出版社，2002 年。

3. C.G.Jung（榮格）原著／劉國彬、楊德友合譯，《榮格自傳：回憶、夢、省思》（Memories，dreams，reflections），台北：張老師，1997 年。

4. C.G.Jung（卡爾‧榮格）主編／龔卓軍譯，《人及其象徵》（Man and His Symbols），台北：立緒，2000 年。

5. Christopher Peterson（彼德森）著／杜仲傑、沈永正、楊大和、饒怡君、吳幸怡譯，《變態心理學》（The Psychology of Abnormaility），台北：桂冠圖書，2002 年。

6. Edward W.Soja（索雅）著／王志弘、張華蓀、王玥民譯，《第三空間──航向洛杉機以及其他真實與想像地方的旅程》（Thirdspace Journeys to Angeles And Other Real-and-Imagined Places），台北：桂冠，2004 年。

7. ErichFromm（佛洛姆）著／孟祥森譯，《愛的藝術》（The Art of Loving），台北：志文出版社（1969 年初版），2000 年（再版）。

8. Ernst Cassirer（恩格斯‧卡西勒）著／王曉等譯，《語言與神話》（Sprache und mythas），台北：桂冠，1990 年。

9. Edward W.Said（艾德華‧薩依德）著／單德興譯，《知識分子論》

（Representations of the interectual: the 1993 Reith lectures），台北：麥田，
1997 年。

10. Edward W.Said（艾德華‧薩依德）著／彭懷棟譯，《鄉關何處》（Out of
Place: A Memoir），台北：立緒 2000 年，1997 年。

11. Gaston Bachelard（加斯東‧巴舍拉）著／龔卓軍、王靜慧譯，《空間詩
學》（La poetique de l，espace），台北：張老師，2003 年。

12. Harold Rosenberg 著／陳香君譯／吳瑪悧主編，《「新」的傳統》（The
Tradition of the New），台北：遠流，1997 年 6 月，初版一刷。

13. Hal Foster 主編／呂健忠譯，《反美學——後現代文化論集》（The Anti-
Aesthetic：Essays on Postmodern Culture），台北：立緒，1998 年。

14. John Berger＆Jean Mohr（約翰‧伯格＆尚‧摩爾）著／張世倫譯，《另一
種影像敘事》（Another Way of Telling），台北：三言社，2007 年。

15. John Berger（約翰‧伯格）著／劉惠媛譯，《影像的閱讀》（About Looking），
台北：遠流，2002 年。

16. JOHN LECHTE 著／王志弘、劉亞蘭、郭貞伶譯／孫中興、陳巨擘校訂《當
代五十大師》（ Fifty contemporary Thinkers ： from structuralism to
postmodernity），台北：巨流，2000 年。

17. John Berger（約翰‧伯格）著／戴行鉞譯，《藝術觀賞之道》（Ways of
seeing），台北：商務，2002 年 9 月台灣初版九刷。

18. Jean Laplanche（尚‧拉普朗虛）、J.-B.Pontalis（尚-柏騰‧彭大歷斯）著
／沈志中、王文基譯，《精神分析辭彙》（Vocabulaire De La Psychanalyse），
2000 年 12 月初版。

19. J.Hillis Miller（米樂）著／國立編譯館主譯／單德興編譯，《跨越邊界：
翻譯‧文學‧批評》（New starts : performative topographies in literature and
criticism），台北：書林，1995 年。

20. Ken Howarth（肯‧霍爾斯）著／陳瑛譯／吳密察推薦《口述歷史》（Oral
history），台北：播種者文化，2003 年 5 月初版。

21. Juan Ramo／njime／nez（璜拉蒙‧希梅涅茲）著／梁祥美譯，《小灰驢與
我——安達路西亞輓歌》（原名：普拉特羅與我）（Platero and I），台北：
志文出版社（新潮文庫），1999 年初版。

22. Linda McDowell 著／國立編譯館主譯／徐苔玲、王志弘合譯,《性別、認同與地方：女性主義地理學概說》(Gender，Identity& Place Understanding Feminist Geographies)(國立編譯館主譯與群學出版有限公司合作翻譯發行),台北：群學,2006 年。

23. Levenson ，M·【美】萊文森編／田智譯,《現代主義》(Modernism),大陸：遼寧教育出版社,2002 年。

24. Mike Crang 著／王志弘、余佳玲、方淑惠譯,《文化地理學》(Cultural Geography),台北：巨流,2003 年。

25. Michel Foucault (【法】米歇爾·福柯) 著／孫淑強,金築雲譯,《瘋狂與文明：理性時代的精神病史》(Histoire De La Folie A L，age Classique),台北：淑馨出版社,1994 年。

26. Margaret Wertheim (瑪格麗特·魏特罕) 著／薛絢譯,《空間地圖——從但丁的空間到網路的空間》(The pearly gates of cyberspace : a history of space from Dante to the Internet),台北：台灣商務印書館,1999 年初版。

27. MALCOLM BRADBURE 編著／趙閔文譯,《文學地圖》(The ATLAS of LITERATURE),台北：知書房出版社,2005 年 9 月初版一刷。

28. Matei Calinescu (【美】馬泰·卡林內斯庫) 著／周憲、許鈞主編,《現代性的五副面孔》(Five Face Of Modernity),北京：商務印書館,2003 年 4 月二次印刷。

29. Northrop Frye (【加拿大】諾思羅普·弗萊) 著／陳慧等譯,《批評的剖析》(Anatomy of Criticism Four Essays),大陸：百花文藝,1998 年。

30. OSHO (奧修) 著／謙達那譯,《了解性、超越性——從性到超意識》(Sex Matters : From Sex to Superconsciousness),台北：奧修出版社,2006 年。

31. PAUL A.BELL ／ THOMAS C.GREENE ／ JEFFERY D.FISHER ／ ANDREW BAUM 著／轟筱秋／胡中凡／唐筱雯／葉冠伶等譯,《環境心理學》(Environmental Psychology),台北：桂冠,2003 年。

32. Paul Cloke Philip Crang Mark Goodwin 編／王志弘 李延輝 余佳玲 方淑惠 石尚久 陳毅峰 趙綺芳 譯,《人文地理概論》(Introducing Human Geographies),台北：巨流,2006 年 8 月,初版一刷。

33. PATRICIA WAUGH 帕特里莎·渥厄著,《後設小說—自我意識小說的理

論與實踐 》（Mentafiction：the thery and practice of self-conscious fiction），台北：駱駝出版社，1995 年。

34. Robert Scholess（羅伯特・休斯）著／劉豫譯，《文學結構主義》（Structuralism in Literature An Introduction），台北：桂冠，1994 年。

35. Roland Barthes（羅蘭・巴特）著／許綺玲譯，《明室：攝影札記》（La chambre claire），台北：台灣攝影工作室，1997 年 12 月（修訂版）。

36. Robert H.Hopcke 著／蔣韜譯，《導讀榮格》（A Guided Tour of the Collected Works of C.G. Jung），1998 年。

37. Renato Poggioli 著／張心龍譯／吳瑪悧主編，《前衛藝術的理論》（Teoria dell，arte d，avanguardia），台北：遠流，1996 年，初版二刷。

38. Richard Jenkins 著／王志弘、許妍飛譯，《社會認同》（Social Identity），台北：巨流，2006 年。

39. Susan Sontag（蘇珊・宋妲）著／黃翰荻譯《論攝影》（ON PHOTOGRAPHY），台北：唐山出版社，1997 年。

40. Soren Kierkegaard（索倫・齊克果）著／孟祥森譯，《一個作者的觀點》，台北：水牛出版社，1968 年。

41. Soren Kierkegaard（索倫・齊克果）著／陸興華譯，《懷疑者》（Johannes Climacus，eller De omnibus dubitandum est），台北：水牛出版社，1968 年。

42. Soren Kierkegaard（索倫・齊克果）著／林宏濤譯，《愛在流行：一個基督徒的談話省思》（Kjerlighedens　Gjerninger），台北：商周，2000 年。

43. Terry Eagleton 原著／吳新發譯，《文學理論導讀》（Literary Theory），頁 162，書林出版社，1993 年。

44. Tim Cresswell 著／徐苔玲、王志弘譯，《地方：記憶、想像與認同》（Place: a short introduction），台北：群學，2006 年。

45. Virginia Woolf 著／瞿世鏡譯，《論小說與小說家》，台北：聯經，1990 年。

46. Virginia Woolf 著／阮江平、戚小倫譯，《書與畫像——吳爾夫談書說人》（Book and Partraits），台北：遠流，2005 年，一版一刷。

47. Walter Benjamin（華特・班雅明）著／許綺玲譯《迎向靈光消逝的年代》（Walter Benjamin Essais），台北：台灣攝影工作室，1998 年。

48. Walter Benjamin（華特‧班雅明）著／張旭東、魏文生譯，《發達資本主義時代的抒情詩人》（A Lyric Poet in the Era of High Capitalism），大陸：三聯書店，1992 年。

49. 【美】華萊士‧馬丁著／伍曉明譯，《當代敘事學》（Recent theories of narrative），北京大學出版社，1991 年。

50. Yi-Fu Tuan（段義孚）著／潘桂成譯，《經驗透視中的空間與地方》（Space and Place: The Perspective of Experience），台北：國立編譯館，1998 年 3 月初版。

51. Yi-Fu Tuan（段義孚）著／周尚意、張春梅譯，《逃避主義》（Escapism），台北：立緒，2006 年。

52. William Mckinley Runyan 著／丁興祥‧張慈宜‧賴誠斌等譯，《生命史與心理傳記學——理論與方法的探討》（Life Histories and Psychobiography），台北：遠流，2002 年 8 月 1 日，初版一刷。

53. 【英】馬‧布雷德伯里　詹‧麥克法蘭編／胡家巒等譯，《現代主義》（Modernism）（上、下冊），上海外語教育出版社，1995 年。

54. 夏鑄九‧王志弘編譯，《空間的文化形式與社會理論讀本》（Reading In social Theories and And The Cultural Form Of Space），台北：明文書局，1993 年 3 月增訂再版一刷，2002 年 12 月增訂再版四刷。

55. 賴建誠譯著，《年鑑學派管窺》（Annales : Economies Societes Civilisations），台北：左岸文化，2003 年 4 月初版。

56. 張雯媛譯，《粉彩》（Pastel），台北：積木文化，2004 年。

57. 陳永國編譯，《游牧思想：吉爾‧德勒茲　費利克斯‧瓜塔里讀本》（Nomad Thinking），大陸：吉林人民出版社，2003 年。

58. 巴赫金著／白春仁、曉河譯，《小說理論》，河北教育出版社，1998 年。

59. Georg Lukacs（盧卡奇）著／楊恆達編譯　丘為君校訂，《小說理論》（Die Theorie des Romans），臺北市：唐山，1997 年。

60. 蒂費納‧薩莫瓦約著／邵煒譯，《互文性研究》，天津人民出版社，2003 年。

61. 孟祥森譯，《齊克果日記》（The seducer's diary），台北：水牛出版社，1986 年。

62. 孟祥森譯,《憂懼之概念》(The concept of anxiety.sickness unto death),臺灣商務印書館,1969 年。

63. 阿德勒著／劉泗譯,《超越自卑》(Overcome inferiority complex),台北:百善書房,2001 年 5 月。

64. 松浪信三郎著／梁祥美譯,《存在主義》(Existentialism),志文出版社,1982 年 9 月初版,2001 年 3 月再版。

65. 【日】谷川渥著／許菁娟譯,《幻想的地誌學——虛構地圖大旅行》(Jopographia Phantasica)),台北:邊城,2005 年。

66. 【丹麥】日蘭‧克爾凱郭爾著／一諶 肖聿 王才勇譯,《恐懼與顫慄》(Frygt og Baven),大陸:華夏出版社,1999 年。

67. 國立編譯館主譯／王志弘、張華蓀、宋郁玲、陳毅峰合譯,《現代地理思想》(Modern Ceographical Thought Richard Peet),台北:群學,2005 年 4 月初版。

四、期刊論文 (按姓氏筆劃順序排列)

1. 七等生,〈自傳〉,《小說新潮》1 期,1977 年 6 月,頁 175～176。

2. 七等生,〈何必知道我是誰——再見書簡〉,中國時報八版 (人間副刊),1981 年,1 月 10 日。

3. 七等生,〈作家臉譜:他不是我?〉,《聯合文學》,12 卷 9 期,1996 年 7 月,頁 28～29。

4. 七等生,〈我的文學行程〉,《聯合報》12 版,1985 年 11 月 17 日。

5. 七等生、梁景峰,〈沙河的夢境和真實——七等生作品討論記〉,收於鍾肇政主編《不滅的詩魂——對談評論集》,台灣文藝出版社,1981 年。

6. 王釋瑩整理,〈文學創作的延續——七等生談畫鋪子〉,《自立晚報》,19 版,1995 年 2 月 14 日。

7. 王德威,〈里程碑下的沉思——當代台灣小說的神話性與歷史感〉,收於氏著《眾聲喧嘩——三〇與八〇年代的中國小說》,台北:遠流,1988 年。

8. 王靖丰〈七等生小說中的特異修辭〉,南華大學文學所研究生學刊,《文學前瞻》第六期,94 年 7 月,頁 57～72。

9. 王仁芸,〈關於越界——讀也斯的《越界書簡》〉,《文學世紀》。

10. 王仲偉,〈七等生《思慕微微》〉,1997 臺灣文學年鑑,行政院文化建設

委原會，1998 年 6 月。

11. 余光照撰文／林東亮攝影，〈七等生帶你上酒家：通宵陶醉通宵〉，《Play boy》雜誌，1999 年 3 月號，頁 55～61。

12. 呂正惠，〈自卑、自憐與自負——七等生「現象」〉，收於張恆豪編《認識七等生》，苗栗縣文化中心出版，1993 年；又收入呂正惠《小說與社會》，台北：聯經，1992 年二印。

13. 李瑞騰，〈期待晴子而出現妓女——試論七等生《我愛黑眼珠》〉，收入《台灣文學經典研討會論文集》，1999 年，聯經出版社。

14. 李立平，〈七等生小說的理念世界與宗教情懷〉，《哈爾濱學院學報》第 25 卷第 9 期，2004 年 9 月。

15. 阮慶岳，〈永遠現代的作家——七等生〉，《中央日報》22 版，1998 年 7 月 24 日。

16. 阮慶岳，〈聖通宵——白馬以及屏息的遠方〉，《聯合副刊》，2003 年 11 月 17 日。

17. 吳潛誠，〈地誌書寫，城鄉想像〉，收入《島嶼尋航——黑倪和台灣作家的介入詩學》，台北：立緒，1999 年。

18. 吳潛誠，〈閱讀花蓮：地誌書寫（楊牧與陳黎）〉，收入《在想像與現實間走索》，台北：書林，1999 年。

19. 林央敏，〈散文出位〉，收於鄭明娳主編《散文批評》，台北：正中書局，1998 年。

20. 林蒔慧，〈文本中的時間指稱——以達悟語中的「ya」為例〉，「文本的世界：敘事如何形成歷史」國際研討會宣讀稿。中興大學歷史學系主辦，2004 年 10 月 9、10 日。

21. 林麗雲，〈孤獨的追尋者——七等生〉，《張老師月刊》15 卷 5 期，74 年 5 月，頁 68～71。

22. 林于弘〈《我愛黑眼珠》〈我愛黑眼珠續記〉裡晴子的角色與性格的變化〉，《台灣文學評論》第 2 卷第 2 期，2002 年 4 月，頁 53～56。

23. 林央敏，〈散文出位〉，收於鄭明娳主編《散文批評》，台北：正中書局，1998 年。

24. 林明澤，〈白紙黑字之內／外：試探「文本互涉」概念在文學批評上的多

重可能性〉，中外學第 23 卷第 1 期，1994 年 6 月。

25. 周寧，〈論七等生的我愛黑眼珠——李龍第的信念與本性〉，收於七等生《我愛黑眼珠》（七等生全集【2】），頁 321～333。

26. 周小儀，〈拉康的早期思想及其「鏡像理論」〉，《國外文學》第 3 期，1996 年。

27. 周慶華，〈論文體論〉，《中國文化大學中文學報》1993 年 2 月。

28. 周本冀〈多情勝造景——由七等生的「重回沙河」談起〉，《當代》6 期，1986 年 10 月，頁 104～109。

29. 東年，〈迷失的人無法找尋迷失的他人〉，聯合報，47 版，1997 年 10 月 2 日。

30. 邱貴芬，〈「在地性」的生成：從台灣現代派小說談「根」與「路徑」的辯證〉，《中外文學》第 34 卷第 10 期，2006 年 3 月。

31. 邱貴芬，〈尋找「台灣性」：全球化時代鄉土想像的基進政治意義〉，《中外文學》第 32 卷第 4 期，2003 年 9 月。

32. 胡為美，〈七等生要追求心靈創作的自由〉，《婦女雜誌》105 期，1977 年 6 月，頁 24～28。

33. 胡錦媛，〈書寫自我——《譚郎的書信》中的書信形式〉，《中外文學》22 卷 11 期（總 263 期），1994 年 4 月；後收入張小虹編《性／別研究讀本》，台北：麥田出版，1889 年，頁 61～94。

34. 馬森，〈夢與真實之間——七等生的囈語〉，自由時報，41 版，1998 年 10 月 5 日。

35. 馬森，〈七等生的情與思〉，中國時報，8 版（人間），1985 年 10 月 2 日。

36. 馬森，〈我看「譚郎的書信」〉，中國時報，8 版（人間），1985 年 9 月 7 日。

37. 馬森，〈隱藏在本土的一塊美玉——談七等生的小說（上、下）〉，《時報雜誌》143 期／144 期，1982 年 8 月／9 月。

38. 馬森，〈三論七等生〉，收於氏著《燦爛的星空：現當代的小說主潮》，聯合文叢，1997 年。

39. 馬森，〈夢與真實之間——七等生的藝語〉，《自由時報》41 版，1998 年 10 月 5 日。

40. 洪銘水，〈七等生的道德架構〉，收入張恆豪編《火獄的自焚》，台北：遠行出版社，1997 年，頁 91、110。

41. 奚密，〈邊緣、前衛、超現實——對台灣五六○年代現代主義的反思〉，收於氏著《現當代詩文錄》，聯合文學出版社，1998 年。

42. 夏志清，〈台灣小說裡的兩個世界〉，收於《火獄的自焚》，台北：遠行，1977 年。

43. 莫渝、王幼華，〈苗栗文字工作者的集合——苗栗縣文學史的編纂〉，收入《文訊》261 期，頁 54～55，2007 年 7 月。

44. 許達夫，〈一九七○年代台灣小說裡主體性的尋求〉，東海大學《苦悶與蛻變：60、70 年代台灣文學與社會國際學術研討會》論文集，2006 年 11 月 11、12 日。

45. 徐淑卿，〈七等生彈奏一曲蒼邁的戀歌〉，中國時報，41 版，1997 年 10 月 2 日。

46. 淡江中文所，〈洪水：在人性與社會現實中滾動——七等生「我愛黑眼珠」及其「續記」的討論〉（七等生作品解讀座談會紀錄），1988 年 11 月 13 日。

47. 尉天驄，〈給七等生做的速寫——《放生鼠序》〉，受於七等生《放生鼠》，大林書店，1970 年 12 月，頁 1～4。

48. 張殿製作，〈回到沙河——重建閱讀現場：七等生／通霄〉深度報導，《聯合報》，45、46 版，1998 年 4 月 13 日。

49. 張國立，〈一個叫七等生的人〉，《中華日報》11 版，1986 年 6 月 11 日。

50. 張堂錡，〈跨越邊界——現代散文的裂變與演化〉，收於氏著《跨越邊界——現代中文研究論叢》，台北：文史哲出版社，2002 年。

51. 張恆豪，〈七等生小說的心路歷程〉，收於《城之迷》（七等生全集【6】），頁 392。

52. 張恆豪〈期待眾聲喧嘩！〉《認識七等生》編者序，苗栗縣文化中心出版，1993 年。

53. 郭楓〈橫行的異鄉人〉，頁 24，收於張恆豪編《火獄的自焚》，遠景出版社，1977 年。

54. 陳麗芬，〈台灣現代主義文學的另類想像——以七等生為例〉，收於《現

代文學與文化想像》，台北：書林，2000 年。

55. 陳芳明，〈六〇年代現代小說的藝術成就〉，《聯合文學》第 208 期，2002 年 2 月。

56. 陳文芬，〈文學原鄉：七等生在通霄〉，《印刻文學生活誌》，2004 年 1 月，頁 150～161。

57. 陳龍廷／林晏如，〈超越界限：近半世紀的西方前衛潮流〉，《藝術家》40 卷 2 期，1995 年 2 月。

58. 陳國城（舞鶴），〈「自我世界」的追求——論七等生一系列作品〉，收於張恆豪編《火獄的自焚》（1977），後又收入七等生全集【4】《離城記》（2003）。

59. 康原，〈坪頂的隱遁者——夜訪小說家七等生〉，收於《作家的故鄉》，台北：前衛，1987 年 11 月，頁 115～124。

60. 彭錦堂，〈傳記的虛構與歷史的真實——阮籍的〈大人先生傳〉，《文本的世界——敘事如何形成歷史》國際研討會論文集，2004 年 10 月 9／10 日，中興大學歷史系主辦。

61. 黃克全（金沙寒），〈不完整就是我的本質——釋七等生的《離城記》〉，《書評書目》82 期，1980 年 2 月，頁 65～73。

62. 黃克全，〈管窺七等生及其「我愛黑眼珠」〉，收於《火獄的自焚》，台北：遠行，1977 年。

63. 黃浩濃，〈隱遁者的心態——論七等生——〉，收於《沙河悲歌》，七等生全集，【5】。

64. 寒青，〈七等生及其小說世界〉，《現代臺灣文學史》（白少帆等編，大陸），遼寧大學出版社，1987 年 12 月。

65. 彭瑞金，〈離城小說家與夢幻小說家的邂逅〉頁 65；《台灣文學館通訊》2，頁 60～65，2003 年 12 月。

66. 楊牧，〈七等生小說的幻與真〉，先收於前衛版《七等生集》，2000 年；後收入遠景版《重回沙河》（七等生全集【8】），2003 年。

67. 楊明蒼，〈《彼爾士農夫》中之朝聖詩學與在地書寫〉，《中外文學》第 29 卷第 9 期，2001 年 2 月。

68. 楊照，〈「自戀書寫」中完成的自我——重讀七等生的小說《思慕微微》，

頁 119～124，收於氏著《在閱讀的密林中》，台北：印刻，2003 年。

69. 塗靜慧，〈七等生研究資料目錄〉，《全國新資訊月刊》2000 年元月號，頁 36～46。

70. 雷驤，〈芒刺〉，《台灣文藝》55 期，1977 年 6 月，頁 1401～145。

71. 廖淑芳，〈青春啟蒙與原始場景——論青年小說家的誕生〉；《文訊》雜誌主辦第三屆青年文學會議，1999 年；後改寫發表於《光武通識學報》創刊號，頁 55～78，2004 年 3 月。

72. 廖淑芳，〈七等生作品中的個人觀、群體觀及其形成過程〉，收於張恆豪編《認識七等生》，苗栗縣立文化中心，1993 年。

73. 鍾肇政，〈文學使徒七等生〉，收於《白馬》，遠行版，1977 年。

74. 凱文‧巴略特，〈七等生早期短篇小說中的哲學、神學與文學理論〉，收於張恆豪編《火獄的自焚》，澳洲墨爾本大學東亞研究所碩士，原題為「Literary Theory, Philosophy and Theology in Chi-teny Sheng Early Short Stories.」（此文為青春（陳國城）所翻譯）。

75. 舞鶴，〈不為何為誰而寫——在紐約訪談郭松棻〉，收於《印刻文學生活誌》23，第一卷第十一期，2005 年 9 月。

76. 鄭定國，〈在地宣言，在地書寫：談台灣區域文學〉，收於《文訊》261 期，頁 47～48，2007 年 7 月。

77. 劉慧珠，〈論王文興《家變》的負面書寫〉，收於《興大中文學報》，頁 289～310，2003 年 6 月。

78. 劉慧珠，〈「逆子」自自我異化與主體分裂——由拉康的「鏡像階段」審視王文興的《家變》，《修平人文社會學報》第三期，頁 162～164，2004 年 3 月。

79. 劉慧珠，〈從《沙河悲歌》到《一紙相思》——論七等生小說追尋／神話原型的再現與變貌〉，收於第七屆青年文學會議論文集，文訊雜誌社編印，2003 年。（後改寫為〈由家族史的探索到抒情主體的建構——七等生中、近期小說中的追尋神話原型〉，收入《修平人文社會學報》第七期，頁 1～28，2006 年 9 月。）

80. 鍾淑貞，〈孜孜不倦的七等生〉，《幼獅文藝》64 卷 6 期，1986 年 12 月，頁 43～49。

81. 鴻鴻，〈發現七等生〉，《現代詩》，《中央日報》，18 版 1993 年 3 月 12 日。

82. 蘇峰山，〈七等生的夢幻——兼論社會學的實在論〉，《臺灣文學評論》，2001 年 7 月；後收於《一紙相思》（七等生小說全集【10】），2003 年。

83. 《聯合報》讀書人周報編者撰，〈回到沙河——重建閱讀現場：七等生〉，1998 年 4 月 13 日。

五、學位論文（按時間先後順序排列）

1. 廖淑芳，《七等生文體研究》，成功大學歷史語言所碩論，1990 年。

2. 陳瑤華，《王文興與七等生的成長小說比較》，清華大學中文所碩論，1994 年。

3. 曾意晶，《族裔女作家的空間經驗——以李昂、朱天心、利格拉樂·阿烏、利玉芳為例》，國立台灣師大中文所碩論，1998 年。

4. 葉昊謹，《七等生書信體小說研究》，成功大學中文所碩論，2000 年。

5. 吳雅慧，《朱天心小說的時空座標》，中興大學中文所碩論，2001 年。

6. 林慶文，《當代台灣小說的宗教性關懷》，東海大學中文所博論，2001 年。

7. 洪英雪，《宋澤萊小說中原鄉題材的研究》，逢甲大學中文所碩士論文，2001 年。

8. 楊翠，《鄉土與記憶——七〇年代以來台灣女性小說的時間意識與空間語境》，台大歷史所博士論文，2003 年。

9. 陳季嫻，《「惡」的書寫——七等生小說研究》，彰化師範大學國文所碩論，2003 年。

10. 張雅惠，《存在與欲望——七等生小說主題研究》，政治大學中文所碩論，2004 年。

11. 鄭千慈，《崩解的自我——鄉土地上的畸零人》，淡江大學中文所碩論，2005 年。

12. 李秀美，《《寒夜三部曲》之地方性詮釋》，台灣師範大學地理所碩論，2005 年。

13. 廖淑芳，《國家想像現代主義文學與文學的現代性——以七等生文學現象為核心》，清大中文所博論，2005 年。

14. 吳孟昌，《七等生小說研究——自我治療的書寫旅程》，靜宜大學中文所碩論，2006 年。

15. 陳姿仔，《敘事空間再解讀——以台灣當代平面繪畫作品為例》，中原大學室內設計學系碩論，2006 年。

16. 尤美玲，《「島戀」台灣行腳系列——尤美玲油畫創作理念及作品解析》，屏東師範學院視覺藝術教育系碩士，2006 年。

附錄一：七等生年表[註1]

劉慧珠製作／七等生校訂

西元	年歲	生平紀事 （包括獲獎紀錄等）	文學記事 （出版、展覽、研究、評論等）
1939	1	七月二十三日凌晨出生於臺灣省苗栗縣　通霄鎮。（當時為日據時代） 原名：劉武雄。祖父：劉阿火（諡仁和），祖母：邱氏。父名：劉天賜（1903 年，甲辰年 10 月 17 日生），母名：詹阿金（1913 年，4 月 2 日生）。 生為次子，在十位子女中排列第五。長兄玉明（1931～1962），大姊	

[註1] 這份【七等生年表】的製作，分成生平記事和文學記事兩大部分。所依據及參考的資料，包括：一、張恆豪編撰《火獄的自焚》（1977 年，遠行版）所附的「七等生生活與創作年表」；二、「七等生全集」（2003 年，遠景版）所附的「七等生生活與創作年表」；三、七等生〈給安若尼‧典可的三封信〉；四、筆者增補：從七等生作品中找出的蛛絲馬跡，經五次至臺北與七等生訪談，並親自走訪苗栗縣通霄鎮做一次田野踏察，最後求證於七等生本人，所修訂完成（以粗體字區別之）。（詳細內容請參閱筆者自印的《在自我的土地上漂流——七等生口述歷史整理稿》，共六篇，其中一篇是筆者根據七等生的《耶穌的藝術》南下屏東林邊教會與牧師蔡松柏對談的紀錄）；既有的那兩份年表，基本上都是由七等生自撰、張恆豪所增補。而二〇〇三年遠景版的「七等生生活與創作年表」上附有以下說明：「編者（七等生全集）按：一九三九年到一九八五年，為作者自撰；一九八八年到一九九二年，為編者增補。一九九三年到二〇〇三年再由作者補述。」在這之前有關七等生的碩、博士論文，在年表的部分並未著力，也無新增資料，故未引用。

		玉霞（1933～），二姊玉娥（1937～）、大妹敏子、二妹玉美、幼妹玉昭、小弟阿鐘。〔註2〕（其中兩位夭折）	
1940	2	乖巧溫順，全身軟綿綿的，家鄉長輩十分喜歡抱他、逗弄他。	
1941	3	大妹敏子生。 因為不哭不鬧，最受祖母疼愛，到那裡都帶著他。	
1942	4	還不太會說話。	
1943	5	第二次世界大戰，大東亞戰爭後期，為躲避美軍的空襲，全家遷入山區暫住在黑橋對面姓呂的農莊，只佔用一間廂房，父親仍住鎮上，假日才回農莊來。夏日時，他們會把草蓆鋪在黑橋上躺下來仰望星空，說出星星的故事。	
1944	6	二妹玉美出生。（後遠適美國。）	
1945	7	台灣光復。 小弟阿鐘生。	
1946	8	進通霄國民小學就讀。因抗拒入學被父親痛打，在姑媽的撫慰和誘騙下，背他去上學。 父親失去在鎮公所的職位，失業在家，家庭陷於貧困。由母親肩挑生活重擔。	
1947	9	小弟阿鐘送給新竹做鉛工的夫婦當養子，後來舉家遷至台南定居。 曾在暑假與母親到姨媽居住的農家（月眉糖廠附近）與表兄弟們相處；更小時，母親曾帶他至此探視獨自居住的外祖母。此時他已顯露不善於勞動，只喜愛繪畫的個性。	

〔註2〕本表乃依台灣習俗的演算法，出生就算一歲；以上資料皆根據七等生親撰「劉氏家譜」增補而來，其姊妹的名字中間大部分的版本都是「月」字，但家譜記以「玉」字，如大姊「月霞」應為「玉霞」，但連七等生自己都是唸成「月霞」。

1948	10	國小三年級被老師選為班長。	
		好奇跟隨成人至鎮上泰和仙漢文老師開設的私塾讀漢文，能一夜默讀三課，受老師器重。〔註3〕	
		已展露繪畫天份，受家鄉土奎伯之託，用水彩畫出全張大的中國地圖，並加以分省彩色，因此獲得一大簍子蕃薯的獎賞。	
1949	11	幼妹玉昭出生。	
1950	12	大妹敏子（十歲）被農夫吳愚收養。	
1951	13	雖無力升學，但因成績好（尤其是數學），被編入升學班。	
1952	14	小學畢業，考入省立大甲中學初中部。	
		父親因胃癌病逝於通霄老家，享年五十；家庭更加窮困。	
1953	15	看到一家私人醫院的牆上一張畫簽著「七等兵」的名，於是在自己所編的週報上署名「七等生」。（此刊物延續一年之久，離家時存放於櫃內，但六年後的八七大水災，隨房屋倒塌而流失。）	
		初一升初二，因經濟拮据，自行休學至臺北廣告社當學徒。後經王立中老師要求回來繼續初中的學業。	
1954	16	無心課業，成績落後。	
1955	17	中學畢業，考入臺北師範藝術科。	
		首次接觸海明威作品《老人與海》和史篤姆的《茵夢湖》。	
		第一堂素描課，因不想跟同學搶教授認為最佳的受光位置，獨自坐在背光處，因而畫出一個黑黑的磁瓶子，遭老師嚴厲責罵，令他羞悲異常。	
1956	18	經常跳窗蹺課，至圖書館讀自己喜愛的書。	

〔註3〕《譚郎的書信》，七等生全集【9】，頁18。

1957	19	擔任校內學期音樂比賽的指揮，連續三年得五次冠軍，最後一次卻以屁股扭動厲害被打零分，失去冠軍寶座。	
1958	20	因學校伙食不好，在學校餐廳用筷子敲碗，為了好玩跳上餐桌而遭致勒令退學。兩星期後，由洪文彬教授作保復學。隨後因教材教法不及格重修一年。 讀《諸神復活》、〈雷翁那圖、達文西傳記〉，惠特曼的《草葉集》、胡品清譯的《法蘭西詩選》，都讓他愛不釋手。 於繪畫作品上簽「七等生」之名。 大妹敏子終止被吳姓農家收養的關係，遠適美國。	在學校舉行創校以來第一個學生個人畫展。遭教水彩的老師命其把畫從牆上取下。
1959	21	八七水災，家裡存放的資料，隨房屋倒塌而流失。 延畢的寒假期間，單車（腳踏車）環島旅行。 師範學校畢業。被分派臺北縣瑞芳鎮九份國民小學當教師。 讀海明威作品：《戰地鐘聲》、《戰地春夢》、《旭日東昇》，以及 D.H 勞倫斯作品《查泰萊夫人的情人》。 沈迷於法國作家蒙田、莫泊桑和莫瑞亞訶的文體。	
1960	22	假日常至附近寫生。 對所教的國小五年級女學生「黑眼珠」有特殊好感，以她為創作的原型。	
1961	23	路過礦區，對前輩畫家洪瑞麟的行徑感到好奇。	
1962	24	改調萬裏國民小學任教。 第一篇小說也署名「七等生」。 十月，在新竹入伍服兵役。 十二月休假回通霄，長兄玉明因肺病去世，享年三十二。	首次在聯合報副刊發表短篇小說，當時主編是林海音女士，在她的鼓勵下，半年間刊登〈失業・撲克・炸魷魚〉、〈圍獵〉、〈午後的男孩〉、〈會議〉、〈白馬〉、〈黑夜的屏息〉、〈早晨〉、〈賊星〉、〈黃昏・再見〉、〈阿裏鎛的連金發〉（以上發表於

1963	25	在工兵輕裝備連服役，由岡山調嘉義。 與東方白會晤於嘉義鐵路餐廳。	聯副）十一篇短篇小說，以及散文〈黑眼珠與我（一）〉、〈囂浮〉、〈狄克・平凡的女人・漁夫〉。 〈青春鳥〉發表在《皇冠》第19卷第2期（總號第116期，1963年4月）。〔註4〕
1964	26	在頭份鬥煥坪受平路機駕駛訓練十週，有部隊所發證書：「陸軍第五〇0一工兵訓練中心專長儲訓識別證書（中華民國五十三年九月十二日）」為證。 十月，在嘉義退伍，回萬裏國民小學任教。	在《現代文學》雜誌發表短篇小說：〈隱遁的小角色〉（元月發表）、〈讚賞〉、〈綢絲綠巾〉。 詩：〈紫茶〉。
1965	27	在基隆省立醫院割盲腸。 與許玉燕小姐（1941～）結婚。 十二月，辭去教職。寄居於木柵姊（玉娥）夫劉亮之台電宿舍。 與鍾肇政認識。	繼續在《現代文學》和《臺灣文藝》雜誌發表小說作品，計有〈獵槍〉、〈來到小鎮的亞茲別〉、〈九月孩子們的帽子〉、〈回鄉的人〉、〈傲視的山〉（徵信副刊主編未經同意刪去重要部分，翌年以〈女人〉重新發表於《現代文學》）等六篇。
1966	28	在台電公司當臨時職員。 經鍾肇政介紹至臺中東海花園楊逵家暫住數週。 與尉天聰、陳映真（永善）、施叔青相識於臺北鐵路餐廳，創（商）辦《文學季刊》。 獲第一屆「臺灣文學獎」。 展開西洋近代文豪的作品閱讀；最佩服俄國作家：托爾斯泰、杜斯妥也夫斯基和巴斯托納克。最欣賞：柏拉圖、齊克果和卡夫卡。	發表〈灰色鳥〉、〈牌戲〉、〈女人〉（改〈林洛甫〉）、〈夜聲〉、〈我愛黑眼珠〉、〈黃阿水的黃金稻穗〉、〈午後、昨夜、午後〉（改午後）等小說。 中篇小說：〈放生鼠〉。 詩：〈詩〉、〈倒影〉、〈狹路〉。 散文：〈冬來花園〉（發表於《草原》）。
1967	29	長子懷拙出生。 考進廣告公司當企劃，僅上班三日。 與妻在皮鞋店工作，居臨沂街，後遷通化街，再搬到士林蘭雅。在經濟日報社當會議速寫，又由蘭雅搬回市區延平北路。 獲第二屆「臺灣文學獎」。	發表短篇小說：〈我愛黑眼珠〉、〈私奔〉、〈AB夫婦〉、〈昨夜在鹿鎮〉等五篇短篇小說。 中篇小說：〈精神病患〉。 詩：〈日暮的蝙蝠〉、〈黃昏〉、〈周末之夜〉、〈雨霧時節〉、〈城堡〉、〈新聞〉。

〔註4〕此為七等生全集的遺珠之作。

			散文:〈黑眼珠與我(二)〉。 隨筆:〈八又二分之一的探觸〉。
1968	30	七月,陳映真獲甫成立的愛荷華寫作工作坊「國際寫作計畫」資助,在赴美前夕遭政府當局逮補,即陳映真事件。〔註5〕 曾至台大旁聽哲學課程。 經舒凡介紹認識龍思良和羅珞珈夫婦。 在文藝沙龍咖啡廳任職。 由延平北路搬到環河南路,再移居承德路,在懷生國小代課。 十一月在士東國小當代理教員至翌年九月。	發表短篇小說:〈結婚〉、〈真實〉、〈跳遠選手退休了〉、〈天使〉、〈誇耀〉、〈碉堡〉、〈父親之死〉、〈浪子〉、〈僵局〉、〈虔誠之日〉、〈我的戀人〉、〈俘虜〉、〈爭執〉、〈呆板〉、〈空心球〉。 詩:〈美麗〉、〈在昨夜我們〉、〈小夜曲〉、〈嫉妒〉、〈冬日〉、〈打鬥〉、〈春天沒有〉、〈現在只剩下空漠〉、〈十四行〉、〈告密者〉、〈牙痛〉、〈在黑色沙龍〉、〈這是不能〉。
1969	31	長女小書出生。 九月,離開臺北獨往霧社,在萬大發電廠分校任教。	發表短篇小說:〈木塊〉、〈回響〉、〈希臘、希臘〉、〈十七章〉(改〈分道〉)。 出版短篇小說集《僵局》(林白出版社,絕版。後由遠景出版事業公司出版)。
1970	32	三月二十九日攜眷回出生地通霄定居。 於通霄國小代課一個月期間,曾遞申請書要求復職,不料卻被當時的校長遺忘擱置,延宕至九月初才重新提出申請。 九月二十二日,在城中國民小學復職任教。	發表短篇小說:〈訪問〉、〈銀幣〉、〈海彎〉、〈來吧,爸爸給你講個故事〉。中篇:〈巨蟹〉(一~十)(翌年元月發表於文季雙月刊第一期)。 〈放生鼠〉與《精神病患》合集(大林出版社,絕版。後由遠景出版事業公司出版)。
1971	33	九月,調五福國小。 經濟狀況極不穩定,為改善家計,妻子表達強烈北上工作的決心。	發表短篇小說:〈絲瓜布〉、〈流徙〉、〈離開〉、〈笑容〉、〈墓場〉、〈漫遊者〉、〈禁足的海岸〉。 詩:〈值夜〉、〈跡象〉、〈秋日偶感〉。 散文:〈棕膚少女〉、〈兩個月亮〉。

〔註5〕此事件原委,參看廖淑芳清大中文博論《國家想像、現代主義文學與文學的現代性——以七等生文學現象為核心》(2005年7月)註9,頁123。廖淑芳在其論文緒論的註17(頁9)表示曾在一次親訪陳映真時,陳映真透露當年在《文學季刊》針對七等生的讀者投書,作者「魏仲智」其實就是他本人。

1972	34	妻子攜長女小書至臺北工作。	發表小說〈期待白馬而顯現唐情〉。 出版小說集《巨蟹集》（新風出版社，絕版）。 自費出版詩集《五年集》（絕版）。 詩：〈樂人死了〉。 雜文：〈維護〉、〈五年集自序〉、〈五年集後記〉。
1973	35	妻女返回通霄定居。 次子保羅出生。（懷孕期間，妻子曾表達為求慎重，要到台大醫院生產的意願。為此，身為丈夫的七等生，向校方預借一個月的薪水，卻遭到校長詫異的眼光。）	發表短篇小說：〈自喪者〉、〈聖‧月芬〉、〈在霧社〉。 出版中篇小說《離城記》（晨鐘出版社，絕版）、〈無葉之樹集〉。 詩：〈戀愛〉。 雜文：〈離城記序〉、〈離城記後序〉。 出版《離城記》（晨鐘出版社）。
1974	36	興趣轉向歷史，展開對美國作家杜蘭所著《世界文明史》（幼獅翻譯中心編譯，37 冊）及湯恩比的歷史研究的閱讀。	發表〈蘇君夢鳳〉、〈年輕博士的劍法〉、〈睡衣〉等三篇小說。 撰寫長篇小說《削瘦的靈魂》。 詩：〈有什麼能強過黑色〉、〈海思〉、〈斷樹吟〉、〈落落之歌〉、〈一隻單獨的白鷺鷥〉。
1975	37	經濟改善，生活平穩，自此夫妻關係也逐漸好轉。 期間曾邀請居住在臺北姊妹家的母親回通霄同住被拒。	撰寫〈余索式怪誕〉、中篇〈沙河悲歌〉等小說。 出版小說集《來到小鎮的亞茲別》（遠行出版社，絕版。後由遠景出版事業公司出版）。 詩：〈當我仰躺在海邊的草坡〉。 散文：〈致愛書簡〉。 雜文：〈來到小鎮的亞茲別序〉。
1976	38	白天教書、晚間散步和寫作。 重讀《簡愛》等西方文學名著。	撰寫《隱遁者》中篇小說。 出版〈大榕樹〉、〈貓〉、〈德次郎〉（翌年發表於小說新潮第一期）。 雜文：〈真確的信念——答陳明福先生〉、〈論文學——僵局代序〉、〈文學與文評——我愛黑眼珠代序〉、〈寫作者的職責〉。 出版《我愛黑眼珠》、《僵局》、《沙河悲歌》、《隱遁者》、《削瘦的靈魂》等五部小說集（遠行出版社）。

1977	39	接受《臺灣文藝》雜誌安排，與學者梁景峰對談——〈沙河的夢境與真實〉。（臺文七等生專輯）。 接受成功大學中文系系刊、作家心岱（小說新潮七等生專輯）、《婦女雜誌》訪問。 張恆豪整理編撰《火獄的自焚》（從七等生的重要評論約百篇中選出二十篇），臺北遠行出版社。 重讀《卡拉馬助夫兄弟們》、《白鯨記》。	發表〈諾言〉、〈美麗的山巒〉、〈逝去的街景〉、〈代罪羔羊〉、〈山像隻怪獸〉、〈復職〉、〈夜湖〉、〈寓言〉等八篇小說。 撰寫長篇小說《城之迷》。 散文：〈夢境〉、〈喜歡它，但不知道它是什麼〉（發表於音樂文摘）。 雜文：〈放生鼠序〉、〈自傳〉（發表於小說新潮）、〈情與思——小全集序〉。 出版七等生小說全集十冊（遠行出版社，絕版。後由遠景出版事業公司延續出版）。 出版《放生鼠》（新）、《城之迷》、《白馬》、《情與思》（遠行出版社）。
1978	40	六月三日，從通霄趕去台南要會見從小分別的胞弟阿鐘，當晚胞弟外出不遇，夜宿飯店，翻讀《聖經》，深受簡潔詩體的文字吸引，翌日早晨，得見胞弟，後又得飯店主館將《聖經》相贈，大喜過望，返家後日夜研讀，將此緣分之書視為寶貝。〔註6〕	撰寫《耶穌的藝術》。 發表〈復職〉、〈小林阿達〉、〈回鄉印象〉、〈迷失的蝶〉、〈散步去黑橋〉、〈夜湖〉、〈寓言〉等七篇小說。 出版《散步去黑橋》小說集（遠景出版事業公司）。〔註7〕 散文：〈書簡〉、〈我年輕的時候〉。 詩：〈戲謔楊牧〉。
1979	41	開始出現背膀與頸部痠痛等症狀。〔註8〕 與妻子關係生變，寫長信協商各自對家庭應負的責任。〔註9〕 提出調校申請表。 開始學習書法，早上練字，傍晚奔向海濱游泳或散步。	八月二日，開始撰寫〈譚郎的書信——獻給黛安娜女神〉，共九封，持續至隔年的四月二十四日。〔註10〕 發表〈銀波翅膀〉、〈途經妙法寺〉、〈夏日故事〉、〈河水不回流〉等三篇小說。 出版《耶穌的藝術》（洪範書店）。

〔註6〕七等生〈耶穌的藝術〉，收於全集【7】《銀波翅膀》頁3～4；後經求證七等生本人，確有其事。

〔註7〕筆者將〈書簡〉、〈我年輕的時候〉歸屬於散文。

〔註8〕《譚郎的書信》，七等生全集【9】，頁27。

〔註9〕《譚郎的書信》，七等生全集【9】，頁28～32。

〔註10〕由《譚郎的書信》（七等生全集【9】）：「一九六五年，距今十四年前，我曾受不了而演過逃離的一幕，然後是一連串的流浪和飄泊；想到那些生活無著的日子，我現在只得用強抑來束縛我的衝動。」（頁94）及文中其他的文字推斷，這些書信有可能作於一九七九年八月。

		母親將舊居的土地變更過戶給他。	詩：〈隱形人〉、〈無題〉。 雜文：〈聊聊藝術——席慕蓉詩畫集品賞與隨想〉。
1980	42	賣掉舊屋，籌建坪頂新屋。 九月，調坪頂國小。 墾丁攝影之旅。 重讀《齊瓦哥醫生》，等待發掘寫較長的小說適可表達的語言。〔註11〕	決定暫時停筆撰寫小說。 開始研習攝影和暗房工作。 開始撰寫生活箚記。 撰寫〈困窘與屈辱——書簡之二〉。 出版《銀波翅膀》小說集（遠景出版事業公司）。 詩：〈三月的婚禮〉。 楊牧撰寫〈七等生小說的幻與真〉，成為七等生的知音；被視為第一個解開七等生寫作之謎的人。
1981	43	搬入坪頂山畔的新屋（個人獨居的開始）。	一月，〈何必知道我是誰——再見書簡〉 發表在《中時副刊》。 完成《重回沙河》攝影箚記的撰寫。
1982	44	與美國華盛頓大學研究生安東尼·詹姆斯（Anthony James Demko）通信。 十二月一日，舉家從通霄鎮上搬到坪頂新屋定居。	發表〈老婦人〉、〈幻象〉、〈憧憬船〉、〈我的小天使〉、〈哭泣的墾丁門〉等五篇小說。 馬森的論文：〈隱藏在本土的一塊美玉〉，盛讚七等生的創作成績。
1983	45	八月，接受美國愛荷華大學國際作家工作坊之邀赴美，十二月底回國。同行者還有作家陳映真。 長子懷拙北上就讀建國中學。	發表〈垃圾〉等小說。 Anthony James Demko 的碩士論文：〈七等生的內心世界——一個臺灣現代作家〉（The Internal world of Chi-teng Sheng, A Modern Taiwanese Writer）。
1984	46	三月一日，調福興國小。 此期常有藝文人士來訪。 親撰「劉氏家譜」。 長女小書北上唸世新五專部印攝科。	出版《老婦人》小說集（洪範書店）。 澳洲學者凱文·巴略特（Kevin Bartlett）來訪，並接受他的論文：〈七等生早期短篇小說中的哲學、神學與文學理論〉（Literary Theory, Philosophy and Theology in Chi-teng Sheng's Early Short Stories）。

〔註11〕《重河沙河》，七等生全集【8】，頁168。

1985	47	以〈幻象〉、〈憧憬船〉、〈垃圾〉、〈環墟〉等四篇短篇小說，獲中國時報文學獎推薦獎。 獲吳三連先生文藝獎。	發表《重回沙河》生活劄記（聯合文學），長篇小說《譚郎的書信》（中國時報），出版《譚郎的書信》（圓神出版社）。 小說〈結婚〉拍成電影。
1986	48	次子保羅北上就讀高中。	出版《重回沙河》（遠景出版事業公司）。 遠景出版社再度整編《七等生作品集》十二冊。 於臺北環亞畫廊舉辦「重回沙河劄記攝影展」。
1987	49	因兒女已全部北上求學，妻子為就近照顧，貸款購屋定居臺北；	發表小說〈目孔赤〉。
1988	50	妻子開始茹素，潛心修佛。	發表《我愛黑眼珠續集》小說集（漢藝色研文化事業有限公司）。
1989	51	二月二十八日，自小學教師的工作退休。 重握畫筆，設工作室於通霄（坪頂）。	接受法國巴黎大學研究生白麗詩 Catherime BLAVET 女士碩士論文〈 QI DENG-SHENG 七 等 生 TAIWAN AISPRESENTATION ET〉。
1990	52	開始積極作畫。	六月，成功大學歷史語言研究所研究生廖淑芳的碩士論文〈七等生文體研究〉獲得通過，為國內學院裡第一篇研究七等生的碩士論文。
1991	53	與女作家三毛有書信往返。	出版《兩種文體——阿平之死》（圓神出版社）。 十月，於臺北東之畫廊舉辦「鄉居隨筆粉彩畫個展」（共四十三幅），展期自十月十九日至十月三十日。
1992	54	接與美國漢學家墨子刻 Thomas A, Metzger（HOOVER INSTITUTION, STAN-FORD）相會於通霄，此後，成為莫逆之交，互相通信和造訪。 墨子刻將七等生的一幅繪於花蓮海邊的油畫（沒有臉的人）當作他一本著作（A Cloud Across the Pacific - Essays on Clash between Chinese and Western Political Theories Today）（太平洋風雲——評當代中西政治理論之爭）（2005 年，香港中文大學出版）的封面設計。	十二月，受臺北欣賞家藝術中心邀請舉辦「油畫與一張鉛筆素描」（共四十九幅）個展，展期自十二月五日至十二月二十日。 受《新新聞》記者謝金蓉女士採訪，談其近來心境，即〈我不想讓人覺得我有做大事的使命感〉一文，翌年收入張恆豪編撰《認識七等生》，苗栗縣文化中心出版。

1993	55	移居花蓮，設繪畫工作室於吉安鄉。 張恆豪受苗栗縣文化中心之邀編撰《認識七等生》，共收呂正惠等學者、專家的評論文章共十三篇。 三月十五日，墨子刻曾寫信給當時的新聞局長胡志強（即今台中市長），向其推薦七等生的畫作。 母親老病，來回奔波於臺北花蓮兩地。	法國出版〈沙河悲歌〉法文本，Catherime BLAVET 翻譯。 由學者林瑞明、陳萬益主編，前衛出版社出版的《七等生集》，收入《台灣作家全集·短篇小說卷／戰後第二代（10）》。
1994	56	移居臺北市，在阿波羅大廈畫廊區設「七等生畫鋪子」。 將坪頂的房子賣掉，移居臺北。	十二月，曾推出「七等生與台灣畫家對決展」。 義國威尼斯大學 Elena Roggi 女士的碩士論文及長篇小說〈跳出學園的圍牆〉（原名：削瘦的靈魂）義文翻譯。
1995	57	結束畫鋪子，退居木柵溝子口。 與傑出小說家阮慶嶽相識。	撰文〈上李登輝總統書〉。
1996	58	與南管樂手吳欣霏小姐相識。	發表中篇小說《思慕微微》（聯合文學）。
1997	59	受吳欣霏教導，學習彈唱南管。	發表中篇小說〈一紙相思〉（拾穗）。 出版《思慕微微》合集（商務印書館）。
1998	60	妻子在兒女見證下，剃度出家。	
1999	61	與女友同居木柵。	十月，於臺南國家文學館（當時稱國家文化資料館）展出「七等生文學特展」，陳列項目有七等生的歷年著作及書信手稿（共二十一類）〔註12〕；展期自十月十五日至十一月十四日。

〔註12〕在葉昊謹的碩論《七等生書信體小說研究》，頁2註1中提到，這批手稿七等生將之分成二十一類，計有：一、創作年表；二、七等生小說評論引得；三、散文〈喜歡他它，但不知道它是什麼〉；四楊牧來信；五、外國研究生小羅來信；六、有關離城記的一封信；七、早期關心台灣文學的學者來信；八、文季的朋友們來信；九、與外國研究生裴嵐泰通信；十、與外國研究生安若尼·典可通信；十一、論文〈維護〉；十二、致黃克全信；十三、論文〈當代文學面對社會〉；十四、序言〈為當代拾穗催生〉；十五、與友人席慕蓉通信；十六、與友人瑞雲通信；十七、與友人美霞通信；十八、友人臭老美的來信（英文）；十九、自撰小傳；二十、全集序；二十一、上李登輝總統書。

2000	62	女友因工作關係南北奔波。	七月,國立成功大學中文所葉昊謹碩士論文《七等生書信體小說研究》通過。 〈沙河悲歌〉改編拍攝成電影(原名)(中影公司)。
2001	63	全心照顧年邁的母親。	
2002	64	請女友先行搬離,接母親同住。 母親辭世,享壽八十九。	
2003	65	女友返回同居,旋復離去。	十月,《七等生全集》(十冊)出版(遠景出版事業公司)。〔註13〕 六月,國立彰化師範大學中文所陳季嫻的碩論《「惡」的書7寫——七等生小說研究》。
2004	66	五月十二日,在高中時代即立志要出版七等生的書的出版界小巨人——遠景出版社社長沈登恩病逝(1949~2004)。	七月,國立政治大學中文所張雅惠的碩論《存在與欲望——七等生小說主題研究》通過。 十二月,其「重回沙河」攝影作品被收入由文建會策劃的《台灣現代美術大系‧攝影類:現代意識攝影》中。
2005	67	十一月,在公車上巧遇於九份教書時的女學生「黑眼珠」。	七等生撰文〈無題〉,悼念「出版業小巨人」沈登恩逝世一週年(時報人間副刊,94年6月1日)收入學者應鳳凰主編《嗨!再來一杯天國的咖啡——沈登恩紀念文集》,遠景出版社,2005年,9月20日。 七月,國立清華大學中文所廖淑芳的博論《國家想像、現代主義與文學現代性——以七等生文學現象為核心》通過。 十月,日本東京大學末岡麻衣子的論文〈七等生作品研究〉,在「日本之台灣研究」國際學術研討會發表,地點在臺北國家圖書館國際會議廳。(10月29、30日)
2006	68	平日深居簡出,偶而做點簡易的木工。	六月,靜宜大學中文所吳孟昌碩論《七等生小說研究——自我治療的書寫旅程》通過。

〔註13〕筆者發現〈灰色鳥〉這篇重要的得獎作品竟未收入二〇〇三年的全集之中,〈紫茶〉詩題也在《銀波翅膀》(七等生全集【7】,頁219)的目錄中遺漏。

2007	69	整理退休後的畫作，準備把隨身文物交給子女。 十月一日，在兒女的見證下，與妻子的婚約正式劃上句點。	東海大學中文所劉慧珠博論《在介入與隱遁之間——七等生文學中的沙河象徵》撰寫中。
2008	70		

【2008 年 7 月定稿】

附錄二：七等生漂流之旅圖

【七等生漂流之旅圖】

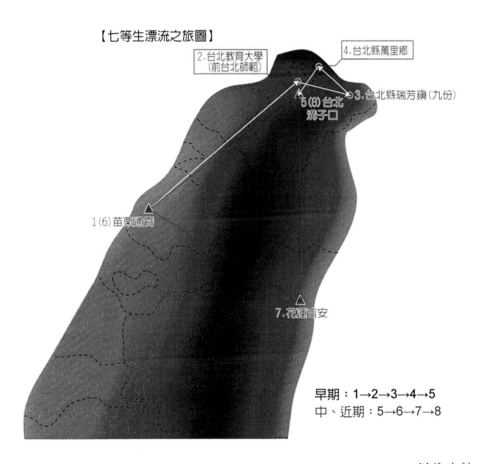

2.台北教育大學
（前台北師範）

4.台北縣萬里鄉

3.台北縣瑞芳鎮（九份）

5(8)台北
獅子口

1(6)苗栗通霄

7.花蓮吉安

早期：1→2→3→4→5
中、近期：5→6→7→8

劉慧珠製
2007/9/6

附錄三：七等生通霄文學現場之旅圖

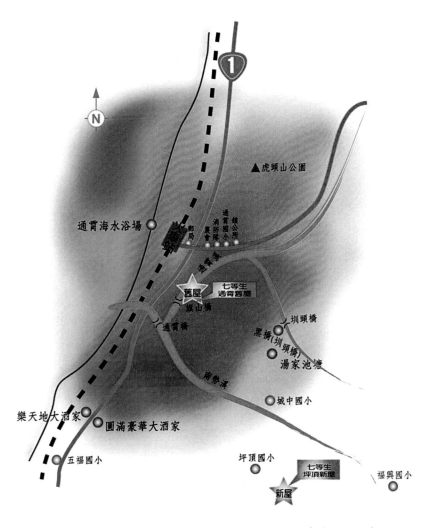

劉慧珠 2007 年 7 月 9 日製

附錄四：七等生專訪整理稿

之一：七等生專訪（一）整理稿

時間：二〇〇五年一月一日（週六）下午二時三十分至六時
地點：台北景美捷運站 2 號出口「3C 咖啡館」
採訪：劉慧珠（東海中文所中文博士班、修平技術學院應用中文系講師）
整理：劉慧珠

我父親像羅馬人……——七等生專訪側寫〔註1〕

七等生，一個令人又愛又恨（廖淑芳語）〔註2〕的現代作家，當你靠近他想探知他的內心世界時，卻感覺他的世界越加的遙遠與遼闊；即使面對面的交談，一種既真實又迷離的感覺，不是越來越清晰，反而是讓人不由得虛心地想退回書房再去重讀他的作品。……

自謙自己不是作家的七等生卻有著藝術家的獨特品味與執著，或許這是他把文學視同藝術的根本理由，而創作形式就是他面對生存所採取的一種姿態。他回想自己一生雖沒經過什麼大風大浪，卻多的是說出來沒人相信的事情，只能藉著書寫去表現自我的存在，他以為生命的欲求是生存的唯一要義，

〔註1〕此次專訪，於 2005 年元旦當天下午二時許於台北景美捷運 2 號出口左側的「3C 咖啡館」進行，內容已給作家本人及筆者的論文指導老師周芬伶先生過目。

〔註2〕廖淑芳，國內第一本七等生碩論（《七等生文體研究》，成大歷史語言研究所，1990 年）的撰寫者。她自述對七等生的作品是愛恨交織，愛其文字中迷人的哲思，卻恨其筆下女性面貌的模糊。

因此藝術創作就是他面對生存的挑戰。如〈跳遠選手退休了〉中的城市幽魂，在眾人的呼聲中悄然引退，孤獨漠然地去追尋心中的那一片亮光（美）。

他認為寫作最大的快樂是把感覺的美感藉一件事件寫出來，這也是寫作的最大報酬（滿足感）。然而生活中不愉快的經驗也可以轉化為美感的追尋。如〈城之迷〉中的柯克廉，一個隱居鄉間的作家進城來向出版社友人要回當初談好的版稅，卻遭逢友人詭詐的擺佈，這是一場近乎欺詐的行徑，在失望之餘轉念想到要去跟一位久疏連繫的女性朋友（斐梅）會面。這是一個由一現實事件出發，接著轉入另一個時空的書寫，看起來是如此順理成章，情節的安排後來不僅擴大了作家的眼界，也撫慰了一顆受創的心靈。看起來似乎這是七等生本人的親身遭遇，由一個私人事件寫起，進而與在時間的沉澱與醞釀中所創發出來的一個形象美（理想女人）所做的自然連結。

而晚近〈思慕微微〉的出版，由於在文體及表現形式上皆能保持一致性，朋友多持肯定的態度，縱然它發表過後也有不苟同的聲音，〔註3〕他也不多做辯駁。問他是否把他對理想女人的追求實踐在文中凌仙子的身上？他笑笑不作答覆，只淡然表示對一女子之愛其實也是一人格的表現，更是對存在本身的體悟，已有自己小小的看法；之後之所以封筆不寫，是因為感覺到對人生的了悟與思考已經足夠；就如同一條河，已匯聚各方的支流，最後終被稱之為河。

他自認為〈目孔赤〉是他思考的核心，他將生命體現象界的思索落實於芸芸眾生，由此看出七等生書寫的脈絡及思考的痕跡，其實是藉形體回想內心的追尋。而七等生小說中的宗教性關懷，早在多年前輔大神父就已開始關注，有〈聖月芬〉這一系列文本的介紹；德國的學者更在課堂上介紹他社會性較強的小說（如〈我愛黑眼珠續記〉〈老婦人〉〈灰夏〉等），與國內多半把焦點集中在他超現實和現代主義書寫風格大異其趣。

談到《耶穌的藝術》一書，這本他無意間接觸《聖經》後的閱讀筆記，以非信徒的身份去看其中馬太福音記載耶穌誕生的章節。他試著用現實的角度去理解這位聖者，流露出潛在的宗教情懷。接著他從史賓諾沙被逐出教會談起，發憤書寫《倫理學》，使他對哲學的建構有非常大的貢獻。與西方中世紀文明史上的另一位橋樑人物湯瑪斯·阿達那，都是他十分激賞欽佩的歷史人

〔註3〕如東年寫過〈迷失的人無法找尋迷失的他人〉；《聯合報》，1997 年 10 月 13 日
　　　47 版。

物。七等生謙遜表示自己雖非博覽群書，甚至可說是有點懶散的人，但在閱讀中卻恰可印證自己的某些思考，尤其是形諸於創作中的文字，所以他說「我的著作恰如我在其他知識找到的註腳」，然而這是「與我語碼不同的人所不能理解的。」

那小說家的家居生活面呢？七等生轉述妻子曾對他說過的話：「你是不可親近的人，接近你會感覺你的痛苦」「我對你已沒有任何現實的期望，一般人們要追求的與你無緣，只要你把三個孩子撫養到大學畢業就算完成了……」。完成什麼？一份人間契約的完成，也是一份夫妻婚約的完成！這是一生追求自由心靈的七等生與妻子所約定的現世契約。三個孩子分別從大學畢業後，也算完成他妻子在今世的選擇──「我第一眼看到你就知道你是我要找的男人」，他妻子曾如此對他說過。他也認為婚姻是神聖的，不願輕易毀掉它所建立起來的關係與連繫，於是他對妻子說：「我念你一份情，彼此不負所託。」這是他在妻子選擇獨居中部過著儉樸自給自足生活前的最後話別，語中頗多對貧賤妻的懷念，感念她的功成身退，「這也是大家分開後心安理得的基礎」他說。

他同時也提及好友阮慶岳說起他在孩子們心目中的形象：「我父親像羅馬人……。」這是七等生的小兒子保羅對父親的行為與自己熟悉的其他人都不一樣所生的感覺，所以在背後偷偷的這麼稱呼他。[註4] 他笑說或許他在孩子們的眼中就像是個外國人吧！緣於早年（十四歲）一個人隻身北上求學所養成的獨立性格，也著眼於台灣父母對孩子的管教過於嚴格，所以他反而願意放開他們，讓他們有自主的空間。所以從他們高中北上求學到完成大學學業，三個孩子分居三地，各有各的事業，而他從不干涉。

一個一生追求心靈自由，嚮往古希臘羅馬文明，以蘇格拉底、柏拉圖所開啟的哲學為一生思索的根源的生活思想家，並以「理想女人」（意象美）的追尋成為他一生創作源泉的文藝創作者，他的終極關懷還是普世的，且是超越國族的，並非具體落實在某一有形的意識形態當中；而他一生創作的旨趣，實有志文學者的關注及玩索。

〔註4〕據事後筆者打電話詢問當代知名作家阮慶岳，他回憶說，這是七等生小兒子保羅小學時對父親的印象，可能是某次看了類似「羅馬假期」這類異國情調的電影，感覺與父親的形象十分相似……。他的理解是，由於七等生有規律固定的生活方式，穿著也相當有自己的風格和品味，可能因此給孩子們留特殊的印象。

之二：七等生專訪（二）整理稿（節錄）

時間：二○○五年十一月六日（週日）中午十二時至下午五時
地點：台北木柵御神日本料理店（午餐後轉回七等生木柵住家）
採訪：廖淑芳（現任成功大學中文系助理教授）
劉慧珠（東海大學中文博士班、修平技術學院應用中文系講師）
整理：劉慧珠

一、隱密的情感（愛情）、創作的原型（根源）

昨天我去看一個畫展，我為什麼會去看，覺得說，這個畫廊從來沒有寄過請帖過，怎麼突然有這張，那這個畫家叫做馬浩，也許他認識我，我忘掉了，因此我是因為這個好奇。結果當然看一個畫展沒有什麼，我就回來，就沿著馬路，走到一個繁忙的街道，昨天的人潮很多，因此我就去等611（公車）要回到這邊來。我一上車往後面走，沒想到她就坐在最後一排，然後我走過去，因為我是想說不要站在車門的地方，好了，就這樣遇到了，遇到了以後，她就分她一個位置跟我坐，然後她說她要在和平東路下車。因此她就說是不是可以跟我吃飯，（淑芳：昨天晚上啊，哇！那很高興）我本來不敢邀，既然她講了，正好就說好啊，趁這個機會可以話舊。因此我就跟她坐計程車回來帶了一瓶酒，然後到景美的一個法國餐廳，好在她能夠喝一點，就覺得很有得聊，那就是這個樣子。我沒有想到說那時候這個女生就在眼前，（〈黑眼珠與我〉）那個散文你看過哦，那個散文，景物啦什麼東西都是真的，可是她沒有真的跟著我那麼熟的跑來跑去，她的家庭事實上也是我想像的，那時候我也只不過是個青年。

她不知道我寫她，可是昨天我跟她講了，她就說真的嗎？主要就是說，這個小學生啊，你老師特別在心裡藏著對她的疼愛，她會知覺，她會感覺到，那她就會跟對其他的同學之間的態度會不一樣。其實男生也好女生也好，從小所謂異性之間的那種關係那種思考，事實上早就存在了，只不過是沒辦法語言化，有時候靠動作比較多，我看她的時候她會像一般女生一樣害羞，覺得說好像我侵犯了她，我也特別不去看她，也許在她不知覺的時候才看她。然後她也會跟你挑逗，也是在你出乎意料之外的，跟別的女生的挑逗方式不一樣。所以那時候我為什麼會有靈感，也是這樣來的。但是要說這就是愛情，當然是不太可能的。這是個隱密的情感，包括她自己（黑眼珠）也是，當然她

不會明顯說我對這個男老師有一種明顯的愛慕。她那時應該有十幾歲了（五年級），我是二十歲，她差我十歲。可是那時候她是個學生，不像說現在是個婦人，情況完全不一樣。

可是我認為她昨天看到我那種喜悅完全可以自然的表達，完全可以公開的表露，不會像小學生的時候要躲躲藏藏，沒辦法去解釋清楚，現在是完全可以解釋，我喜歡你就是喜歡你，我不喜歡你就是不喜歡你。昨天我是覺得說怎麼那麼巧合，在台北市碰到她，而且四十五年來，幾乎都沒見過沒有聯絡。她說偶然會看我的東西，可是好像看不多。那個時候女中畢業後，嫁了一個先生，現在已經有小孩子了，她已經做阿嬤了。她跟我說你跟其他的老師完全不一樣，在她的感覺是說這個老師怎麼那麼特別，譬如說他的言行，你不能把他當做老師看，他的專長不一樣。我說她會讓你出乎意料之外的，譬如我去寫生的時候，怎麼後面？完全不知覺後面有人，等到我知道後面站著她的時候，她就會做出，「啊，我被你發現了」的動作，走開時她會放話，跟你講一句什麼東西的，然後跑開……（哈哈哈），完全是非常合乎一個女孩子的動作。至於我在萬里時期寫的〈小天使〉那篇，主要是寫一個老師投宿旅社，媽媽桑來推銷小姐，她硬要推給我。她（女生）是為錢來的，為什麼她沒有拿？……這個東西主要是一個靈感，但有兩個層次，第一個是你在關心這個小女孩，另一方面是社會問題。小說裡某一些跟現實有關係，只不過是分開處理罷了。

一個原型是從那裡建立起來的，或說從那裡發現的，就是說我會寫作是自己發現了自己的一個什麼東西，一個外在是一個女生，內在是我的思考。當然是因為外在引起我的思考，那這個思考就演變成文學、繪畫或者什麼等等。就好像有某一些人也是一樣，可以演變成他的事業。我是覺得說人類之所以可以藉著一個工作活下來，不像其它自然的動物，它不必要工作，當然它也會有辛苦的時候，但是問題不像人類那麼明顯。他一定要有一個工作，而藉這個工作彰顯出他自己生存的面相，那他都有他心理的層次，心理的因，那這個心理的因常會在外界找到一個投射點，一個注意的目標，這個注意的目標就好像一個光或電，外界跟你的一個探索，之後你再產生一種工作的能量及生存的依據，其實都是這個。我想心理學大概都是由這些方面去建立它的結構，當然佛洛伊德，我認為他了不起的地方，他把他的學說點用可以理解的一個物理元素出來，譬如 Libido——性欲的源頭，任何人類的發展文化

的源頭都是從這個原點出發的。

二、對西方現代小說和台灣作家的看法

　　你們做學問的喜歡追根究柢，非得把你挖得一清二楚不可。從感覺上講，就像這個日本女生（筆者按：研究七等生的認同問題），她有一個集中的焦點，我要把七等生他寫的 story 的人物，找出他的一個認同，她為什麼要用認同，也就是說這裡面的人物雖然是分開的但很可能只有一個，因為她從作品語言裡面就可以感覺得到飄泊的旅人，有時候用我、有時候用你，但事實上都在講一樣的東西，有時候用他，那個東西看起來好像是客觀在敘述，但事實上主觀在經營，所以她就會找出一個角色的認同，《沙河悲歌》裡面哪一個角色怎麼樣。但她不要用自傳性的書寫去涵蓋它，因為事實上自傳是另外自傳的問題，而寫小說從自己本身的生活裡面發展出來，這是一個非常普遍的，自古以來都是一樣，但是有趣的問題就是說，有人在記述的時候並沒有那麼明顯，因此你就看不出來，那有些作家就非常明顯。舉個例來講譬如赫塞，赫塞是非常明顯的，他的一點一滴幾乎都是從他的生活出來的，不管他的作品包括《荒野之狼》、《望鄉》、《玻璃珠的遊戲》等，我們的人體只有一個，他是透過小說在做他生命追尋之旅，但事實上他是在追索他自己能夠達到一個什麼樣的境界。那同樣的，一個非常自傳體的小說家海明威，因為他的作品幾乎都是他自己周圍發生的事，他自己的角色一個是英雄、一個是士兵，像這個《戰地鐘聲》、《戰地春夢》等，幾乎都是他，可是海明威就沒有很明顯的在說他自己，因為他是用新聞體的語言去敘述，幾乎類似詩體的方法，他的文體非常好，原因就是在這裡。適合一種客觀觀察的意味，但是又是一個非常有格律的結構，就好像 DH 勞倫斯一樣，他的詩是比他的小說好，你不要以為他的《兒子與情人》或者是《查泰萊夫人的情人》，好看是好看，可是他真正的才華是在詩，這很奇怪，但是相反的例子就是巴斯托那克，他本來是個詩人，但寫了這部小說後，詩不見了，可是他變成是個小說家，原因是說這個小說實在太好了。

　　所以說二十世紀裡面小說寫得故事最迷人的就是《齊瓦哥醫生》，這個故事真的，那種感受太強，問題是他們這些了不起的大作家都能夠把時代結合在一起，尤其是他們那個背景非常清楚，那時候的時代背景當然是共產黨——蘇維埃，把蘇維埃的面目，在小說裡面，不是要用從社會角度去批判，而

是從個人角度去批判。比如說你搶了我的愛人，在這個時代一個人可以發言，可以打倒你，我不要說我要用武力打倒你，用革命打倒你，我就說你搶了我的愛人，你就沒話講，你就會讓全世界的人站在你這邊。假如說像台灣的社會，八卦問題的話，誰會站在你這邊？

譬如赫塞寫他的童年，我們這邊是翻成《望鄉》。事實上他是在寫他童年成長過程的回憶。我看的是英文書，因為我找不到翻譯本。那時他在他的家鄉附近的中學念書時他遇到了一個女孩子，這個女孩子由於她的長相不錯，所以就吸引他。然後他就知道說這個女孩子是出自那一個家庭是個望族，而且母系的系統是特別的明顯。他雖然非常喜歡他，可是他從來沒有跟她講過一句話，這個女孩子從來也不知道有這樣一個人，可是他為了愛慕這個女性，就開始做出為這個女性而做的各種冒險行為，包括到摘阿爾卑斯山峭壁隙縫中的蘭花，甚至於受傷，然後他把這個花拿到她們家裡放在樓梯上面，他有寫一個紙條，有寫女方的名字，但自己沒有署名，即使對方拿到花這個也不知道是誰送的。這段戀情之後他離開他的家鄉然後到外面來他當然開始有戀愛，他才講說，即使我往後（他這個事件之後）他遇到的其他女孩子發生的愛情其實來源都是從這條線來的，就好像〈黑眼珠與我〉，這種純真的感覺是人類永遠在你的心靈裡面不能抹滅的東西，不管世界是怎麼走，你的內在都是還有一份純真，尤其是對於情感、愛情，這部分幾乎變成人類的共同語言，不管你是強盜、是國王，我是販夫走卒，關於這份情感的言語或來源都是一樣的。那種最初事實上等於是他要的那種情，這種情也許後來都有變化，事實上是逃不過它的預言。

三、生命的創發與思考——偶然的發現，必然的選擇

後來我在做這方面的思考的時候，覺得說人類的機能大概在什麼時候會發揮出來，假如是屬於創作的部分在四十歲之前就 OK 了。那思想不一樣，思想是會越來越厲害，但屬於創作的部分你包括愛因斯坦來講，他的理論事實上在三十歲的時候就已經出現了，他雖然不寫小說，可是他一樣要用腦力激盪，其實他的靈感來源也是從生活而來，所以他才會講到，了解我的理論不難，只要具備有大學的程度，然後能夠體會一點生活的經驗，我的理論事實上都是從這樣出現的，從生活裡的點點滴滴中發想發揮出來的，從一個很微細的東西然後發想到一個宇宙那麼大，這個東西不然你說他要靠什麼吃飯，

靠望遠鏡？不可能，哥白尼的時代的工具還是……，到伽利略的時候望遠鏡還比較好一點，可是你說哥白尼的學說怎麼來，這不是天才嗎？嚴格一點，你敢、就大膽的臆測，這大膽的臆測當然要從他自己真的產生自信心，所以我覺得這些歷史上的思想家、創發家最重要的就是自信，不在於它的來源是多麼的瑣末，發生學本身是非常神秘奇妙的東西，因為創作本身就是發生學領域，我們應該歸為這樣去做解釋，所以我是覺得作家在四十歲以前最好的東西就已經出來都已經 OK 了。像海明威、其他作家像赫塞來講，他的東西好的都是在年輕的時候所寫的，我是不跟他們做比較啦，那簡直是小巫見大巫。對，你在創作、你在發想、你在表現你自己，但這些東西是沒有結論，這些結論要到你的創作精華已經過了，你的結論才會出來，因為結論本身是個反省，不是概括性的東西，結論是真正的自己對自己的反省，反省本身就是它的結論。儘管你可以去發想臆測，藉由科學的努力而達到一種征服的目的。這些東西都是屬於一種創發，而這些科學家如愛因斯坦、哥白尼、伽利略、牛頓等，特別是牛頓，我認為牛頓的學說是在他三十歲時候就完成了，他以後的四十年是享受了他這個榮譽，從來沒有再從那裡再往前走，要等到二十世紀愛因斯坦出現的時候才又從他那裡跨一大步，踏到一個宇宙，牛頓的後四十年都在做什麼？他說他都在反省，而且他不喜歡出鋒頭，英國科學院給他這麼好的職務，第一個他不參加辯論，他非常的害羞，人家攻擊他他都不願意出面跟人家論辯，你要怎

　　毀謗我他都無所謂，所以他晚年他自己講我的發現除了我自己的信心之外，因為這個東西要跟外界去辯論，時間不到是白說了老實講沒有人會信你的，但是他怎麼結論他自己呢？他說我的學說就好像我是一個小孩子在海邊撿石頭我只不過是在這麼多的石頭裡，撿到一顆我所愛的石頭，握在手裡面，不肯放掉，不肯丟掉一樣，意思就是說，他所發現的重力問題，因為他的學說是屬於重力地心引力的問題，這種東西就好像他撿到一顆他心愛的石頭，他肯不放掉，也就是這樣，但他又說他的這顆石頭也只不過是海邊眾多石頭之中的一顆，只是我個人的愛好選擇了它，那其它的別人選擇了去，意思就是說，它不是那麼完美，它只是一個偶然的發現，必然的選擇，這樣而已。

五、中年的心境——談《耶穌的藝術》

　　我對於創作從來沒有焦慮過，第一個我沒有壓力，我是為我自己寫作，

不像其他的作家老實講弄得焦頭爛額，因為他的使命感太強，其實這個東西事實上是不對的。在四十歲停筆不寫時，我不是說要找另外的創作，而是說能夠把我的生活恢復得比較不那麼沉悶，你要知道我的生活很單調，住在鄉下也沒有朋友，然後物質條件又差，這樣的一個困頓的年段裡面，唯一想要解開的就是外在的困境，事實上是真正的包圍了你的內心的那種苦痛，使你的內心也跟外在一樣的那樣的一種困苦。我讀聖經事實上真正的收穫是我把我的眼光能夠透過現在而看到過去，這等於是你的時空展現出來了。其實很多時候我們不快樂的原因是因為眼光太狹礙了，沒有想到說歷史那麼長，這些歷史事實上應該是我們的視野都能夠看到的，我們才能知道自己的位置在哪裡，才知道何去何從。其實什麼叫做真理？大家只會講真理，真理是什麼，其實真理是不明的，而且真理也不一定越辯越明的。所以聖經裡處處都是這些東西，你看耶穌他為什麼到神殿去，把那些法利賽人、稅吏、攤販統統掃出去，因為侮辱了神殿嘛，就好像台灣的神殿一樣，前面是烏七抹黑（髒兮兮），後面是亂七八糟，攤販廣告啦都在那裡。其實台灣的社會跟以色列兩千多年前的社會沒什麼兩樣，我是看了聖經後才大開眼界的。

六、與妻子約法三章

我的太太要跟我離婚，因為她要方便去那邊，那我說你要去這是你的自由，你的選擇，跟我們要不要離婚沒有關係的，當然在手續上她可能需要一份同意書，這個我可以寫給你，這個同意書是表明我們兩個人的生活分開了，各自生活各自負責，這是在一個法律面或社會面，一種要交代的事情。我跟我的太太兩個人之間是絕對不會產生什麼糾葛的，可是社會常常是不放過我們，因此我才跟她講，這份同意書我可以寫給你，但是我們不必要離婚，我跟你是貧賤夫妻，即使我們生活各據一方，我們這種神聖的結合的諾言我們不能夠毀掉。那是後來發展成這樣的心理，才會走上這條路。那是因為我的小孩在台北，她不是跟著來照顧他們嗎？後來就跟我分居了。早期我跟我的太太有一個契約，這個契約本身當然是口頭說的。她曾經跟我表達過說，她沒有辦法跟我在一起，她說她沒有辦法接近我，她說我一接近你我就痛苦，所謂的痛苦不是說她不喜歡我或者說她不跟我親密，這樣的痛苦，不是說你這個人整個讓我覺得一接近你我就覺得痛苦，也就是說你是一個痛苦的來源，你這個震波是會傳導給她的。表示說我在那段年輕的日子是多麼苦悶，她不

忍看到我這樣的憂愁，也是包括一種努力，也就是我白天要上班，晚上要讀書，寫作還是其次，因為我畢竟書比別人讀得少，因為我是個畫畫的，不像你們年輕的時候就讀了很多書，我幾乎是開始寫作時才開始讀書。所以她是真心話，我相信她一生都愛我就好像我一生都愛她一樣，但是不是說你們相愛就一定要黏在一起，不是這個意思，而是說這種愛是一種內心的肯定。

　　我太太跟我的姊姊是朋友，我當兵回來的某一天去找我姊姊，是在那樣一個場合裡面認識的。她嫁給我以後才說，我第一次看到你時就已經認定你就是我要的了。這是我太太親口跟我講的。其實我並沒追她，是後來熟悉了就湊合了。但她跟我結婚之後才發現我這個人實質上是這麼難以相處，所謂難以相處是說我有一些孤僻的事情。其實我的本性也是這樣，你看我不跟小孩住在一起，不跟我太太住在一起，我喜歡一個人住，即使我有愛人的話。小孩要來台北念書，她就說她要跟去照顧他們，反正你也不需要我照顧。我的確是這樣，我不需要女人的照顧。我們就約定三章就說，我生的三個小孩，培養到他們大學畢業就好了。因此我的小孩要上來台北念書時我都跟他們講，你們那一天在學校都我負責，那一天不在學校就你們自己去負責，大家一言為定。我也不干涉他們讀什麼書，要讀那一系，我從來不來這一套。我的小孩現在非常懷念說全世界只有我們這幾個小孩最沒有壓力，——家庭壓力，除了社會壓力以外，沒有所謂的倫理的壓力。因為他們從小就是要做什麼就做什麼，我也不會去責罵他們說你書讀不好，好在他們都讀得很好是沒問題的，因此我樂得輕鬆；其實我也不是樂得輕鬆，因為我本身就是一個痛苦的體，我不希望我的這個痛苦的體去沾染到別人，讓別人也痛苦。我的孤獨的意味事實上就是在這裡。（未完）

之三：七等生專訪（三）整理稿（節錄）

　　時間：二〇〇七年一月七日（週五）早上九時至下午四時
　　地點：台北景美捷運站 2 號出口「3C 咖啡館」（午餐後移轉至七等生的家）
　　採訪：劉慧珠（東海中文系博士生、修平技術學院應用中文系講師）
　　　　　周秀齡（修平技術學院應中系講師）
　　整理：劉慧珠

七等生的在地與遷移——台北、九份、萬里、通霄、花蓮、台北

（一）出生

我之所以寫《巨蟹集》，並不是因為我是巨蟹座才寫巨蟹集，巨蟹集只是一個名稱而已。我會用巨蟹主要也是因為一個象徵，我非常偏愛星座裡面巨蟹這個星座，至少我也是從巨蟹走出來的，因為只是相隔一天而已，因為我是 23 號凌晨出生的，等於是交接點，有的人說我是巨蟹座，有巨蟹座的傾向，也有獅子座的傾向，我獅子座的傾向也許有一點，我不會顯現出來我有領袖意圖。我只能說在獅子座方面我有一種比較豪放的心胸，但巨蟹座方面也有一點比較退縮的心態，我喜歡獨居，喜歡自己做家事，這個也是屬於巨蟹座的。獅子座的我在外面對待人家或者別人對我的觀察，都會覺得我是一個很開朗的人，在跟人家相處的時候並不會覺得有彆扭的地方。但我又不自大，不像有的人領袖慾很強，好像出來就像阿哥那種的；我也很慷慨，如果我有錢的話我也很慷慨啊，問題就是我就是沒有錢啊！

有人說我有憂鬱的傾向？你不能說獅子座的人就好像是樂天派，其實他滿憂鬱的也說不定。所以這個東西是每個星座都應該都有，而不是說只有星座有這樣的特性，所以星座只能用來做傾向上的思考，不一定都是正確的。你說摩羯座的、天秤座的，沒有彆扭的地方嗎？一樣都有，只不過是因為這是一個生存的關係，生存要看環境，不一定獅子座的人就遇不到壓力啊，有壓力看會不會退縮，沒有壓力的話，像巨蟹座的人也會衝出來啊。你看馬英九就是巨蟹座的，他現在衝得這麼厲害，他以前好像真的是巨蟹座的，一旦他當了領袖之後，他好相就變成君王了，例如……君王論，他什麼東西都可以做，他要欺騙你，他主要達到他的目的就好了。

（二）年少的困境、父親的早逝

日據時代，我父親是通霄鎮公所一個公職人員，他寫了一手非常漂亮的字，他也有這樣的藝術氣質，可是因為光復的關係，他不願意加入國民黨，所以他就被革職。那時候可說是民生潦倒，本來是小康家庭，突然變成這樣。因為他是一個文人，他又沒辦法去做工，所以光復不久後我父親就過世了。那時候我才六、七歲，因為家裡沒辦法供應吃的東西。我記得我那時只有吃兩餐，早晨是沒有東西吃的。因為在日據時代，我父親從日本唸書回來。讀什麼我是不曉得，總之他有唸書嘛。日本才有公學嘛，公學之後要進入高等

科或是去留學。那個時候去日本讀高等科的或什麼的太多了，有受教育的人大部分都會去日本。他有學歷才能夠服務公職。從日本回來還年輕，他就去做森林管理。因為那時候日本統治台灣，大概農漁牧最重要。那個時候他要騎馬，他就在霧峰的太平山那邊，所以才會遇到媽媽。他們戀愛，然後他們結婚的時候，我父親就返回到家鄉通霄的鎮公所。我出生的時候都是日本時代，何況我的父親前面的四個兄弟。他在日據時代裡的生活可以說是小康（公務員），非常穩定。因為能夠做日本的公務人員算是不錯的。但光復以後我們整個就完蛋了。

父親光復不到六、七年就過世了。我想我父親之所以活得比較困難的原因，第一個，他已經到了中年，要轉業很難，那個時候也沒有多少行業可以做。他又很不幸的，因為是社會的普遍蕭條。我父親光復後曾經得過天花，假如日據時代得天花的話是要隔離的，因為那是會傳染的。光復以後，國民政府對你這個人的你死我活根本就不知道，因此我們就把他藏在家裡，怕人家知道，這樣子就藏了兩年。天花後來好了，可是有些疤，他是個非常愛面子的人，因為以前的教育，他又是一個劍道手。他說起來是個非常體面的人，從他的馬褲、西裝可以看得出來。後來天花好了，他的西裝、馬褲，日據時代的衣服拿去當掉。他跟我媽媽吵。我媽媽很愛我父親，知道他把這些寶貴的衣服拿去當掉，於是我媽媽就去借錢，把這些衣服贖回來。

他因為鬱悶，本身又有病，就是胃不好，後來發現是胃癌，所以他過世是因為胃癌過世。人會得病是因為憂鬱嘛，這怎麼治，沒辦法生活，那真的是壓力。所以在那樣的環境裡，他其實是脫不了身的。後來我在檢討時，我父親在那樣的困境之中趕快解脫比他再去掙脫要好。要掙脫的是我，這是生命的繼承。在我很小的時候，曾經看到他在家裡的窗戶旁邊喃喃自語，我的父親重複在講要報仇要報仇。當時台灣人會互相出賣，他之所以被革職可能也是被出賣。後來當然我的主題不在復仇，我的發展帶給我的成長。

因為他們是日本時代有讀書的人，他們都在鄉村還是警隊裡面……他們喜歡喝酒，在日本時代這些人都還活著。你要知道，那個時候我年紀那麼小，大人在吃飯，我們是得蹲在牆角旁邊那邊，當然我的姐妹不會像我這樣，我是好奇，眼睛就一直看他們大人在做什麼。其中有些人就說這孩子眼睛很大，有的人說要收我做乾兒子，我爸爸就是這樣絕對不肯。那些人看到我就說很可愛，就很多人在酒宴中講了什麼話，我就依稀還有印象。因為我的父親過

世的時候，我才十二歲，初中一年級，才剛進初中，我父親的葬禮，這些人從來沒有人再出現的。所以為什麼我會走進這樣的一個寂寞的路，當你已經被時代團團包圍。所以我為什麼會提到說，有一天我看到我父親在窗邊，說他要報仇。這段時間我一直在思考這個問題，我在尋找我的父親有什麼仇人，可是沒有什麼仇人，這只不過是一個時代的問題。我認為說這是他的命運，他的命運不好，還有他生性可能比較狠毒。很多事情可能他不會跟人家提，有些時候計較一些問題的時候，他也許有他自己不苟同的地方，那人家就記著。

主要是說這就是你的命運，你的環境。這種不幸常常會把自己的內在發展出來去抵抗壓力。那這是一種壓力，一種痛苦，不是真的有病，是心裡的痛，心理的痛要自己要產生自己的力量去克服。所以我是很早就出現了這樣的一個弔詭的，對於環境上的抵抗。要我去走一般的一條路，我寧可去死，我不要去走一般的路。我會對環境給我的壓力去採取對抗的態度，這就是一個文化的產生。一個民族會產生文化事實上是因為環境的關係，這個民族才會有文化。那反映在個人也是一樣，其實個人就是一個人類的代表，你不管是平凡還是怎樣，你心裡的那個力量是代表全人類的。所以我覺得藝術之所以可以透過這樣的東西去感覺，就好像你透過一個象徵去感覺，這種是人類特有的一個產物，是因為人類的生存受到了一個壓力，所以必須創造文明，來滿足他自己這個缺口。我們覺得不便，就會發明一些方便的東西，一樣的道理，只是滿足人類的生活的需要。這是一個普遍的真理。

人家國小四、五年級就在補習了，我是從來沒有補習。後來六年級，因為學校也在爭取升學率，才把我拉進所謂的升學班。可是我本來是不去考試的，我媽媽說你趕快畢業了以後去做學徒。那因為我在班上都是第一名，我回來從來沒有寫過作業。然後在升學班裡，幾乎是兩個禮拜考一次，分座位，我常常就是分到第一個座位去，要去做班長。可是我個子又小，因為營養不良，身體又弱，做班長是很辛苦的。後來我有點沒辦法應付這個環境，所以我常常逃學。在小學時候我就會逃學。這個其實是小孩子在逃避。然後學校就幫我報名去參加附近的初中考試，省中，省中有大甲中學、苑裡等……。然後我就考上了省中。新竹道新中學是有名的學校，跟台中一中。那一次是全體回來，都摃龜，然後再去大甲，大部分的人都考上了。大甲中學考進來就分班了。然後我就分到甲班。我在大甲中學也是一、二名，在前頭。可是……

所以說我國語講不好，就是因為我不會每天去念書。我到現在還不會注音符號。

（三）初中階段

初中導師王立中，我還知道他的名字，是個東北人，個子很高很瘦。他帶我們這一班，最愛的兩個學生，一個是我，一個是成績後來都比我好的。因為他們家庭比較好，他們能夠順利唸書，所以成績都比較出色。我在一年級的時候大概都排在第二名。難得有這麼好的老師關心我，雖然知道我品行不好。二年級我回來以後（一度休學），就退到十幾名去了，因為我的心其實已經開始變了，我對學校有種只是在拖時間的感覺，所以我到三年級的時候，馬上報考北師，是因為北師是公費。

那時是在四十中選一個，而且我是鄉下的學生，我是考第四名。其實我的數理很好，國文比較差。我那時可以說是學校的數學天才。我們讀初中的時候才有代數跟幾何，老師大概第一個禮拜講了第一課第二課以後，老師還沒教我們就已經在做習題了，後來幾天不到，我們整本的習題都會做。當然是我自己做啦。代數就代來代去。所以這個東西變成是一個死背的東西跟腦筋轉換的東西。所以我的數理非常強。到了學期終了，我們整本的作業都已經做完了。

（四）台北師範時期

1. 跳上餐桌事件

當時飯不夠，他們就敲碗說飯不夠，菜又很爛，我就跳上了餐桌，指揮大家這樣敲。結果教官就進來，就把我抓走。（那是）三年級啦，最後一個學期了。然後他一查，我的媽媽在通霄，他說你要不要去叫你的家人來啊？我說我的家人不方便，他說不方便的話那你就走。（後來）就是因為叫我姐姐來，我姐姐也不太懂事，我十七歲，我姐姐才十九歲，教官一看說你們家裡根本沒有體面的人。姐姐來的時候，那個教官就只說你把你弟弟帶回去，連什麼都沒講，他說你這個學生是有史以來所看到最惡劣的學生。他說他是我們學校的一個盲腸，割掉。然後他就提出報告說「製造學潮」，安一個罪名，那時候那很恐怖，就把我退學。退學後我出去兩個禮拜，就好像我初中一樣，我已經到博愛路去找一個設計家具的公司去，已經考進去了，要去上班了，已經兩個禮拜了，可是我還住在那個學校，因為是校舍，雖然我沒有去上課。

突然有一天，我同班的同學就拿了一個條子說：我爸爸要見你。他爸爸是學校的一個老師，不是教官，他的兒子跟我同班，他大概知道我還住在那裡。他就說要見我，所以我就去見他。他問說，你現在在做什麼？我說我已經出去找工作了。他說你能不能把你的東西拿來給我看看？你有什麼東西給我看看？我就說我只有交一些學校的作品，就拿給他看。他說你是一個可造之材。他就問你願不願意回來？我給你保，所以情形就差不多一樣，我就說好，結果我就復學了。因為師範生是公費，培養一個師範生的錢，他覺得這個可惜。其實有老師覺得說教官這樣做的決定太武斷了，哪裡有學潮，才十幾歲的小孩，哪裡在搞什麼學潮，搞學潮的話你就把他抓去關啦。所以我就回來了，回來就已經接近畢業考了，所以才會其他的作業我都補上去了，只有教材教法，這個老師也通知我，他說你的作業都沒有交喔，而且你也錯過了期末考，畢業考試馬上就要到了，你是不是要補考一下？我馬上出題你就在這裡寫。他馬上出五題，而且沒有給我時間去看，而且我已經有兩個禮拜的課都沒去上了，所以當場他的五個題目我就只答對了兩題半，五十分。對，其實（《跳出學園的圍牆》）是在記錄這個。就是說這個好諷刺，所以我用嘻皮笑臉的，那種口語化的，好像年輕男生的俏皮味道，一種反諷的來寫，寫這樣的一個 story。其實這種是一種義大利風的，因為義大利的作家最喜歡用諷刺的手法，不過不一定，不一樣，他們自來就是，你看義大利人的那種滑稽像，那樣假仙假仙。

所以這科就不及格了，可是教材教法是師範學校必修，所以他就把我當掉。雖然我不太上課，可是要應付學科其實還可以，因為這個東西我也一時疏忽，因為兩個禮拜沒來上課。那個老師，教材教法是帶學生要去實習，他的課很重要，畢業旅行的時候就要帶學生出去旅行，因為跟他的教學有關係。他帶我們去旅行的時候，我是一路搗蛋，所以他就氣在心裡，想什麼時候可以回整我，其實是在抱「老鼠冤」。沒有想到找到這樣的一個機會，他根本就知道你就沒有準備嘛。因為我們除了畢業旅行以外，有半年的時間在龍安國小實習。你要知道，我們等於好像是帶班的人。結果中午的時間我在操場睡午覺，人家在上課我還在睡午覺，老師氣得半死。我的導師追我追出教室，他說：我不承認你是我的學生。所有的我們同班同學四十幾個，他們的週記都在記我的事情。對，第一個我不上課，第二個即使我在上課的時候，也在看別的書，他們等於是替老師打小報告。

　　有一次，那已經二十幾年以後了。我是永遠都記得這些事情，他們也是念在我是他們的同學，有邀請我，我是覺得說不應該計較，所以我就去參加，那參加完了以後，也交了錢，以後我就不參加了，我只有參加一次。好笑的是，因為我被當掉了，我的班上都畢業了，我還要再留一年。結果大家要走的前一天晚上，班上就開一個自己的同樂會，有的人就開始帶酒來喝啦，那因為我不是畢業，我就出去街上看電影，然後晚上大概十點多回來，結果我一進校門，到了操場看到他們，也差不多散會，他們這些人看到我，就紛紛把我圍住，然後就痛哭說「對不起。」表示說他們三年來都在寫我的壞話，以前的週記都在寫這些，所以導師為什麼會把我追出去說那些話，他們就一直哭說「對不起啊。」

　　我所遇到的情形，其實都是很奇怪，所以這個東西造成我自己的一條生命之路，我到底要怎麼走，其實我開始從初中、師範、小學跟家庭合在一起已經把我磨成一個怎樣的型態，就可想而知，我還能夠活下來就很不錯了，我沒有製造社會新聞已經不錯了。

2. 偷毛衣事件

　　對啊，我就覺得很奇怪。我沒有看過他的毛衣，他是家裡很有錢，嘉義的，很有錢。結果他突然說一件毛衣不見了，結果大家認為說一定是我，沒有人會替我說話。而且你要知道，巧不巧，因為到了三年級的時候開始要畫油畫，我因沒有錢買油畫的顏料，正好寫信給我一個初中的同學，甘子柔，他爸爸很有錢，在豐原潭子，因為他是我初中三年級最要好的同學。因為初中都帶便當，我的便當就清白一色，那我們兩個就結伴到大甲的廟口的攤販，他替我買了一碗湯。這三年他是跟我這樣好的朋友，他家裡太有錢了，但是他知道我沒有錢，我只是吃白飯，能夠吃白飯已經很好了，有些人不帶飯的。所以我最後是跟他告急說你能不能寄給我幾塊錢？所以他用掛號信寄。所有的師範生幾乎都住校，幾乎每個月都會接到掛號信，我三年只有那一次掛號信，因為我家裡也沒有錢，我也不回去要錢。零用金太少，你買牙膏肥皂就差不多。他們懷疑，你說我假如偷了那個毛衣，也不會寄到豐原，賣了，讓人家寄錢過來。那個導師就硬要說是我偷的，就派他的學生跟蹤了我兩個禮拜，後來我才知道，是後來畢業後又相碰的時候，才知道說那件毛衣很可能是金生自己穿回家後忘了穿來，還是去運動場脫在旁邊，結果他就報說他掉了一件毛衣，結果就誣賴在我身上，你看我假如偷了那個毛衣，我也不會公開去

叫人家寄錢過來。後來他們查無實證。這個事情只是他們這樣認定，而沒有說一定是我。只是這些調查我的人，後來大家出來以後有碰到，才知道說誰在調查我。這是後來我才知道的。不過我認為這個東西也好，因為你的受難是對你有幫助，所謂的有幫助是說你終於可以有這種抗壓性了。

（五）從九份到萬里

事實上我在九份就開始在寫作了，當兵時都在念書，回來的時候就已經開始有些東西在發表，所以我才會想到說，老師的職位我要離開。主要是好像教職的生涯對我來講不太適應，因為它太綁你，就好像我以前在做學生的時候，課堂上綁我。因為那時候是學生，你不能離開，你頂多是偶爾逃學一下，紓解一下。但是那個職位你已經成人了，什麼東西你自己要壓抑。那一方面可能因為我退伍以後，遇到了我的太太。是同鄉，也是通霄人。是我在當兵的時候遇到的，退伍以後我回到萬里，回來以後，跟她常見面，所以才會有想要結婚的念頭。因為我太太在台北的兄弟有開店，她就去幫她兄弟看店。總之她在台北，在我們認識之前，她就換過很多工作，譬如皮鞋店、特產店等。

（六）從萬里到台北：離開教職、投入創作

我離開教職的理由是我要寫作，因為我已經有在投稿了。其實我當老師是不太適合的，所以我一直想要投入這個行業，因為我的心性和當時的教育環境是有點格格不入的，所以我才毅然決然離開教職來到台北生活。我也去參加電影公司和廣告公司的編輯工作的考試，都有錄取，可是我去上班幾天，會覺得在氣質上，不是那個工作我做不了，只是感覺上到你還有更重要的事情。人常常自己會有一種靈思，就感覺到你應該可以再做一點什麼，當然也許在那麼年輕的時候你的理由不見得說得出來，人總是茫茫之中有條路讓你走。像我們是現代人，受教育受環境影響，你要生存的話，你就要順著社會給你的一條路去走，但是原始人不一樣，大地那麼寬，就好像一隻鳥或一個禽獸，走到哪吃到哪，這樣的自然。所以現實既定的工作對我來講，都有不適應感。原始人是很快樂的，自然給他一種本能，那是因為大地是很豐富的。可是現在的大地，你不耕作你就沒飯吃，你不工作你就沒有薪水，買不到東西。

我想這個可能跟我的 DNA 有一點關係，所以我不得不去抒發我的苦悶，

對這個社會無形的抗衡，我的心性為了恢復到我的自由，所以我會去抗衡這樣的一個基本型態，這個東西是心理學的東西，要講起來是很難的。所以我的作品，你從頭到尾去感覺的話，你就會發現，我不是在為這個社會貢獻什麼樣了不起的意見來感動你，而是在抒發人類對基本上的慾望，人要回到他原來的自然，當然要成為自然是不可能，所以不得不有這樣的東西來做訴求，那所以說有這樣訴求的人一讀到我的東西，他的心靈一碰觸就解放了。當然，我要藉著現實的外表來結構這樣的東西，透露的是外表背後的願望和企求，所以我是覺得我寫作的目的是要如何回到最原來的我。

（七）從台北返回通霄

這當然是一個生活的關係。我在通霄滿二十五年就退休了，退休之後我繼續在通霄生活了兩三年。其實在我退休之前，我的太太跟小孩都住在台北，因為小孩在讀高中嘛，那太太就跟他們來。其實那個時候我們就分開居住了，他們只有過年過節才會回來。後來我退休以後，原因是因為我的小孩都已經進入大學了，那也就是說我的作為一個社會功能的任務已經快完成了，這是我的太太跟我約法三章，她生的三的小孩要培養到他們大學畢業為止。那我們就不必要計較你我的問題。所以我為什麼會在台北浪蕩了四、五年之後，會回到通霄去，這就是要履行我自己的承諾，因為你要賺錢，要培養小孩，這是你對太太的承諾。這部分我做到了。我不會說中途就落跑，棄家庭不管。很可能像我這樣個性的人，有的人就中途就落跑。所以我能夠忍耐在通霄再過二十年，老實講我的耐心已經付出了，而且在通霄的這二十年變成我的創作的高峰期。就是說我在那裡太苦悶了，白天要工作，晚上要散步，然後這個壓力我要如何去解脫，我非常好奇，是靠讀書。我的所有的教育都在這，我回通霄二十年建立的。我不是什麼了不起的天才，不是，我是因為我要生存的這個舉動，才產生了這些作品。這不是空穴來風，不是說我為這個社會要負責，我等於我承諾了我的太太我等於我是承諾了這個社會。所以我退休以後兩三年，我就開始畫畫，為什麼你知道，我自從北師畢業，我是學藝術的，三十年沒有畫，然後我的生活的苦悶，終於藉著自修，然後有這些抒發的，已經都好了，大概退休了我就喘一口氣了，我幹麼再寫作幹什麼，我已經自由了，我現在要去哪裡就去哪裡。然後我就開始畫畫。

本來我就是一個畫畫的，本來這些文字是我不熟悉的嘛。所以我認為以前的人批評我，話都講不清楚的人也在寫作，我都沒關係，你們要怎麼罵都

隨便。是因為有一個壓力，所以才會有一個出口，不然的話，我也許成為一個浪蕩子也說不定。假如我沒有跟我太太結婚的話，為了要忠於我的妻子，你說像這樣的一個人，你還要去追究他的生活的小瑕疵、小細節，你從這個大樣子就可以知道了。我的小孩從小學到初中到高中，他們高中都到台北來讀，而且一下子就考上了建國中學。鄉下小孩子，也很厲害，他們也很厲害啊。小孩子上來讀高中的時候，我就跟他們講，一天在學校我負責，一天不在學校你們自己，大家互不相干，所以我才會落得一個人，你看他們現在都三、四十歲了，對不對。有啦，（偶而）會打個電話，這樣就好了，住在一起反而……。

（八）關於通霄沙河

沙河本來就是每個鄉村都有的，通霄正好有一條，我書裡面有提，其實它不叫做沙河，它只是一個象徵性，象徵台灣這種淤積泥沙很多的，常常河道改變的那種。台灣的河，在通霄環境跟其他的環境都差不多，只不過沙河是因為我小時候，那些通霄鎮的婦女都會在這條河邊洗衣服。以前的河都很清澈，那以前沒有洗衣機啊，大家都在河邊洗衣服。所以那時候的人台灣話都叫它做「沙仔溪」，因為它積沙很多，這是台灣特有的特色。

我的運動的長項是兩個。以前我是跑中距離的選手，當然沒有一千的啦，就一千五不然就是三千的啦，我沒有跑三千，我是跑一千五。還有另一個長項就是游泳，因為從小就是在河裡海邊長大的。前幾年我回去的時候，那些救生員看到我說，很久沒看到你了，以前我在通霄的時候在夏天都跟他們一起游海。小時候學游泳是在沙河，是我的哥哥教我的。稍微大一點，小學五、六年級的時候就跟同伴去海尾仔，潮來的時候，海尾仔就滿潮。後來再比較大一點，像我回通霄已經成年了，已經三十歲了，就跟他們那些救生員游海。所以他們看到我的時候就說「很久沒看到你囉！」我說「因為我早就搬走了啊。」那些游海的同伴還在，他們都比我年輕嘛。

（九）從通霄到花蓮

就是因為通霄我已經煩了，而且我的畫畫三、四年畫的都是通霄，我住的周圍五米以內的風景就夠了。因為我去寫生，然後我已經在那裡二十年，通霄是一個怎麼樣的一個台灣的鄉村的那種民情也好，地理環境也好，這些東西對我來講已經膩了。我到花蓮就是為了要畫，可是花蓮也畫了差不多一

年多。我的媽媽因為是年紀大了，在我還沒來台北之前，就常常有一些毛病，我的姐妹就會打電話給我，說媽媽有什麼毛病在醫院或是在哪裡，因為老人家最會生病的大概就是從七十歲左右，比較會有毛病，度過了八十歲就比較好了。那個時候我媽媽是已經差不多八十歲了，所以我才打消這個……，也畫了差不多了……。我自己租房子。在花蓮市的旁邊那個吉安鄉。因為花蓮市一點點嘛，剩下的都被吉安包圍，接近慈濟醫院那邊。以前我在通霄教書的時候，我就請過我媽媽說要不要回來通霄跟我一起住，我媽媽說不要，因為他說你自來就是不會賺錢，你也沒有錢，我跟你過苦生活幹什麼？我的姐妹他們都在台電公司工作，他們生活都很安定，薪水也夠，他們又有小孩，媽媽正好去幫她們。她鄉下也已經住過了，住到我的父親過世，這對他來講打擊很大，幹嘛要再回到故鄉。我的太太跟小孩來台北住的時候，我就貸款買了一個房子給我太太跟小孩住。我太太就邀請我媽媽過來住，男孩子在台灣的習俗來講，不是說沒有請過他，我媽媽也不要，他說我已經習慣跟他們（女兒）住在一起了。可是她年紀大了以後，他已經變成沒有用的人，只有生病，其他沒有什麼，所以我那些姐妹就開始說，你是兒子，媽媽都給別人在養，我說我不是不養他（不孝），只是媽媽不要，不是說我不要。我媽媽也講說，他從小看我就說，你是沒有用的男人。本來我父親沒工作以後，家裡窮，我就開始不乖了。我會有一種自虐的行為，就不吃東西，所以我小時候就瘦到只剩下一個頭，根本就沒有營養。其實我頭不大，只是因為身體太小了。然後我進入台北師範的時候，我的體重還沒有五十公斤，可是我的身高有一米七喔。

（十）從花蓮到台北

　　所以在這樣的一個情形下，我乾脆來台北，住在她附近，有什麼事情可以就近照顧，因為我自己也沒什麼事情。那我就在她的附近租了一個房子。我本來要跟我太太住，可是我太太說她的生活已經有她自己的安排，你還是自己找房子住。我太太自從帶小孩來以後，她就開始接近佛教，也開始吃素。那我是葷素都吃的人，我不太計較這些，他與我的生活習慣也大異其趣，所以她就不願意我回來跟他們住，所以我就另外租房子。我在台北住的這段期間，每天都去看我媽媽，沒有症狀最好。後來她就開始漸漸老了，老了到最後就不能下床，然後我每天要去給她餵食，那到了我的姐妹們就說，她們覺得好像已經差不多了，意思就是說，我那些妹夫姊夫他們就說媽媽應該要移

到我們那邊去。就（住在）現在住的地方。對啦，是租的房子啦，是以前台電的公司的。那個現在大部分都已經是私人的房子。等到媽媽不能下床的時候，我那些姐妹就開始跟我說要移媽媽到我這裡，而媽媽很生氣，她說就剩沒幾天而已，不必這樣移來移去。我媽媽是個非常了不起的人，第一她不拜神拜佛，第二她不不道人家是非，她只是做她的工作，替我姊姊的小孩洗澡，那時候他還能做。那小孩大了，她變成看家而已，所以他們就堅持說要搬。（未完）

之四：七等生專訪（四）整理稿（節錄）

時間：二○○七年三月六日（週二）中午十二點至下午五時
地點：台北中正文化中心福華劇院軒餐廳
採訪：劉慧珠（東海中文系博士生、修平技術學院應用中文系講師）
　　　周秀齡（修平技術學院應中系講師）
整理：劉慧珠

關於年表缺空的地方

　　我認為這個部分喔，妳給我一個表，我替妳填。為什麼？因為妳現在問喔，我講不完。妳影印一份給我，有空白的地方我填，然後我再寄給妳。我不會寫很多，憑我自己還記得的，我就替妳把這個空填起來，其他的其實也就算了。我來看一下妳有紀錄的跟妳一些部分，我沒有填就表示我記不得了什麼事情。

　　你要算足歲還是台灣歲？台灣歲有時候會超過兩年，一年多啦。台灣歲你年齡不到就算一歲，足歲是說時間到了你才有一歲，這個算法有時候會差到一年以上喔。假如有這個西元去配的話，對，就是說統一成為一個足歲來算。所謂的足歲也就是說，在西方來講，當然東方人也許還有不是那麼嚴格，東方人會籠統說只要跨過這個年，我們就認為說，啊我們就幾歲了。但是台灣歲又跟這個說法又會拉長，有時候都會拉長，沒關係，七歲就是那個時候（可是這是八歲，虛歲是八歲，這個是虛歲是七歲，所以是台灣光復那一年入小學，還是隔一年）台灣光復應該是 34 年，我到底是 35 年入學還是 34 年入學喔（可能會有……譬如說暑假是 34 年，那隔一年也是一年級對不對）總之我沒有讀到日語就對了。我是 28 年次，所以我應該是……足歲算是六歲，

虛歲應該是七歲多一點，因為我是七月出生，那九月入學。大概就是這樣，我想這個東西，好啦……我正好滿七歲……滿六歲啦，假如說 34 年我入學的話，就是足六歲，28 到 34 年，假如 35 年入學的話就是七歲，對啦，虛歲是台灣歲（我這裡是虛歲）所以譬如說出生這年就括一歲，其實是第二年才有一歲，所以這個是台灣歲，可是台灣歲你要知道，不到半年就二歲了，因為過完年……過了農曆年又是一歲了。出生的時候是一歲，過了那一年第二年就兩歲，所以這個是台灣歲的好玩，沒關係，這個人家不會去計較啦。

（母親過世）是 02 年嗎？03 還是 02……我記不得我的母親……我記得是前一陣子才過世，可能有四五年了。我的父親過世才 49 歲，（*）他六年就……他失業，雖然他不是 228 的受難者，其實也是啦，只是說不是抓出去那樣。然後，妳要知道，他根本就不敢出門，那時候在抓人的時候。我記得我的媽媽都交代我，有人問你說你的父親在哪裡？要說啊，我不知道，已經走了啦，不跟我們住在一起。其實我們都把他藏起來，第一個，本來在日據時代，你這種天花本來是要隔離的，可是因為民國來以後，整個亂，社會整個就是要統治、要抓人，要把你……至於你的生活怎麼樣……那時候失業的人失業。

小學生活：搞破壞、逃學、打架

妳知道我每天要去上學，我為什麼不去上學，因為我沒有飯吃，我都是空著肚子，早晨哪裡有飯吃。我媽媽說你還在吵，還不趕快去上學。我說不是啦我不是，我就不想讀書。你要知道我是這麼不喜歡上學，從小開始，去參加那種一群人……是這樣，我去了以後我就會想……，妳要知道我在學校的反應那很奇怪，我是很害羞，可是一旦到了學校大家都會受我（*）……去破壞這個東西，去破壞那個東西。以前教室的牆壁都是（*壁）用（*壁）抹土，隔壁弄一個洞，下課就從那個洞過去，騎馬打仗去示威，就這樣打架，和隔壁班，大家都怕我啦。所以我的成績都是第一流的，我的品行都是不好的，我從小開始老師給我的品行都是不好的，到初中到哪裡都認為我是一個搗蛋個性，就是這樣的一個情形。

那是好玩啦。帶頭我是很會帶頭，因為我是獅子座的，反而有一種……臨場的那種臨場不會有畏懼感。所以假如要跟人家去做那種拼的，譬如說喝酒啦……還是……很多東西。人類常常會物以類聚，很自然的會覺得說我們

同一群的人，誰比較可以去做什麼，所以很自然的會有一種感覺，就會推他去做什麼，這是一個很自然的動物群居的一個意識。然後成為一個……為了一個集體的利益上，會有這樣的一個作為。譬如說在學校裡面大家都會推我去做什麼，跟隔壁班的打架，就是推我從哪一條路走，就是這樣子玩，小學生最喜歡這樣。尤其是光復以後，學校開始了，更是每天都在（＊），（＊）可能還不會，因為我身受其害，所以你看我國語講那麼標準，我根本沒有練過國語。（那個時候的老師鄉音很重）還有，這個外省籍的老師不多，本省籍的也在學，一面學一面教，哈哈哈，教國語。

　　小時候到我爸爸過世這六年中，我比較有記憶，因為年紀比較大，我比較有記憶的就是他打我。就是我不去入學，記得小孩都來邀說，喂，要來讀書了喔，快去喔。家長就帶去入學，我就不去，我爸想說奇怪這個小孩怎麼這樣。我的姑母就來說，快啦快啦，我帶你來去啊。我就不去，我爸爸就生氣了。他受日本教育，他們大人都有綁那個腰的，就是那個大的圍巾，那個圍巾就是武士用的圍巾，很長，拉起來很長，平常要束腰的。綁起來，吊在那個樑柱上，這樣子垂下來打。就是這樣綁起來，拿籐條，以前的人打小孩出手都很重，天經地義的。哇……那真的是……我被嚇到了，那後來我的父親過世之前在打我的哥哥的用木劍，你看把他的手這樣劈斷。（沙河悲歌裡面的那個）對啊，那是親自對……他把他砍倒在神桌下，非常的恐怖啦，對一個小孩來講非常恐怖。有人說我的作品中有一段好像我非常恨我的父親，在他過世的那一天的葬禮，我甚至覺得……我在寫父親之死的那一段，我父親怎麼死……沒有說父親怎麼死，只是病……只是死那一天，跟我自己說這個小孩怎麼樣怎麼樣，然後這個小孩好像從此自由了，一直……對，有一個什麼東西約束他，他現在這個人已經走了，我寫起來的時候實在是，是我的記憶啦。我的作品幾乎都是從我的感覺出發，這種東西在我的心裡面，我不寫出來的話，我沒辦法去安撫，給我的心靈有一份平靜，我寫出來以後我就平靜。我是覺得說我必須要……因為人類最重要的就是說你要解救，解救你的心靈，什麼途徑不管是什麼途徑，不一定是從藝術，你從工作上解放你自己。所以我為什麼會選擇這樣的寫作之路，跟人家所謂的使命感，還要替人家講話，對對，我是你的代言人，所以我是……對台灣欠我什麼東西，我從來不說台灣欠我什麼東西。我甚至於覺得說我不是一個作家，都沒有關係，你稱我是

不是一個作家，不是什麼我覺得有太榮耀的事，榮耀不榮耀整個是在我的心裡，而不是外界的肯定。你說你是了不起的人，那我就了不起嗎？假如我看不起自己，我會覺得說，對，你說我了不起，對，那我就是……我為什麼會看不起我自己，那你看不起我自己，我是覺得說我是一個頂天立地的人，我不計較你跟我批評的這個，畢竟我離開就好，所以我為什麼什麼事情採取一種疏離的態度，這我不要跟你爭，我自己的榮辱我自己撐起。

音樂比賽指揮

退學的時候因為已經快學期末了，也正好是比賽快要到了，班上的同學就推我出來。我是想說，對，這一次一定要更好的表現來將功贖罪，所以我就選了非常比較難的曲子。我記得我是選那個（＊）的天鵝，我就故意弄一個三部，為什麼用三部合唱呢？因為我們班上是男生比較多，女生只有 10 個，男生有 30 幾個，所以男生分成兩個部分，女生一個部分，所以變成三部分。哇，這個天鵝喔，對，這個其實又有差。你要知道我花了兩個禮拜教他們如何唱（三部合唱喔）對，不然你知道，我們班上有的同學會看五線譜喔，只是少數，而且看不快，大家都要用 123 去……只有我能看五線譜，唉呀，人家覺得這真是……因為我一進來以後，我才知道，哇，這個世界吸引我的（有這麼多），不只要跟音樂科的人接觸，然後體育科的人要跟我那個……對對，我幾乎沒有空要去跟我的同學做什麼。

重修一年

是冬天，第二學期，（是已經在教書的第二學期？）沒有沒有，還在學校，就是我的第四年，留級的那一年，我的同學不是都畢業了嗎？後來因為我的成績不及格，所以才再又讀一年。上個學期沒有上課，因為我不及格的是下學期的教材教法，（所以是那個冬天嘛）所以你還是去上課比較好，為什麼？因為你才有飯吃啊。身邊的老師也就跟我講，你也沒有那個，你還是就住在學校，這個學期開始就（＊），那平常我都到他家裡去他都會給我飯吃。

就是這個樣子，對啦，然後我都住在學校，因為它是通舖，是後來離開北師的時候，到（＊師）的時候才坐校車。是教務主任。我退學了以後，他才開始注意這個學生，不然的話誰……他又不是我的導師，我的導師是追著我出去，我說好啦，我不是你的學生沒關係啦，就這樣追著我出去。

參加文學季刊：與陳映真、尉天驄、黃春明等交遊

那時候，明星咖啡屋是一個據點，是我們參加文學季刊的時候的一個地點，同樣都是在武昌街嘛。那這個文藝沙龍是在這個……那個時候中華航空公司的那一棟大樓的地下室。這一批人是誰比較多，是畫家啦、寫詩的，文藝沙龍是我們這幾個人，這一群人，屬於譬如說台大的啦，尉天驄是政大的啦，再來就是寫小說的。對，時間也有一點不一樣，時間有一點不一樣，我記得是這樣子。起先是，對，起先我還沒有文藝沙龍以前，是明星咖啡屋，但是那時候是零零落落，不是說如現在講起來好像……哇很有名，對啦，我們去根本也是只是少數的客人而已。那時候因為《文學季刊》，因為人比較分散，所以都會約好晚上幾點鐘在那裡。我因為住在木柵，所以跟尉天驄比較近，第一期到第五期都是我在督促的，為什麼？因為尉天驄他當然是主編，可是他什麼東西都是都要好像尊重我，其實他尊重我，主要是因為我認為他有一個個人的因素，所以很多東西我變成我是一個決策的。那陳映真因為他是在輝瑞上班（輝瑞是誰？）輝瑞就是一個藥廠，在關渡那邊的一個，輝瑞藥廠。那他他平常只是聚會的時候來，所以他有很多東西他只是交代給尉天驄，所以尉天驄被人家稱為是二頭，他是大頭，他是二頭，那七等生實際上是在做這些事情，所謂的做這些事情是，主要就是……其實是應該是尉天驄來做，來做這個，其實也是他這樣交代我做我才去做。……

台北漂泊生涯

因為我在台北浪蕩五年了，這五年間已經夠我……後來有結婚。後來開始結婚，我才覺得說，這個負擔開始我不能這樣放蕩。後來我就去士東代課啊、去哪裡、去考（＊）、然後到咖啡店打工。這個東西是無不小補，可是我想說這樣下來不行，因為你沒有根基將來……小孩已經出生了，我太太已經有一度把我趕走，後來又把我找回去。真的把我趕走，所以我才發現說這個危機。沒有，她本來就有一個工作在她哥哥那邊幫忙。鞋店，她哥哥開那個鞋店，她就在那裡幫忙，有一段時間啦。所以這個東西他不能夠說，對，因為孩子一出生以後，大家的兩個男女之間的思考就（不一樣）……就拉近來了。兩個個人的時候，有時候是比較自以為……我總不能夠留孩子再給她，她也不能留孩子給我，可是這是我們的孩子。那這個東西就是要談到實際上的生活跟家庭，所以我才會說，啊我要走了，我不走不行。主要就是因為我在台

北要找到一個固定的工作很難，其他我去招考的學校工作都錄取，可是我都做不來。所謂做不來就是說我不要那樣做，啊，譬如說廣告，因為那一種服務業，或者說那一種工作（企劃廣告）會剝奪我的整個思想，我就沒有空閒去想我的事情。

在台北文藝沙龍

這個是因為……你要知道那個時候的文藝界，多多少少隱伏著這個統獨之爭。（＊）那幾乎因為我在那裡我已經開始有寫一點東西，大家已經知道我……我的一些……我在那裡上班，幾乎每天有人要來找麻煩。那些外省人，那些外省的作家，那些詩人，現在大部分都已經過世了，他們當然年紀比較大一點，這些所謂御用的文人。他罵我什麼你知道，他說我是洋雜碎，他罵我洋雜碎，意思就是說你這頹廢的人，你不是我們民族的……你是我們的敗類，就是這樣，講話都是在罵人。

艱辛的復職之路

我只有去教書才比較……因為它是一定的。教書工作對我來講是很輕鬆，雖然時間也佔很多，可是畢竟我還有時間可以去自己做什麼東西。所以我要在台北復職不太可能，就想要進台北（＊），我只能臨時去做代課而已。可是後來有一次是在（士東？）這個校長有機會，因為我比較帶得起來，代理的時間比較多，這個校長也答應說新學期開始這個空缺就補你，沒有想到是補別人，補一個陌生人。那我就一氣之下，他跟我講說沒關係怎樣，其實是他要把我追過去。我這個人很敏感，我就走了，到霧社去，那去霧社一年多回來，霧社它不是……它是一個電力公司私人的一個……也不是說什麼正缺啦。於是我就覺得說，最好的是說要有很長時間的考量，最好再回去復職，那復職怎麼樣呢？好，我們自己家鄉有一個小屋子，以前（＊）留下來的小屋子可以屈身，那我回通霄以後我就在苗栗縣打工。這個過程實在是說起來很心酸，這裡面還有很多曲折喔，你會覺得人間冷暖的地方……

叫他拿錢出來，你看到的，不可能嘛，你這樣太欺負人了。所以你看，我要復職本來也是按照時間，譬如九月開學要復職，就是因為這樣子到九月底才……那個教育局才公文才出來，怎麼會拖那個。我三月底回去的時候，四月就拜託那時候（＊）國小的校長，可是你要知道這個（＊）是怎麼樣，那個校長是自私的，我要呈上去（＊）的那些（＊）底下，先拿出來。後來我的業務

去問這個校長說，這個紅包是誰要的，就是（＊）要的，好……就是這邊跟那個，都是這樣的。

與梁景峰對談

對，梁景峰那時候從德國回來。淡江大學。這個東西是那時候鍾肇政在負責，他們要作一個專輯，本來是這些台灣文藝這些人，包括洪醒夫他們這些作家。是洪醒夫自告奮勇說，七等生對談，我來。我聽講啦，他來。鍾肇政說，好啊，對，你現在是新銳，你現在是……對，剛冒出來的這個，你有這樣的一個不畏虎的（初生之犢）那很好。沒想到日子近了以後有沒有，洪醒夫說我不敢，只好去拜託那個梁景峰。因為梁景峰畢竟……洪醒夫是很好的作家沒錯啦，可是你要對談的話，你要思考的問題，你有沒有一個系統，或者說你要跟人家談什麼主題，你如何去……去建構這樣一個對談的。所以梁景峰因為他非常關懷台灣文學，一方面他也是因為……主要就是說，他的研究對象也是台灣文學，所以他才會接受，然後他去擬他要的問題，或者是怎麼樣。對談本身老實講，（對談本身你的看法是）對啊，因為他的一個主題，事實上譬如說他的陷阱。你要知道，對談本身是一個攻防戰，這個陷阱本身他是要讓我落入他的所謂的台灣文學這樣的範疇去曝露。這個意思好像問一個罪人一樣，你到底認罪不認罪，你到底是不是屬於台灣文學還是怎麼樣，對，這種陷阱喔，老實講，你現在你們再去讀梁景峰跟我的對談你就可以知道了。那個時候老實講，他明明就是要……你就明明進來就好了，那我就偏偏不掉入，哈哈哈。我不是鐵齒，其實就是這樣嘛，我落入你們的這種……造就我變成將來對大家都對你就是台灣文學的一員，我們都是同黨的，這樣被你叫進去，以後我就不用做什麼了，就不自由了。當然不是，我現在是把它…這麼講才是有趣嘛，才有趣啦。那這個東西很好，不管怎麼樣，我回答的得體不得體、或者說正確不正確，或者是不是代表我。

與陳映真同去美國愛荷華寫作班

說起來喔，其實有時候也是很奇怪。譬如說大頭……（＊）這篇，因為那年我們兩人一起去，幾年前我們還在見面，偶爾啦，不是說特別有什麼，平常是沒有什麼來往，但是有時候會在公共的地方去看他。譬如說兩大報常常有這個什麼評審，我也跟大頭也有評過。平常我都叫他大頭。我們私底下是沒有什麼不好，雖然說大家的思想都有點激盪，被人家稱為說台灣的兩個思

想最大的激盪，就好像現在的中國政府一樣。但其實我不是說……我是對於他的某些東西不以為然的，就是他的那個理想主義的部份，其實他的現實主義，但是他們那種所謂的理想掛帥，是歷史的一種觀念這些東西，事實上是走對立的。在一個現實界裡面他們走的路是對的，（＊）覺得問題在於我們跟他在一起的時候，在我們的學術界就已經這樣，只不過是這個都只是想法而已。我佩服他的地方也是說他始終如一，他拒絕台灣給他的獎。他說我不要用台灣這個，我是覺得一個人堅持，不管他的堅持對不對，起碼他的人格，在他的思想的人格上是完整的，這個東西就可以，即使他是我的敵人，我也要尊敬他。

　　我們一起去美國，我要講的部份其實就是說，我的意思就是說，不如我跟他私人之間……兩個人碰頭的時候，不會像一般人認為說我們在作品上互相敵對的那樣的一種火花那麼鮮明，我們還是朋友。對啊，所以這個東西就是聶華苓，我們去的時候才講：「我就是故意把你們兩個搞在一起。」（笑）不是啦，當然是講話是要這麼講，因為大家還是朋友嘛。但是她覺得說，因為妳要知道，聶華苓他們這些文學資訊都很清楚。國內國外是不是，國內他注意的兩個人，就是這兩個人，可是這兩個人假如分別去的話，好像不太熱鬧，不會引起那種……對，她是要來看你們兩個在這裡造成什麼樣……結果沒有造成什麼樣，很多東西我都是……因為他等於是我的大哥了啦，因為他比我年紀大。很多事情譬如說，其實我是被他在某些活動上，我反而是……我們兩個人是（＊）他是大哥我是小弟，我們兩個都是同時出席同時……對對，他甚至有時候帶我去哪裡，去參加什麼餐會啦還是什麼，大家平常生活都還好。（未完）

之五：七等生專訪（五）口述歷史整理稿

　　時間：二〇〇七年四月二十四日（週二）中午十一時至下午四時
　　地點：七等生台北木柵的住家（文山區光輝路 51 號）
　　受訪者：七等生
　　採訪者：劉慧珠（東海中文系博士生、修平技術學院應用中文系講師）
　　　　　　周秀齡（修平技術學院應中系講師）
　　整理：劉慧珠

在逃離與隱逸之間──七等生的在地與遷移

（一）通霄的孩子

我是出生在一個「打棉被店」的樓上，⋯⋯

兩歲的時候有發生什麼事情？老實講，這個誰也記不得，因為你沒有記憶嘛。你再怎麼聰明，也記不住你兩歲之前的事，因為有記憶力是要四歲以後，而五歲以前大多都是傳說。關於我的傳說：第一個、我是出生在一個棉被店的樓上（二樓），不是我後來住的家。那個「打棉被店」的老闆姓張，應該是我父親的好朋友，隔壁還有一個做草蓆生意的，姓洪；從日據到光復那個時期，做草蓆生意的，從通霄、苑里遍及到大甲這些點。

因為我父親在役場『呷頭路』（台語），他跟新竹州廳的一個日本人是好朋友，因此就容許我們在仁愛路上蓋房子（光復後叫仁愛路，以前日據時代是什麼町的地方）。我出生的時候，前面已經有好幾個姊妹，所以光在通霄，我的姊妹的出生很可能都在不同的位置上。

作家七等生

到四歲時還不會講話，⋯⋯

第二個，據說我到四歲時候還不會講話，都靜靜的，所以鄰居比較年長的人，都很喜歡抱我。以前孩子如果喜歡哭，就沒人喜歡抱，就會很討人厭。

所以他們常常抱我下來，走到隔壁洪姓的人家，因為牆壁上貼著畫片──和平鴿的畫片。我一看到那個畫就會很興奮，所以他們都記得我看到那隻『粉叫』（鴿子台語）歡喜的模樣。這是後來我長大後，人家跟我講的，那些抱過我的人，他們還在的時候，看到我就會說：「你是不是たけ嗎？你現在已經這麼大了！你以前多古椎（可愛）呀！一看到我們家的はと就會非常的高興啊！」（たけ就是武雄，たけ是日本話）因為我到四歲時還不會講話，大家都覺得很奇怪，以為我是啞巴。後來就帶我去給醫生看。那個醫生就說：「他的舌頭太長啦！」所以我的舌頭就被剪了一小段，因此人家舌頭是尖的，而我的卻是扁的，那後來好了以後就變成圓的了，就好像有兩個舌尖一樣，那是因為剪過的關係。是不是有剪，還是傳說，事實就是這樣！我想是有一點小手術，或者是怎麼樣，不然人家不會講。當時那一個耳鼻喉科醫師，是留日的，姓湯。我小說裡面也有寫過這個湯醫師的事情，就是〈小林阿達〉那一篇。寫的是湯醫師兒子的事情。湯醫師是娶日本老婆。當然故事裡頭有很多是我編的啦！不過一方面也是根據某種傳說，譬如說，他的小孩子、他的日本媽媽，還有這個湯醫師。主要講的是那個小孩子，如何在他的年輕的時候，生活上的一個事實。不過這個故事主要在反映我自己本身也有那種落寞感，就是年輕人的那種落寞感。所以故事本身要有它的普遍意義，不管你講的是誰的故事，這只是一個代表，要把真正的東西傳達出來。所以就馬森來講，他就很喜歡像〈小林阿達〉這樣失落的人，因為真正傳達出一個人受生活環境包圍之後的那種落寞的感覺。

光復前，也就在大東亞戰爭吃緊的那一年，曾遷到山上的農家，……

我們會搬到鄉下去，應該是在光復前，我五歲的時候，大東亞第二次世界大戰後期，也就是說日本戰爭吃緊的那一年，台灣遭受美軍轟炸，因此在城市或鄉鎮的人，都會遷到山上去，是在那樣的情況下遷進去的，我們在那裡住了一年多。台灣空襲差不多是在日本快戰敗前才發生的事。在那邊大概住了一年多，到光復後才回來。其實那個農莊離鎮上不遠，差不多有三十分鐘的路程。以前日據時代台灣的市鎮都不大，街道只有一兩條而已，出去就是山區，但不難走。以前都是田埂路或牛車路，現在是柏油路，那柏油路是不能走的，只有車子在用。台灣到現在也只不過是五、六十年前而已，以前是人在走，現在則是車子在走，真是不一樣的。

因不肯上學而被父親毒打，……

一年級的時候是按照入學的順序編班，因為我那天去登記的時候是在後頭，所以我就被分到後面的班。那後面的班，大部分都是一些愛玩的學生。為什麼呢？因為街上有錢人，或者說比較好的家庭的這些學生，譬如說八點鐘開始要去學校做登記，家長都帶領去登記完了。我是因為我不願意入學，被我的父親吊起來打，所以到了十二點鐘的時候，才由我的姑媽揹著我去入學、去登記的。這段歷史說起來，我父親當然很生氣，別人隔壁家的小孩都高高興興的要去入學，你為什麼不去？所以才會被打，那被打了以後，我的姑媽才從隔壁走過來，大概就是揹著哭哭啼啼的我去去登記的。我有一張小學的照片，已經十幾歲了，是跟同學一起照的，可能放在姑媽家裡，就是我父親的妹妹，她很會保存這些東西，但她已經過世了。

據說我的祖母是一個非常聰明，而且才藝非常好的人……

我是在棉被店樓上出生的，但是不是在那裡長大的，這個也還存疑。那後來我們蓋了一間很小的房子，是光復前蓋的，那是因為我父親在役場（城鎮公所）工作，那是一個公地，所以蓋在那裡。以前都是公地，私地很少，所以傳說很多。傳說是說我的祖先，我阿公、阿祖那代在通霄的事情，好像半個通霄市鎮裡面的土地是屬於我們的。但沒有想到我們後來變成赤貧，連土地都沒有，可能跟我們祖先他們處理生活有關係。我的祖母是一個童養媳，她姓邱，通霄邱家是一個大家族，而且到現在還很旺，但是他們分支很多，到底是哪一支，我不清楚。我的祖母童年的時候，以童養媳的身分來到我們劉家。本來劉家就是要把她許配給我的祖父，因為我的祖父有三兄弟，我這個祖母來了之後，據說跟我的祖父不是很好，所以他們可能是有名而無實。為什麼呢？據說我的祖母是一個非常聰明，而且才藝非常好的女人，她的朋友都是一些會演戲的，意思就是喜歡藝術工作的一群人。所以說她有沒有情人，或者說她的情人市不是有好幾個？因此有所謂我的姑母和我的父親可能是同母異父的傳言。

阿舅跟我講過：「你阿嬤是最一等疼你的。」

人家稱我小時候，是「軟k′am kam」的。

我父親當家的時候，我的祖父他們都已經過世了。據說在我兩、三歲的時候，我的祖母才過世。可是我的阿舅跟我講過：「你阿嬤是最一等疼你的。」

第一就是很乖不講話，據說我阿嬤無論到哪裡去，都帶著我。意思就是說，我的母親在我童年的時候，根本沒有帶過我，是阿嬤帶大的。妳知道嗎？我母親因為兩年就生一個孩子，上頭三、四個女的，還有一個大的。那只有我最小，那比較大的大都「溜溜走」了，所以她才會帶著我。那也因為我很乖，不哭也不鬧，所以我阿嬤那些朋友，她的那些姐妹淘（她們這些人生活都還不錯），在我讀小學的時候，看到我就說：「啊！那就是誰誰誰的孫子，以前是多乖呀！軟 K´am kam 的！」（台語軟綿綿的意思）好像被人抱了就舒服，絕對不掙扎。所以人家稱我小時候就是「軟´am kam」的，就是很溫馴的意思。爭相說著：「你看那個軟´am kam 的，你看那麼大了！」這就是我童年的記憶。關於族譜都是姓劉的族譜。所以這段史實，是後來我比較大了以後才聽到的傳說。這些事情，長輩們都不會跟小孩講，這種事是別人會講，而自己人是不會講的。

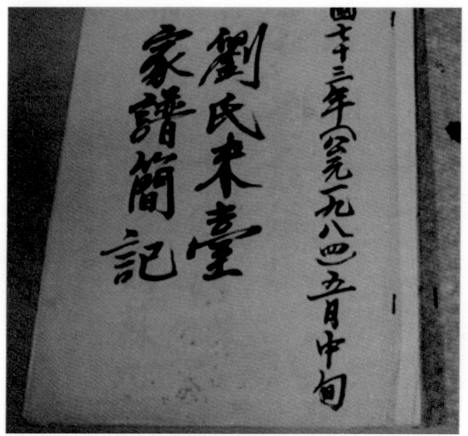

七等生親撰的「劉氏家譜」

據說通霄的一半，從哪裡到哪哩，是我們的，……

據說我的祖父那一輩之前，我們劉家是一個大家，是很有錢的，而且有很多土地。據說通霄的一半，從哪裡到哪哩都是我們的。譬如說現在通霄鎮的農會以東，還是以西。後來是因為日本人來的以後，日本人要建設台灣就買土地，那時候叫「大頭」（銀元）。日本人用它把我們所有的土地都買去了，買去建設，好像就是公家用地。譬如說：警察局、農會、鎮公所，所有的公共建設這些東西都建立起來。那在日據時代最重要的一個建設，就是這三樣東西，一個是農會、一個是鎮公所，一個是警察局。據說我的祖父跟我的祖母因為有名無實，那其他兩個，中間這個二叔公他是耕田的以外，第三個也是一個調皮鬼。他在日據時代曾經到日本，回來以後，也不知道什麼事情，後來就又離開，沒有娶太太，就離開通霄到花蓮去了，這是我的三叔公。我曾經聽我的姑母講（她常常會說三叔公的事情），三叔公少年時是很英俊的，所以三叔公跟阿嬤是最好的，可是這個阿嬤是哥哥的老婆，就是因為他年紀比較小，後來不知道什麼事情就賭氣走掉了。

關於被領養的弟妹……

我的小弟阿鐘出生在一九四五年，台灣光復那年。送給新竹做鉛工的夫婦當養子。說起這個新竹人，這又是一段歷史。這一對新竹做鉛工的夫妻，也就是做「黏錫」（台語）的，因為他老婆沒生嘛！所以我阿鐘出生沒多久，差不多是二、三歲左右，那個時候已經光復啦，是光復的以後才給人家的，不是出生以後就給人的。事實上在台灣光復以後（國民政府已經來了之後），我的父親被解僱，沒頭路，孩子一大堆，來自家庭的那種壓力可想而知。所以當對方說要不然你一個男孩子給我養啦，所以就這樣給他們養了，但沒多久他們就搬回新竹了。搬回新竹後，大概是後來才搬到台南的。自從他們搬回新竹之後，就跟我們都沒往來。等到我長大去找我弟弟時，寫《耶穌的藝術》的時候，他已經成年，我也已經成年，我已經三十幾歲啦，他也已經三十歲了，才知道說他們後來是搬到台南的，所以我才會下台南去找他。這個曲折的歷史，就是我這個弟弟的遷徙史，那前幾年他也已經過世了。他們或許就是不想讓我們這邊的人知道，因為孩子如果知道，他就會想回家。其實這一對夫婦，總共「分」（領養的台語）了兩個小孩，一個男生是我弟弟，所以他有一個姊姊，這個姊姊也是領養的，他們回新竹以後不久就搬到台南，是這個姊姊跟我們講的。我並沒有跟這個姊姊有聯絡，那個姊姊年紀比我還大，

現在可能八十歲了。我的大妹被吳家領養，其實也在阿鐘之後不久，應該是在我小學四、五年級的時候。

一位老師說：「你不穿鞋子怎麼行！你到新竹我給你買鞋子。」

　　大概就在我五年級的時候，大家在課後都在補習。但那時我沒有補習。第一個，我不可能升學；第二個，就是我家裡那時候已經沒有飯吃了，我怎麼有錢去補習呢？是等到十四歲要畢業那一年，因為要跟其他的學校競爭的關係，意思就是說要提高報考率，為了要爭取較高的升學率，所以把所有的該年畢業成績比較好的，都「撿做伙」（台語），而不管你將來有沒有要去考，那時我才被「撿」（台語）進去所謂的升學班裡面。其實我在小學時，非常的聰明，老師在講什麼，一講我都清楚，說什麼我都知道，尤其是數學，什麼雞兔同籠之類大家很困擾的問題，我一看就懂，那時數學我是最棒的，國語因為就是這麼簡單，也沒什麼好說的。

　　這個升學班，差不多每兩個禮拜就要考一次試，都要換座位。因為這樣。我都是排在前三名，在所有升學班裡，全校最後的畢業考，我還是排第二呢！因為第一名是校長的兒子，我是第二名。於是學校就給我報考省中，先是去新竹，差不多有二十幾個，較優秀的去新竹，結果連校長的兒子都全軍覆沒。我們那一屆都沒人考上，後來移師到大甲去，全部上榜。就是那一次，老師帶領我們去新竹考試，我在作品中曾透露了我自己的一個心事。因為那次的考試，我是無心應考的，第一，記得那天清晨要坐火車去新竹的時候，那個老師看到我就說：「你沒有穿鞋子！」我當時回答不出話來，然後他接著說：「你不穿鞋子怎麼行！你到新竹我給你買鞋子！」結果到了新竹以後，我一直想著老師要給我買鞋子這件事，我心想老師會給我買鞋子，但沒想到老師竟然忘了這件事。那天晚上，我一人躲在新竹旅社的門邊哭泣。所以那兩天的考試，我其實是無心應試的。回來後，自己的那種貧窮，一種羞辱的感覺才出現。以前在學校的時候，做小學生的時候，貧窮的歸貧窮，有錢的歸有錢，還沒有那麼明顯的差別。只有一出去的時候，我的同學他們都有新衣服、新鞋子、新襪子穿，然後包包也一樣，吃的東西都很豐富。而我什麼也沒有，因為去考試的時候是夏天嘛！只穿了一件短褲、和一件白衫而已，老師就覺得說，你怎麼穿得就像乞丐囝仔一樣，你怎麼會赤腳沒有穿鞋子呢？但是他不明白，那實在是因為太貧窮的緣故。

（二）逃離與遷移

為什麼在做小學生的時候，要開始逃學……

那時候窮的人當然很多，我不能說我家裡是最窮的，但是家裡的那種困境，從光復到我小學要畢業，我的父親事實上已經臥病在家裡六年了，生計整個都靠我媽媽、我的姊姊她們做草蓆維生。我父親以前是很體面的人，現在他變成這樣，鬱悶在家裡，一會兒臥病，一會兒生天花，一會兒什麼東西。哇！這個家庭幾乎是……，所以為什麼我開始在做小學生的時候，開始要逃學。升學的事情，剛才我講，開始學校能力分班，我不被編入升學班。後來到六年級的時候，才被人家叫去參加，因為我沒有這個意願嘛！以前分班都是這個樣子的，從五年級開始，實際上這個是一個壓力，於是我就是逃避回家，逃避學校。那時候的學生都一直在趕功課，我哪裡有回家做功課，我從來不在家裡會做功課的。連我上初中以後，我在家裡也不寫什麼功課，我從來不會在家裡寫功課。所以我為什麼會在初中，到進入這個師範學校的時候，我作文為什麼那麼差，作文都是丙跟丁，但其他學科幾乎是甲。因為國文是一個語言東西，你不讀書的話國文就會不好，因為我不讀書，我只有聽，其他理解的課我可以做，不是理解的課我不背，我從來不背東西的。所以為什麼我反過來，等到我當了作家以後，我才知道說要讀書，那個時候我才開始讀書。等於是妳們已經讀了幾十年啦，我後面十幾年才趕。以前我們逃學都去山上玩耍，要不就是暑假去海裡抓魚，然後就是去採土豆，就是去賺零快的就對了，不然就去賣「其Y冰」（台語）。

逃家的經驗

我的逃家事實上是我的心理問題，不是真正明顯的那種。我是一個非常被動的人，就是說即使我出走的話也是被逼的出走，譬如說我在做小學生的時候，為什麼要逃學，原因就是說我覺得不舒服，第一個，我沒有早餐吃，我瘦成這個樣子。然後，我到學校沒有人重視我。學校的東西老實講太簡單，我一看就會了，我在這裡學什麼！那我寧可出去玩，這是我那時候逃學的原因。主要就是說，我會欺騙我的媽媽說：「媽媽，妳今天給我帶一個便當好嗎？」我要求我的媽媽給我帶便當，其實我們都在教室內，中午就回家吃飯嘛！我就說：「媽媽，妳給我帶便當，因為今天我們班要舉行便當會。」因為我帶便當的話，我就可以拿著便當逃學逃一整天，不然我就還得要再回家吃午飯，

這是其中之一。然後到初中的時候我要去做學徒，是因為我媽媽說我們沒有錢再繼續唸書，給你註冊了，你成績雖然很好，可是你的品行不好，所以沒辦法得到這個獎學金。沒有錢去註冊，那我就要去工作，我就不唸書了，所以才會休學，這也是其中的一個因素。到了師範學校年紀比較大了，已經都清楚了，我會逃學不去上課，原因就是說，這些課對我毫無吸引力。

初中曾一度輟學……

進入初中，升到二年級的時候，我父親過世了。那我媽媽就說我沒有錢給你讀書，所以我就輟學去台北當學徒。後來導師來家庭訪問之後，找我繼續回去把學業完成，但成績已經開始不好了，已經無心課業了。因為那時候是青少年，正遭受這樣的生活跟這個打擊，所以在精神上，在茫茫之中，大概在尋找自己的一個生存，自己將來的何去何從？事實上眼前的一切，你的眼睛已經看不到了，已經不會去注意這些東西了。只是覺得說一切都是這麼不快樂，人活著是在尋求快樂，在尋求一個出路。雖然學業不好，再怎麼不好，到台北來考師範學院，也考上了，那也就差強人意了。所謂的不好，是跟前面的比較起來的。因為我是藝術科的，那藝術科放榜的時候，三個名字一排，貼在走廊上，那時候我的名字是在第二排，第二排的第一個，不是第一排，那就是第四名。錄取差不多五十幾個，還有備取的兩個，備取的是誰？是我通霄的另外一個同學，他是備取的，一個姓蔡的同學。我們通霄就我們兩個去考，我是第四名，他是備取，備取的已經算是幸運了。

不喜上課，跳窗出去

我在師範學校的朋友，不是我班上的同學，而是體育科的、音樂科的。那時我開始對音樂有興趣，也開始跟音樂班和體育科的學生做朋友。體育科的他們的體格都很好，而我是瘦巴巴的，跟他們比較起來是有很大的對比，可是你要知道，他們常常有一些什麼主意，都是我替他們處理的。就好像一個小孩子在教金剛怎麼打架，怎麼去欺負人家。我常常會罵他們：「你們這些體格那個大，但都很沒膽，力量雖大卻沒膽量，什麼東西都不敢面對，去打架也要帶一大群人，一大群人才打人家一個或兩個！」我跟他們說這種打架方式我不贊成，不公平就對了。雖然是我的朋友，我也會跟他們說：「你們這樣的做法不好！」台灣人就是如此，不管是學生也好，或者是現在所謂的黑道也好，大群就贏，等於說是欺負弱小。那我比較喜歡音樂科的，是因為我

喜歡音樂。每個學期學期末的音樂比賽，就是以班上團體為主，我開始教我班上的同學唱歌，連續三年擔任音樂比賽的指揮，三年之間得到五次冠軍，最後一次他們就說，啊，都讓你拿冠軍，這三年來都你拿冠軍，那個音樂老師說：「不行，這次不讓你得冠軍。」於是他給我打一個零分。

我蹺課大都直接是跳窗啦，不必走門，走門會被老師看到。因為師範學校每一個科目會在不同的教室上，不是說在固定的一個教室，所以去教室的時候，大家的位子會自己選，所以我會選擇旁邊靠窗的位置，等到老師回頭去寫黑板的時候，我就從窗戶跳過去，就這樣走啦！其實一個行為者常常沒辦法解釋自己行為的意義，就是因為這個樣子，大家都很討厭我。

去當兩年兵，還能夠開車，開平路機，……

我去當兵的時候，一進入這個訓練中心，連長、輔導長、班長就說要優待我，叫我去做「軟」（輕鬆的台語）的，不要做硬的，不要去出操。意思是叫我去做壁報，我說我不做，他就說：「你不做怎麼可以！你假如不要去做壁報的話，那就要去挖水溝！」我回說：「我要去挖水溝！」所以他們認為我很調皮，要把我磨練就對了。然後威脅我，因為他要我做什麼事情我都不要。意思就是說，他要給我優待，我還看不看不起他，我不聽他指揮就是了。可是，我要去訓練，這是我應該的，所以你要給我訓練很好，但是你要我去做別的東西，因為我是來當兵，不是來做壁報的，但是台灣人普遍的觀念都認為當兵就是要吃軟的，當兵回來的都會說：「我在那裡多『好康』！多『好康』！連長對我多好那樣，我都做輕鬆的事情！」這種吹牛沒有什麼了不起的，你看我去當兩年兵，我還能夠開車，還可以開平路機，這個訓練值不值得？這就是等於好像你的訓練執照、合格執照，你會開這個大機械，起先你要先學開車，八個禮拜先學開車，然後下面兩個禮拜，就是操作那個槓桿。由於這個訓練新兵營說我調皮搗蛋，所以就把我分去做工兵，沒有想到我去做工兵才有機會去學開這種車，雖在我一生之中，並沒有派上用場，但是你要說你會什麼東西？你會爆破、架橋，這個東西變成是我的專長。我只不過說我沒有去用這些東西謀生而已，不然，我是覺得說，這才是真正好的東西。很多怪事情會出現在我的身上，原因就是，因為我的想法跟人家不一樣，我寧可去吃苦。譬如我去做工兵的時候，我們這個工兵營常常到屏東的那個山地門去撿石頭。

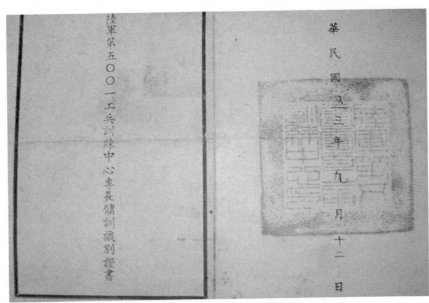

七等生當兵接受工兵訓練的合格證書

　　那時候是二十一歲，一般工兵受不了這個訓，主要就是因為，我從訓練營以後，他們就把我列為工兵，然後又下到工兵營去。但是，到工兵營以後那個教官才發現說，很多東西我都可以做一個模範，所以在工兵營的時候，那些教官後來都等於委託我去帶領這些學員，去爆破、架橋等等，為什麼呢？我也不曉得呀！為什麼那個時候我對這些東西很熱衷，就是對學這些東西很熱衷。因此，在工兵營結束了以後，就把我分配到一個非常特殊的機構，就是在嘉義那個第一軍的，指揮所裡面的一個機械部隊，叫做輕裝備連。這個全國只有一個連，一個連才四十幾位，輕裝備連，是一個步兵連。是陸軍範疇裡面很特殊的屬於一個支援的部隊。這個部隊所有的一切都是機械。把我分到那邊去以後，我等於去做這些玩機械的軍官、士官的一個助手。我們這十個就好像是他們的徒弟一樣，要幫他們提工具，等於說師父要有一個徒弟跟著，我們是那種做小工的。那個連長發現我有比較特殊，跟其他的人不一樣。因此，他就給我機會去受訓，學開車。所以學到這些本事是因禍得福，我覺得當兵兩年，不要說我怕當兵，混過去就好啦！在你的人生裡面，一定要學一點什麼東西，不管你將來有用沒用，你一定要學，有機會的話你一定要學。這是後來我的頭腦會變得越來越靈活的原因，也就是說，像我自己做木工，自己釘，自己塗，什麼東西我都是自己來。

　　其實台灣在日據時代並不窮，現在大家談起來說我以前有多窮，那是因

為光復的關係，為什麼呢？因為國民黨把所有資源都刮走了。光復前後的經濟比較，你要知道，以前在日據時代，台灣的米是夠吃，光復以後不夠吃。為什麼呢？因為老蔣他們要養五十萬大軍，然後又要運到大陸去支援，因為大陸是一個戰區、亂區，沒辦法生產。所以台灣反而要供應給蔣中正，後來蔣中正被毛澤東他們趕到台灣以後，他為了怕又要被趕，所以他才開始採取這個白色恐怖，所以白色恐怖就是這樣來的。

與台北的環境、制度格格不入……

從整個人類包括西方、東方涉獵了一周，我認為說我走的才是正路。這只是一環，就好像這個東西的製作一定有它的功能和有未來性的，但是這個功能本身，你自己造成這個成品本身，才是真道，其他的大概都是瑣末，也不是使命，而是說你正好得到了這樣的一個啟示，你在這樣的一個存活的時空裡面，得到了真正要得到的東西。生活其實我也很安定，只是我的心不安定而已。我的心為什麼不安定，因為我隨時都感覺到，整個跟我之間的一種節拍上的一種不合，原因就是說，太多人都在追求名利嘛！不是說名利不可追求，名利是自然形成的，你追求名利這只是一個手段而已，而不是說你真正的目的。你看現在有很多企業家他們終於覺醒，賺了錢以後，他們現在要開始回饋社會，這個是對的，表示說等到追求到名利的以後，他們不會只是用在自己身上，而能應用在大家的身上。

到過台大哲學系旁聽

我沒有那麼正式啦！只是路過啦！老實講我是有進去看一下喔，但是事實上我發現我不必去聽那些東西，第一個，可能我也聽不懂，就好像是有人在講一個旅遊的地方很好，你聽了以後很嚮往，可是你去了以後才知道說：「哪有什麼！」我不是真正去旁聽什麼，我是路過，可能進去一次、兩次。這種學習你都會有嚮往、有興趣，可是事實上你不會持續，不像人家說有一個目的，因此呢？你也不會覺得說跟你有什麼利害關係，或者說你有什麼企求。我根本沒有什麼企求，我只是因為我生活在那樣的一個期間、這個地區，變得要去看一下，或者好奇。但事實上我是覺得說，我根本在那裡沒有辦法獲得什麼。就好像說整個教育，到師範學校我也沒有獲得什麼。要說我獲得什麼？我獲得我心智上的一種開放而已。可是跟那個時候的教育，正好適得其反，那個時候教育是要跟你束縛。因為那個時候正好是國民黨的統治初期，

要把你規範，那我就變成是要去開放，所以我會跟這個學校格格不入。變得是一個壞學生，變得是一個要被開除的人，變得是一個代罪羔羊一樣的道理。

（三）由通霄再返台北
太太陪小孩北上求學

考上建中是老大，那是前幾年就考上啦！他那時候是住在我親戚的家裡。懷拙來建中的時候，大概就是寄在我姐姐家裡。他們高中開始都在台北唸書。小書也是，然後保羅。因為三個孩子都在台北，最後太太才完全跟上來。小書可能是自己租房子，因為她是讀世新的五專攝影科。她現在在做環保，住在花蓮接近台東富吉鄉。因為富吉鄉是農復會在全省的一個示範區域，就是說這個鄉所有的農作物都是不用肥料的，不用化學肥料。這是農復會規劃的一個小地區所做的實驗，這個實驗可能已經好多年啦！

那時候老大就開始去租房子，先自己租房子住，然後我的太太跟著保羅上來，最後一個跟著上來的時候才有一個家。那個家其實也是我替他們去找的，也是在這附近。那時候我還沒有退休，等到保羅讀完高中、讀完大學我才退休。除了保羅結婚以外，小書是最近結婚。他們沒有結婚儀式，我不曉得他們怎麼做。其實我跟小孩的互動很少，我們家不像一般的台灣的家庭，為什麼呢？因為從小我就跟他們講，你們在學校一天我負責，你們不在學校你們自己負責。所以我這種觀念是不是造成我太太不滿，是怎麼樣我也不曉得，但是責任、義務大家講得很清楚，我跟我的子女就跟一般平常的人一樣，我不會說我是父親，你是小孩，我要對你怎麼樣子；你是我的太太，我要對妳怎麼樣。我是覺得說，人永遠都是個體，不管你是誰，你是總統也好，你是乞丐也好，我都一視同仁。社會的習俗是怎麼樣，我尊重，我不反對社會的習俗，或者說社會所建立的一個什麼規範，這個我都是盡量配合。可是在我的做法上，我不會讓這個習俗混淆了一種所謂的思想的一種理性，一種合理的態度。你不能說因為這個習俗，大家就可以不合理，我認為說這是絕對不可以的，大家一定要合理，合理就是一種共知，就是知識上的一種共有，一種可以溝通的東西，這種東西假如你不建立的話，人就沒辦法建立。

從花蓮來台北，跟太太分居的開始……

本來我從花蓮來台北，就要跟我太太住，但是我太太說你自己另外找房子，因為她說她的生活已經不一樣了。她來台北住了這麼多年，都跟小孩在

一起。當我還在鄉下的時候，她只有過年過節回去。因此，我們幾乎是聚少離多，只有過年過節她們回通霄去看我，大部分她都住在這裡。等到我從花蓮轉到台北，我本來當然是要跟她一起住，沒有想到她居然叫我自己另外找房子。所以我就先去阿波羅大廈住，看我的畫看看是不是可以在那裡賣一點！所以就住下來，沒有想到不行，所以半年後我就回木柵來。來了以後不久我就認識欣霏。那我的太太就跟我表示說她要去出家。那時小孩子已經都從部隊退伍了，大家都成長了。她出家的地點，早先她已經陸陸續續都有來往了，不是說臨時的刺激，或者是什麼東西，其實她到台北住的時候，就跟她們有聯繫了。偶爾去那邊住個一個月或幾天，所以那時候她就說要跟我離婚。我說：「離什麼婚呀！」我們從來沒有談過，我們從來沒有壞過，也沒有說為男女的事情吵過。她說她必須跟我的生活有實質上的隔斷。我這一生老實講差不多都已經理解清楚，即使我有再交女朋友的話，我也不會結婚，這跟我們離婚不相干。不管這個女孩子，我交往的女孩子理解不理解，我還是會堅持說，妳要跟我在一起很好，可是妳說妳要跟我結婚，我認為不好，第一個，我年紀那麼大了，幹嘛背了一個過去的包袱幹什麼，除非妳不願意跟我，覺得說跟我沒有什麼樂趣可言，那就算了。我是覺得說，男女之間的那種關係，不應該靠婚姻來維持，婚姻事實上它的真正的功能，在過去的社會主要是為了下一代的問題。那假如說，純粹只是這樣，那幹嘛要結婚？結婚是神聖的東西，結婚就表示說，妳我之間永遠有什麼名份在，這種名份是你的子女，永遠覺得記住的一個結。

太太出家剃度，跟交女朋友有關嗎？

太太剃度是欣霏離開了以後的事，我們這三個小孩都有去參加她的剃度。我不太記得是哪一年了，這些東西我都記不住了。那時我太太要跟我離婚，我沒有答應，可是她要去那裡住需要一個手續，我就跟我的太太講清楚，既然這樣子的話，不如我就寫一個同意書，內容是這樣的：我跟我的太太兩個人分居了，各自生活，以後發生的什麼事情，不牽連到對方。她是去了以後的第二年（她是何時剃了頭，我不曉得），才開始剃度的。我的小孩去參加剃度禮回來後才跟我講這些事情。事實上，大家都在一個理解的範圍，或者說在一個沒有什麼牽連的範疇之內完成的。總之欣霏也了解這個事情，所以沒有什麼瓜葛。

女朋友說：你這個人一點都不了解女性喔！

以前的女朋友說：「七等生呀！你這個人一點都不了解女性喔！」不像其他男人，為了要追求女性會去做什麼。「你要追求女人，以你這樣的態度，永遠都追不上的！」因為女人是要用追才會追得到的，女人絕對不會說自己來。她跟我相處，我是對她相敬如賓的。我對她說起來是很好，所謂的很好，是在一起的時候她要什麼有什麼！她要上班，我每天起來做早餐給她吃，然後叫計程車給她坐，回來的時候，她要跟朋友在一起，我就要到台北市去找餐廳，去設宴給她們吃飯。我來台北，當初還滿有錢的，所謂的滿有錢，不是說怎麼有錢，大概只是一、兩百萬。第一個，就是說，因為賣畫。第二個，就是我把台中的家賣掉。所以我手頭還有一、兩百萬，這一、兩百萬就是這樣的，這十年間就花完了。我是來台北以後，在阿波羅大廈畫廊開畫展，來到這裡居住的時候，才透過朋友認識她的。

事實上我請她來等於我在服侍她……

過年前她好像還有跟我打過電話，從九六年交往算起的話，現在已經二○○七年了，大概交往了七、八年左右。沒聯絡是近兩三年的事，也沒有所謂的沒聯絡，有時候還是朋友嘛！反正這個事情是這樣子。我跟吳小姐認識不久以後，我就請她來跟我一起住，事實上我請她來等於我在服侍她，因為她在上班嘛！我沒有上班，所以我剛才不是講了嗎！早上我要叫她起床，做早餐，然後她要趕時間，我又要叫車。有時候我開車送她去，有時候是叫車。有時候也開車去接她。她在板橋江子翠集團上班。那白天的日子，我有時候去看我媽媽，因我媽媽年紀大了，快九十歲了。那時她還是八十幾歲的時候，起先她還好好的，沒有什麼好看的。後來她臥床不起了，去餵她吃稀飯，問她要做什麼，去看她，就變成是我的一份小小的責任。因為我的其他姐妹也會去看她。因為住得比較近，所以我就常常去，等到我媽媽已經不行啦，我那些姐妹要求我一定要把媽媽接過去養。所以我就請吳小姐說：「妳暫時先回去，把房間讓出來，我媽媽要移過來。」

就人情義理來講，我當然是要侍奉我的母親，……

所以吳小姐也理解這些事，因為這不是什麼欺騙的事情。感情的事我沒有欺騙吳小姐，但就人情義理來講，我當然是要侍奉我的母親，這個是一個很重要的一件事情。所以，我就請她先回去住。等到我的媽媽過世了之後，

我問她說：「妳願不願意再回來？」結果她又回來。回來後大概又住了一小段時間，因為工作上的關係，她已經離開了江子翠，跟一個法國人類學者去做田野調查，到台南去了。所以她就常年都住在台南，雖然她的東西在這裡，可是她沒有住在這裡。等到她台南的工作，兩、三年過去了以後，又回來的時候，她就漸漸的在這裡住不下來，所以她就走了，她就回去住了。她要回去的時候，我還要替她搬東西，一趟又一趟的。事實上就好像我自己做這些工作一樣，不是說，兩人感情不好，大家都不理會大家，我還是會去做這些東西。她有時候也不方便呀！要怎樣！我就是慷慨給她，她要多少錢我都給她，其實她要的東西不是錢，我不是說她要我的錢，她知道我現在已經沒有錢了。所以我常講，人常常會共享安樂，但很少能共享貧窮。大部分的人在一起都是共享安樂，但一但貧窮了、一旦匱乏的時候，人就會離開。

所以我也不是說責問她，要回去就回去。她是不是在全集出版之後就離開？其實這個非常模糊，因為其實有時候她還是會再來看我。這個東西怎麼分得清清楚楚，老實講是兩、三本書說不完的。但我才不寫這種東西。妳要讓我寫的東西，絕對不是我的私人事情，但看起來都好像我的事情，但是我不講事實。其實我的寫作都有一種它很濃厚的象徵性。但是這個象徵性，為了要合乎一種心理上的一種結構，所以它會轉換。我是覺得說，一個藝術家事實上他只是一個反射而已。

（四）關於作品

我的作品幾乎是把台灣的任何事情都寫到，……

我這一輩子活在台灣，幾乎沒有出過門，我的作品幾乎是把台灣的任何事情都寫到，包括選舉，如《白日噩夢》，但是我寫的都是現象。我不是在批評，這種生態其實在我的文字裡面都有。台灣的各類各種的問題，包括男人是怎麼樣的男人、女人是怎麼樣的女人，透過我的心理的一個轉換，都會顯現出來。所以我不是一個什麼了不起的作家，我只是一面鏡子，在這個生活的環境裡面，反映了生活的實面。跟我心裡面的一種感受之間的一種互動、一種連結而已。所以你看我不會向其他的作家說，他是一個被人家稱為了不起的作家，為台灣寫了什麼了不起的東西，我大概不會。

上李登輝書……

但是我非常關心台灣，譬如說：李登輝要選總統，選了總統以後我會給

他寫一封信幹嘛，然後大家對李登輝都很看好。李登輝是第二屆的時候，我有去選、有投票，所以我會表達我做為一個台灣人希望總統做些什麼事情，我是從歷史的觀點，去告訴李登輝、建議李登輝。過去日本人留下給台灣的東西這麼豐富。從清朝的時代就是一個瘴癘之地，那個多人來，整個鎮死了台灣。台灣現代化是日本建立起來的，譬如說；水域、交通、台灣生態也好、教育也好。國民黨政府今天接了這個棒，我們不要管前面兩蔣是怎麼回事，今天你在治理台灣，台灣應該要走向哪哩？這是我應該建議的事情，所以我才上言給李登輝。我的建議不像一般的人建議，我是要他說，你要為台灣的未來的前途規劃一個遠景，就是要建立台灣的所謂的政治中心，因為台灣的政治將來一定會走向另外跟兩蔣時代不一樣的東西、不一樣的局面。所以我是希望他能夠建立新督法，我不管是將來統一也好獨立也好，台灣將來會成為一個自己的政治的區域，這個區域裡面，你一定要有一個定點、一個媒體，就好像這個一八幾年的時候，美國獨立不久。那它的首都到底要定在哪哩？要定在紐約呢？舊金山呢？眾說紛紜。可是一定要有一個美國的首都，所以後來它們透過了一個公平的建議，就是說美國的首都絕對不是在什麼大城市裡面，而是另外的一個地方，開闢一個所謂的華盛頓地區，因為華盛頓是一個總統，一個開國總統，那個地區就是一個特別的區域，成為將來統治美國的一個政治中心，所以華盛頓必須是一個特別標出來，足以在那裡建立新市政的地方。我是建議說，台灣也可以建立一個新市政，把台北讓給文化跟經濟，不要跟政治混在一起，台北變得不三不四，那麼擁擠，人口那麼多。台灣為什麼要建立一個新市政？意思就是說，台灣從光復以後，從日本人手裡之後，國民政府把所有的社會的一個制度跟規章，也就是人類應該遵守的那種規則，整個都破壞掉。所以台灣為什麼會貪污那麼多，建築法規那麼複雜，那麼亂。這個都是國民黨來了以後，帶來的一個惡行。法律不彰，法律人自己不公正，因為過去國民黨統治法院是自己的，法院是國民黨自己開的。所以這些弊病是不是要從李登輝開始要建立起來，那建立起來不是空口說白話，一定要從一個實際上面去著手、去建立。

　　我特別在上（言）李登輝的時候，說建立新市政，是為了要建立新的台灣社會的一個規範，譬如說：建立新規範本來是一個建築的事情，這個建築法規一定要開始建立新的法規，不然台灣的法規，老實講到現在一定都會有糾紛。台灣的交通也是一樣，這個東西變得錯綜複雜，講都講不清楚，到底

要依據什麼？就好像今天他們選舉的時候你就可以感覺的出來，國民黨、民進黨各說各話。所以李登輝老實講責任重大，沒有想到李登輝這些東西都不做，我才會對李登輝這個人開始在研究，原來我的建議他只有採納「中華民國在台灣」這句話，以前的人不會講說「中華民國在台灣」，你看現在大家都在講「中華民國在台灣」，他只有用了這句話。

自有作家以來，從來沒有像七等生這樣子，那麼關懷人的心。

除非你是一個非常有自覺的人，你會發現說，自有作家以來，從來沒有像七等生這樣子，那麼關懷人的心。其他的作家我不是說不好，因為他們都很專攻。譬如說：黃春明他很鄉土；楊青矗他的工人。他們都是專職的作家，他們都是為他們發言，這個我是覺得說，他們都很了不起。可是普遍從一個社會的觀點，或者說歷史的觀點，或者說心靈的觀點。因為小說或者說文字，事實上都是發自心裡，這個東西很重要。我的東西可不可說是受西方的影響？因為西方自古以來都是這麼做，這個也是後來我自己在政治上，跟我自己的個性上配合而水到渠成。我不是說我的東西寫得有多好，我只是在這方面，盡力把我自己所思所想表達出來而已，但是我不是說我為了要求什麼？很多人做了這個工作是為了要報酬，我有沒有要求報酬，我有沒有要求人家給我什麼了不起的什麼東西，我不會要求這些。

（五）陳映真坦承讀者投書的魏仲智就是他

我從廖淑芳撰寫論文的認真態度才知道，陳映真做了這一件事情。陳映真的確是對我很欣賞，就正如我欣賞他一樣。但是我們的理念可能是南轅北轍，他的做法有一些是我不敢苟同，就是說他太功利主義了。因為他是一個現實主義者，他也是一個民族主義者，他是走毛澤東這條路！我走的倒不是說台灣獨立這條路，那種所謂政治訴求的那種，我是比較屬於一個應該怎麼樣思想的這一條路，所以我是不太分所謂的西方跟東方，或者說臺灣人或者是什麼外省人。我不會把一個人的一個區域上的一個分別當做考量，我唯一考量的就是說你如何思考？這才是我要考量的。其它我不考量，假如說今天一個猩猩或者一條蛇它會思考，它會跟我溝通的話，我還會跟它作伴，但是假如說它沒辦法我就沒辦法。不要說、大家都認為說我不合群，我幹嘛要合群？是不是？難道合群才是正道嗎？對不對？我愛人類，可是我不一定說我每一個人都愛，可是人類是一個名詞，是一個概念，可是人是一個個體，是

一個可以接近的東西，這個東西就有所選擇啦！對不對？你的腦筋一定要分清楚這些東西，很多人都講不清楚，就好像這些政治人物。

現實永遠跟思想是有區別的。我不怪現實，我也不怪說大家忽略了我，或者怎麼樣，我不怪這些東西，我也不求說你一定要給我什麼，因為我本身就是這樣的，我不會裝出一個樣子說，你一定要尊重我。我活著好像我沒有活著，可是我好像活著，主要這個理性的存在或者說思想存在的話，我永遠活著。所以你看，我在處理我自己生活小事情的時候，你就可以看得出來，我的思想都會反映在我的生活裡面。很多人都會說我是偉人，我不會、不會反映這些細節，那是錯的，真正的細節才是重要的東西。

（六）復職與調職
我不太適應這一個職場的工作

在職場上我是得過且過，因為主要就是說，我在教學上來講，我會有一點點跟一般的老師不一樣，老師會反映到潮流上，那我是我行我素。所以、尤其是在小學裡面，小學也許比較不那麼嚴重，不那麼功利？小學畢竟是一個初級階段，很多東西是模糊的空間，但是我的班級，假如說小學也有它的競爭性，譬如說一個年級有五班，這五班常常會比賽，哪一個會比較強，這個比賽是無可厚非的，但是我的班上是永遠是排在最後。因為我絕對不會灌輸小學生太多的東西，我是認為適可而止，不會像其他老師，給你補充材料。所以有很多學生非常喜歡我，就是「老師，今天我們要做啥？」「今天我們來『七桃』（台語，指玩耍）。」

我不太適應於這樣的一個職場的工作，所以我年限到了就退休，原因就是，我不會計較我的薪水有多少。我幹嘛我要去計較我的薪水有多少？我在通霄的學校，大概通霄的所有的學校我都服務過。我二十年在通霄，第一個先在通霄國小代課一個月，後來我就申請復職，因為我回通霄住的時候，我還沒有復職，我要申請復職是我先去代課一個月，然後跟學校有接觸的時候才會給我申報，然後去申請復職，復職的時候是就派到這個城中國小。後來我自己就調到五福國小，城中國小只有待一年。

我就調到五福國小，五福國小大概十年，我又調到坪頂國小，坪頂國小大概五、六年，我又調到這個福興國小。所以，通霄國小、城中、五福、坪頂跟福興五個學校。這二十年到了五個學校去。福興國小就大概四、五年啦！

七等生筆下的沙河

　　總之，通霄所有的學校大概只有七、八間，我就佔了一半以上，很多人是一輩子都待在哪個國小，或者是哪個單位，而我是會調，主要就是說，你要知道，我的生活反映在我的所謂的工作上的話，那是一件非常無奈的事。因為我要去完全服從這個水準，只能夠說我盡量啦！其它的事情希望你們原諒我，而不是說我要去批評你，我不會去批評，我只是說你們能夠容許我的存在，我就已經很感激你們了。所以我該辦退休的時候，我就說：「我要走啦！」那苗栗縣縣長謝金天就說：「啊，你這樣七少年八少年（年輕的台語）就要退休。人家都教到五、六十歲，都還沒機會退休，你是跟人家退休個什麼呀！」我就說：「我就不思念嘛！」縣長又說「我沒錢好讓你退休啦！」我說：「我不要錢，五十元、一百元都沒關係，我隨便你給我，你要合多少給我就算多少，我走了就算數。」我到了五十歲，就看破了這個，我將來有一碗飯吃就夠了。我不要說我的生活一定要有什麼規模，要一個什麼水準，我從來沒有這麼要求過，從小到大我從來沒說我要建立或要賺多少錢，我只是想要做什麼而已。我只是說我要去看一本書，或者說追求一個東西為滿足，而不是說賺錢，因為我絕對不會賺贏人家。而像我這種命的人，幹嘛要去為了一點什麼東西計較，所以我為什麼會那麼低調，就像我到通霄很久，人家都不知道我是一個會寫作的人一樣。

　　〈我不想讓人覺得我有做大事的使命感〉就是接受謝新蓉訪問的內容。

那是在台北，那次她的訪問寫得很好，寫得很好不是在訪問我的部分，而是因為她是配合去訪問另外一個教授叫蘇峰山跟楊牧。他是配合楊牧對我的印象跟蘇峰山對於他整個成長過程，在台大的時候讀我的書的一個歷程。他說到「七等生為什麼可以讓我在那個時候追求的一個原因」，以及楊牧對於七等生的一個評論。因為楊牧跟我同年代，他是一個作家、學者兼詩人，他是台灣一個了不起的文人，真正的一個文人要像楊牧那樣，最早肯定我的大概就是他，其他人都在 K 我，「這個人喔！應該把他打死喔！」結果楊牧是在德州發表他的那篇論文，在做學術研究的時候，他寫了他的第一篇肯定我的東西，後來的研究者都是從楊牧這篇論文出發，去做思考，才能夠接受。不然大概也很難接受，因為你要憑著讀這十本書，我的著作，要去理解出一個大概很難，因為我的書是一個結構，我老王賣一個瓜啦！老實講是一個系統，是一個 system（系統），這是系統每一個細節裡面，從來沒有忽略掉，就好像一個生命體。你看看，神經細胞那麼清楚，就是一點點地方這個神經都可以到達，這是一種感覺。所以這種東西事實上，假如你沒有在你認知的階段去追求一個教育來健全自己的生命體的話，你就沒有辦法去產生你自己的一個思考系統。

畫畫也是在建立一個系統，而且都不一樣。但事實上都可以看出它那種生命的活力，一種生命現象。它不一定寫實，但它一定來自寫實，但它出現在這裡不是寫實，只是一個現象。我認為這是一個功能。可能是我的挑戰比較早，我以前開始認知以後，接受了這個國民教育以後，才知道了這個社會的不健全和偽造的一面，讓我覺得非常的不舒服，然後我因為自己的一種缺乏，才變得有一點堅持，假如我是出生在一個富裕的家，那也許就會茫然無知。因為挑戰，你才有生命力；遇到困難和瓶頸的時候，你才會去思考，否則只會會順著走。其實文化的產生，是來自於一個挑戰，所以一個文化的死亡，像中國文化的死亡是非常可悲的，像埃及文化的死亡以及印度文化的死亡，這個都是成為歷史可悲的說明。但是我們現在了解的埃及文化、印度文化、中國文化，其實所了解的都是初民文化，都是早期的，現代的文化早就死亡了。你不要說中國崛起，這只不過是一個表面世界而已，而不是生命體，這些都只是一個表面現象而已。美國的崛起，所留下來的只有痕跡，只有幾個人代表，可是這幾個人之間的那種傳遞性，不是國家式的延續性，而是人類思考的延續性，譬如說：孔子傳到這個朱熹、王陽明他們這些人，然後到了

這個明末，中國是一個跳躍性的東西，中國文化的覺醒常常是曇花一現，孔子也是曇花一現，不過孔子是好在那個時候他可以整理，所以孔子是古今以來一個最了不起的思想家之一，他能夠去整理這些東西。不像其他的西方思想家，他們是一種創發、一種發明，他們一代一代之間，踏著前一代的腳步，不斷的往前走，所以他們的路比較像是一個建築法一樣，他們是有地基的、是有踏階的、是有景觀的、是有背景的。所以西方文化演變到了今天，整個來講是一個整體文化，而中國文化只是曇花一現。

搬進坪頂新屋

就是坪頂新屋落成，才會調到坪頂。在鎮內的祖屋前幾年就賣掉了，可是小孩他們還住在城內，因為還沒有拆屋嘛！因為是還沒拆要先去蓋新屋，蓋完新屋我就先去住了，等到那邊人家要『厝』（房子的台語），整個才搬過去（指新屋）。其實賣掉的過程不是一兩天的事情，有時候會延期半年、一年，譬如說：簽約啦！拆屋啦！或者是付款啦！這個東西完全是一個時間的歷程。他的頭期款多少？之類的。那我有頭筆款，我就先去蓋了嘛！等到他全部都付清啦！我才會屋子整個讓給他，也許是一年後的事也說不定。到了一九八三年，我去美國的時候，我們全家都已經在坪頂的新屋住下了。

（七）關於現狀

整理文物，準備交給子女，就隨時可以走人啦！

現代我大部分時間都在整理我退休以後的一些畫作，然後準備把這些東西交給子女，把我的東西呀、文物呀，交給他們就好了呀！那我就可以隨時走人啦！妳要知道，我這個人跟人家不一樣，原因就是說活著就要活得清清楚楚的。我全集出來後，我就不要再寫了；其實關於台灣的一切，該寫的我都已經寫了。讀完我全部的作品就會知道，我的那種刺針，幾乎都刺到台灣的某一些生態和命脈上。哪些當然我不能夠講，但這些脈都被我抓出來了。然後我自己的工作，要在我自己的手上完成，我不會留給我的子女有什麼財富，我根本沒有財產，我有的只有這些，我的活著的一個痕跡、紀錄等這些東西。到最後，我的畫都自己要整理，一張一張的釘上我自己喜歡的框，然後交給我的子女，那我就沒有事了，就隨時可以走人了！

要出國是沒有特定哪一個國家，不過我假如要去的話，大概會整個世界走一圈，花兩三年的時間繞一圈，應該是會用自助旅行的方式，假如你不要

太奢侈的話，有什麼車搭什麼車就走。我一生沒有出國過，八三年只有去美國，那是被動的，那是國務院要求的，那是人家出錢，半年的時間。因為現在出國很方便，不像以前要申請，只要你有護照，買個機票就可出去了。（完）

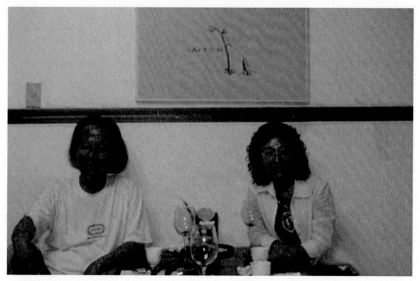

七等生與筆者合影（2007 年 4 月 24 日攝於七等生台北木柵住家）

之六：蔡松柏牧師專訪——談〈耶穌的藝術〉整理稿（節錄）

時間：95 年 7 月 22 日（週六下午 2：30～5：30）

地點：屏東縣林邊鄉永樂村榮農路 16 號　林邊教會

受訪人：蔡松柏牧師（一九六六年生，台中縣霧峰人，東海歷史系畢業，台南神學院道學碩士）

採訪：劉慧珠

整理稿：劉慧珠

一個牧師的角度——談七等生《耶穌的藝術》

七等生看待聖經的態度

他基本上有一點要把它從宗教世界抽離出來。因為他知道所謂宗教世界其實蠻複雜的，如果包括民間宗教、各種宗教的話。他也說他小時候不怕鬼神的話，……所以他其實沒有去處理鬼，或是神的問題、上帝的問題，他處

理的是說，他看到耶穌的影響、耶穌的表現到底給他怎麼樣的一個啟發、一個怎麼樣的感動。所以，可能是一種比較是人格的典範，或者是⋯⋯可能有的地方還沒到真正信仰的層次，因為說如果要提到信仰層次的話，這種談論方式就不太好懂。因為他已經在做解經了，雖然是隨筆，就是筆記啊感想的，可是他自己也在解經啊！我們（牧師）雖然不是專門的神學家，可是我們也在解經，我們從一個普通的基督徒變成牧師，我們自己都有在讀經解釋聖經，尤其現在下個禮拜要講道。那問題就是說，他如果純粹說要去理解一個所謂文本啦內容，這凸顯他一個蠻明顯的局限，先不要講好壞或是對錯，他的局限就是我剛剛說的福音書還有三本，而且整個新約都在以耶穌為中心，在談論關於耶穌所啟示的內容、內涵，那保羅寫了那麼多篇書信文章，基本上通通不離開耶穌這個主題。所以你想想看，馬太福音是四根柱子的其中一根而已，我剛剛說四個面向來看這件事情，那四根柱子組合起來以後，還有一整個□□，這是比喻啦，一整個桌面，比如說各個使徒的著作，來撐起這整個桌面，來撐起整個新約、整個□□，所以他要明瞭耶穌是真正怎麼樣一個想法，公平的來說喔，他至少要把四福音讀完。我是發現他可能覺得馬太最大的，讓他最容易去論出一些事情。因為他在這裡一再強調猶太復國運動，而馬太福音這個色彩比較濃厚，就是有比較明顯的想讓猶太復國的這個思想在裡面。所以他的好多文筆都跟這個有關，包括他一直強調大衛跟約瑟，他說約瑟是大衛的、就是耶穌名義上的父親，他說約瑟是一個繼承家族的重任，約瑟有這一個強烈的意識，應該也會從小就影響耶穌，也跟著在這個意識裡面。其實這個部份在聖經裡面，不是很明顯，沒有像他講的這麼這麼⋯⋯他是社會上有這個期待⋯⋯。

這是一個基本的時代背景，就是他們有好幾次的反抗運動，直接對抗羅馬的，在不同的時間點，那是武裝暴動，對抗羅馬政權。但是其實很多猶太群眾，包括約瑟，他是一個木匠，聖經的資料跟我們所唸過的東西，根本就沒有提過約瑟有任何這樣的一個色彩，同樣是猶太人，我是說就有的人復國主義思想很強烈，有的人根本就活在那個氣氛下，可是他沒有⋯⋯。他一直設定說約瑟從這個大衛的脈絡世系傳承下來，這個⋯⋯怎麼講，猶太復國的典型會出現在約瑟身上，約瑟又會出現在耶穌身上，然後再來是耶穌後來走復國的路。雖然他從福音裡面發現了當時的社會氣氛，可是沒有足夠的證據去把他這樣的一個發現⋯⋯把他當做這樣的一個表達呈現出來。所以他這個

部份，有一個蠻明顯的是，他這樣推測他這個……其實或許他寫作的時間或許不是很長，因為那他有一個東西就是他看到聖經的時候勾起他的興趣，這個時候其實是他靈感激發的時候，這代表他從前沒有讀過聖經，那他一讀的時候覺得跟其他書都不同，他一讀的時候覺得福音書裡面的內容，因為福音書剛好是飯店放的都是新約聖經而已。新約聖經打開就是馬太福音，馬太福音打開就第一章就是耶穌的家譜，他從那裡面越讀越有興趣，其實他可能讀了幾次以後他開始做筆記，做簡單的筆記，然後開始變成對話、變成一些□□的文章，變成耶穌的語氣這樣。

　　不過他在寫這個的時候或許他已經有一點名氣了。那他好多地方都是用他文學家的角度，跟他想當然耳的方式去寫的。……他這個對話就是說我是說從人文的角度來講，這個聖經，尤其他寫了馬太福音這個作品，或者是說耶穌這個典型，激發了他一些，他對人生觀的探討，對於社會或是對價值的探討，對什麼的探討。這一點是存在的，這一點他倒是有呈現出來。尤其他看到耶穌有一些人格特質，層次是相當高的。但是他在處理這個事情的時候，他有一點忘記就是說，其實他先做交代，先做迴避。他是說好像說他不要……，就是說其實他在面對一個全世界最的大一個信仰的經典，他的預備工作其實是不足的，但他也只想用這樣的處理方式來呈現這些東西，這樣比較不會有枝枝節節的東西，要去改或是修正，因為他是從這種感受式的，他這種是他有一個既定的價值觀或是思考方式，那他碰到《聖經》這個作品的時候，他的思考方式跟聖經作品之間開始產生一種交流，碰撞跟對話，這時他就開始去篩選，因為他只看馬太福音好幾個故事，好幾個場景，好幾個流程，他就一直去篩選說這個東西他要放在什麼層次來看，他其實也在做一個工作就是去神話，他只要看到神蹟、神話、奇事，他就會說：哎呀，這不可能啦，這個就是□□啦，可能他不一定用這個詞啦，他的意思就是說這個不是□□□那個□□。但其實我們的民間信仰裡面有更多不可思議的部份，是眾人在接受的，可是他沒有拒絕這個問題。他也覺得這個有些地方像那個中國民間故事。但是《聖經》的層次比較高，如果從範疇來講，他也把他歸類成類似像這個，只是《聖經》的品味比這些還高超這樣而已。

　　他讀完了以後他就去想說，這個作者為什麼會這樣編排這種故事，所以他去設定作者的目的、作者的寫作動機，其實都有意涵在他自己的……他去假設它是怎麼去，刻意去營造一些東西、一些景象，或是刻意去描述，所以

有些東西他都覺得他很難接受，但他就是知道說，去解說為什麼作者要這麼寫，為什麼耶穌要這樣表現，他最後目的是什麼？作者是馬太馬太是一個稅吏，耶穌在某些經籍裡面有叫一個稅例來跟隨他，經過稅關有叫一個人來跟隨他，這個人其實就是馬太。他那個時候叫利未，他本名叫利未。馬太的本名叫利未，他另外一個名字就是馬太，他就是馬太福音的作者，他本來是當這個抽稅的，替羅馬政府工作。

那他遇到他以後就變成他的門徒了，就是十二個門徒之一沒有錯。

從你是基督徒，我是牧師這樣的角度來講，我們會比較接近。因為我們還是一個基本共同信仰，雖然我們對一些小見解會有一些不同，可是我們對信仰的共同看法會比較多。可是七等生他不在這個範疇裡面，可是他卻來處理這個文本的時候，其實從頭到尾，他當然也有欣賞的地方、肯定的地方，所以我才說你可能要從他自己的人文的角度來看福音書，重點把它放在是文學作品，然後前面放一個形容詞就是「有宗教性的」，有耶穌的一些民情，引起他的一些思考。這個部份，跟你要正確的認識福音書，還是說我們從信仰的角度要來看這些作品這個範疇又不大相同，⋯⋯他的說法有太多需要重新去檢討的地方。我是說，現實上或技巧上必須隨著他把耶穌視為文學作品，跟著祂走，有相當的妥協。⋯⋯因為他是逐章的寫的，他不是那種看到要做的主軸之後，我是說看到馬太福音的主線之後再去寫的，他是逐章的寫，然後每一章都給它回應一下回應一下，然後慢慢地帶出它的整體感受。⋯⋯他自己對這個東西也沒有定論，但是他自己覺得最能找到的答案就是在《聖經》。⋯⋯聖經（路加福音一：7）有記載說，另外一個叫做以利沙伯⋯⋯他說這個老婦女是不會懷孕的，這個聖經裡面也有說嘛，他是祭司的太太。該生育的時間都沒有生育，到年老的時候才懷孕（路一：24），然後隨後花三個月六個月之後，瑪麗亞就懷孕了（路一：31），他的意思是說，這兩個人都根本都是不能懷孕的人。瑪利亞的孕，照聖經來講，也不是從那個來的，他是說，其實他自己是相信，他自己沒有去處理，沒有明確的去講說其實耶穌是怎麼來的，但是他先認定是瑪麗亞私生的，瑪利亞的孩子是私生子。然後他因為看到聖經有一段是說「天使進去，對她說⋯⋯」，他乾脆就有一點半諷刺，就是說這個天使，其實這是一個很大的天使長，叫做加百列。他就半諷刺說，難不成以利沙伯跟這個瑪利亞，都是從這個情人來受孕的。因為有來跟他們相遇，有跟他們在一起嘛。所以他對這方面他自己的處理是很模糊的，因為

他第一個不接受這個事情，他也難以去想像，所以他講說既然聖經你要講說是聖靈來的孕，難道是天使給你下的種嗎？他就可以這樣用文學的角度這樣去想像。因為在整個思考裡面，他如果要進入信仰的思考模式，他會覺得好複雜，所以他……我剛說最能去解釋一個孩子不知道從哪裡來，最好的一個方式就是私生子。自古以來就是如此，但是現在有很多很有名的人，是不是……原本的不是他。你看我們這邊蔣經國先生，□□都不是誰生的，他們的妻子都是另外一個人阿……母親啦，他們的母親原來都是另外一個，人物的另外私下找的女人生下來的……我只是舉例而已，我並沒有在想說他有沒有在暗喻那個環境。那他也很趣味就是說，他覺得私生子也可以活出這樣一個表現，他覺得說不要看輕私生子啦，每個私生子都可能是一個人物。……

所以我說聖經的面向是很完整的，……在我們語意，語意有很多用法，可是一般人在說什是神話的時候，他的意思就是什麼意思？就是確定的，沒有別的更深的涵義，就是神話。……我現在要講的就是說，其實聖經很仔細的顧慮到屬靈的神的層面，天上的層面跟地上的層面。所以你看在路加，還有馬可福音，耶穌已經被稱為人的孩子，他是人所生的孩子。所以有時候我們對神蹟是很困難去解釋，其實上帝他對人是□有人的權能，可是他又是在世上去做他所做的工。所以其實祂讓耶穌來到地上，讓祂成為從父母所生的、用人的形象的。這個就證明說，我要怎麼講呢？證明說他其實在，為了讓人明白上帝的作為，其實上帝是考慮到人的整個的接受度的，……。其實所有的關鍵點，都是在於聖靈懷孕這件事情，人的思考很難想像。但是你看複製人，複製羊都能懷孕，你看衍生的問題更複雜了。你知道嗎？你看人可以用科學技術直接複製的話，它的倫理關係，它的很多問題都會一起出來。我去複製我的……我說人如果有能力去用一個，非那個男女結合的方式，來產生另外一個新的個體，完全的生命。如果人的技術都可以做到這樣，上帝的能力豈不能夠……。而且這背後當然要處理一個他們相不相信有一個上帝，而且這個上帝是一個怎麼樣的上帝，是不是一個創造者的上帝。他既然能創造那麼多，從無中變出那麼多存在的現實物，那麼這麼簡單的一個動作，讓婦女懷孕有什麼困難？所以婦女懷孕的啟示也都是他自己設計的，我現在要說的就是，我如果從七等生的觀點，把一切這種抽象的、人的理性無法判別的，把超過科學所能驗證的東西，都把它挑掉以後，他要去看馬太福音會比較好處理，他會去發表他自己要怎麼去跟他對話。因為那個東西，離他比較遠，

而且他不知道那是一個怎麼樣的事件，他也不見得承認他的存在，所以他從一開始就先把耶穌變成，我說聖經有人子的面相也有神子的面相，他又是上帝的獨生子又是人的孩子，上帝把這些不同的面向結合得很好，你從聖經裡面就可以看出來，但是他要處理的時候，他是完全的從人子出發，所以他必須先界定他是一個私生子。他就是人，他跟所有的人一樣，他是一個人，他只是父親未明，然後從瑪麗亞的肚子生出來，這樣子他後面才能去探討說耶穌這個人的特質是怎樣，那他內在的整個思考歷程的什麼改變。……（未完）

附錄五：七等生全集篇名與目次對照表（總整理）

《初見曙光》目次－【1】			
小說／頁數	散文（論文）／頁數	詩／頁數	附錄（評論）／頁數
失業、撲克、炸魷魚　　　　　【三】	黑眼珠與我（1）　　　　　【三五一】		七等生生活與創作年表　　　【三六五】
橋　　　　　【九】			
圍獵　　　　【一九】			
午後的男孩【二七】			
會議　　　　【三五】			
白馬　　　　【四三】			
黑夜的屏息【四九】			
早晨　　　　【五七】			
賊星　　　　【六五】			
黃昏，再見【七一】			
阿里鎊的連金發　　　　　　【七九】			
囂浮　　　　【八五】			

狄克、平凡的女人、漁夫　【九七】			
隱遁的小角色　【一〇五】			
讚賞　【一二三】			
綢絲綠巾【一三五】			
獵槍　【一四七】			
林洛甫　【一六七】			
回鄉的人【一八三】			
九月孩子們的帽子　【二〇三】			
來到小鎮的亞茲別　【二四三】			
初見曙光【二五八】			

《我愛黑眼珠》目次－【2】

小說／頁數	散文（論文）／頁數	詩／頁數	附錄（評論）／頁數
阿水的黃金稻穗　【三】	冬來花園【二九五】		論七等生的我愛黑眼珠——周寧七等生生活與創作　【三二一】
午後　【三一】	黑眼珠與我（二）三〇五八有二分之一的觸探　【三一五】		年表　【三三五】
牌戲　【五一】			
夜　【六七】			
放生　【七五】			
我愛黑眼珠　【一七三】			
慚愧　【一八七】			
私奔　【一九三】			
AB 夫婦　【一九九】			
某夜在鹿鎮　【二〇五】			
精神病患【二二三】			

《僵局》目次－【3】			
小說／頁數	散文（論文）／頁數	詩／頁數	附錄（評論）／頁數
僵局　　　　【三】	棕膚少女【三二九】	五年集【二六五】	諷刺鬧劇或感傷寫實——廖淑芳　　　　【三三三】
虔誠之日　　【七】	兩個月亮【三三一】		七等生生活與創作年表　　【三四三】
我的戀人　　【一一】			
爭執　　　　【一七】			
呆板　　　　【二三】			
空心球　　　【二九】			
浪子　　　　【三三】			
跳遠選手退休了　　　　　　【三九】			
結婚　　　　【四九】			
俘虜　　　　【六九】			
誇耀　　　　【八一】			
碉堡　　　　【八五】			
天使　　　　【九一】			
真實　　　【一〇五】			
父親之死【一二五】			
分道　　　【一三三】			
木塊　　　【一五七】			
訪問　　　【一六一】			
使徒　　　【一七一】			
流徒　　　【一七七】			
離開　　　【一八一】			
笑容　　　【一八五】			
漫遊者　　【一八九】			
絲瓜布　　【一九三】			
禁足的海岸　　　　　　【一九九】			
巨蟹集　　【二〇五】			
希臘·希臘【二三一】			

小說／頁數	散文（論文）／頁數	詩／頁數	附錄（評論）／頁數
回響　　　【二四一】			
銀幣　　　【二四七】			
眼　　　　【二四九】			
墓場　　　【二五一】			
來罷，爸爸給你說個故事　　【二五三】			
海灣　　　【二六一】			

《離城記》目次－【4】

小說／頁數	散文（論文）／頁數	詩／頁數	附錄（評論）／頁數
離城記　　　【五】	維護　　【三三五】		「自我世界」的追求——舞鶴　【三四一】
七等生生活與創作年表　　【三五三】			
期待白馬而顯現唐倩　　【七五】			
自喪者　　【八七】			
在山谷　　【九三】			
聖月芬　　【九七】			
在霧社　　【一○一】			
無葉之樹集　【一一三】			
在蘭雅　　【一一三】			
是非而是【一一七】			
餐桌　　　【一二二】			
滑動　　　【一二五】			
難堪　　　【一二九】			
禪的學徒【一三三】			
盼望　　　【一三六】			
絕望　　　【一三九】			
無葉之樹【一四二】			
睡衣　　　【一四五】			
年輕博士的劍法　　【一五五】			

《沙河悲歌》目次－【5】			
小說／頁數	散文（論文）／頁數	詩／頁數	附錄（評論）／頁數
沙河悲歌　　【一】 余索式怪誕　【一一一】 貓　　【一二七】 大榕樹　【一三九】 德次郎　【一四九】 隱遁者　【一五三】 美麗的山巒　【二〇一】 諾言　　【二一一】 代罪羔羊【二一七】 山像隻野獸　【二二七】 逝去的街景　【二四九】 復職　【二五七】 夜湖　【二八三】 寓言　【二九七】	致愛書簡【三〇九】 真確的信念　【三一三】		隱遁者的心態——論七等生／黃浩濃　【三三三】 《沙河悲歌》中藝術家的執著與退讓／胡幸雄　【三五一】
《城之迷》目次－【6】			
小說／頁數	散文（論文）／頁數	詩／頁數	附錄（評論）／頁數
城之迷　　【三】 小林阿達【一八五】 回鄉印象【二一九】 迷失的蝶【二三九】 散步去黑橋　【二九三】 雲雀升起【三一九】 途經妙法寺　【三三一】 歸途　【三四五】 白日噩夢【三七一】	喜歡它但並不知道它是什麼【三八五】		七等生小說的心路歷程——張恆豪　【三九一】 七等生生活與創作年表　【四一七】

《銀波翅膀》目次－【7】			
小說／頁數	散文（論文）／頁數	詩／頁數	附錄（評論）／頁數
銀波翅膀【二五九】 夏日故事【二七三】 等待巫永森之後【二八七】	耶穌的藝術【三】 書簡　　【一五一】 我年輕的時候【一六一】 困窘與屈辱【一六九】 愛情是什麼【一八一】 河水不回流【一八三】 歲末漫談【一八五】 聊聊藝術【一九一】	戲謔楊牧【二〇九】 隱形人　【二一一】 無題　　【二一五】 三月的婚禮【二一七】 跡象　【二二一】 秋日偶感【二二五】 樂人死了【二二九】 有什麼能強過黑色【二三一】 海思　【二三五】 斷樹吟　【二三七】 戀愛　【二三九】 一隻單獨的白鷺鷥【二四一】 落落之歌【二四九】 當我躺仰在海邊的草坡　【二五五】	七等生早期短篇小說中的哲學、神學與文學理論——凱文·巴略特著青春譯【二九七】 七等生的道德架構——高全之【三一一】 七等生生活與創作年表　【三三一】
《重回沙河》目次－【8】			
小說／頁數	散文（論文）／頁數	詩／頁數	附錄（評論）／頁數
老婦人　【二〇九】 幻象　【二二一】 憧憬船　【二三三】 我的小天使【二四三】 哭泣的墾丁門【二五一】 木鴉、沙馬蟹和牛仔的故事【二六一】 李蘭州【二六九】	晨河　　【三】 山畔　　【五】 感觸　　【七】 卑微的人　【九】 暗房　【一三】 布娃　【一五】 開始上路了【一八】 到街上巡索【二一】 主題　　【二三】 偽飾的面具【二五】	五月花公寓（詩）【三四九】 秋之樹林（詩）【三五一】 離去二十行（詩）【三五三】	給安若尼·典可的三封信　【三五五】 七等生小說的幻與真——楊牧【三六三】 七等生生活與創作年表　【三七七】

真真和媽媽
　　　　　【二七五】
克里辛娜【二七九】
行過最後一個秋季
　　　　　【二八五】
連體　　　【三三五】

感情包袱　【二七】
自由的靈魂【二九】
廢窰　　　【三〇】
抉擇與報償【三二】
在地下道躺臥的少
年　　　　【三四】
烙印　　　【三八】
憂鬱的魂魄【四三】
失去的樂土【四四】
放棄尋找　【四六】
販賣神話的人
　　　　　【四八】
看照片要像讀書一
樣　　　　【五一】
深沉的痛苦【五五】
伎倆　　　【五八】
夜景　　　【六〇】
唐吉訶德的迷幻理
想　　　　【六二】
腿傷　　　【六四】
安瑟·亞當斯的攝影
　　　　　【六五】
受創　　　【六七】
攝與被攝合一
　　　　　【七〇】
藝術的創作與自白
　　　　　【七一】
幻影　　　【七二】
問題叢生　【七四】
真實與想像之間
　　　　　【七六】
探病　　　【七七】
暗房器材　【八〇】
縱容與宿命【八一】

長葉樹　　【八三】

寂寞似可耕的田畝
　　　　　【八五】

生命與自然的互證
　　　　　【八八】

人生的不堪【九一】

人像　　　【九四】

狗　　　　【九六】

火車窗外掠影
　　　　　【九八】

藝術與家庭的選擇
　　　　　【一〇〇】

獨泳　　　【一〇二】

洗印　　　【一〇四】

心中的愛人
　　　　　【一〇六】

等於一部分社會學
　　　　　【一〇八】

虛幻的精神
　　　　　【一一〇】

雲　　　　【一一二】

偏袒的意識
　　　　　【一一三】

律己與待人
　　　　　【一一五】

愛好騷擾的鄰居
　　　　　【一一七】

一塊錢的啟示
　　　　　【一二〇】

對話　　　【一二二】

禱告　　　【一二六】

哀告　　　【一三〇】

調校的理由
　　　　　【一三四】

鏡子　　　【一三七】

要一個新世界
　　　　【一三九】

客西馬尼園的故事
　　　　【一四三】

理想的戀人
　　　　【一四七】

感覺祂在【一五三】

為我而發生的
　　　　【一五七】

晨夢　　【一五九】

墾丁之旅【一六三】

旅行之外【一六五】

內心的兩難
　　　　【一六七】

海洋的幻晝
　　　　【一七〇】

生活的代價
　　　　【一七一】

沒有大不幸也沒有
真幸福　【一七三】

魔鬼新娘【一七五】

兩種靈魂【一七七】

要為有高尚品質的
人寫作　【一七九】

昨日非我【一八一】

當雲塊潰散時
　　　　【一八三】

持久而中庸的哲學
　　　　【一八五】

決定去　【一八七】

有一種人【一九〇】

大意外　【一九一】

法國友人【一九四】

讀者　　【一九五】

來去自由【一九七】

小說／頁數	散文（論文）／頁數	詩／頁數	附錄（評論）／頁數
		整夜無眠【一九九】	
		經驗是無價的【二〇〇】	
		兩朵必然綻放的花【二〇二】	
		靠自己罷【二〇四】	
		看《契訶夫傳》【二〇六】	
		一切大致完成【二〇七】	
		愛荷華行旅：中國文學討論會講辭【三四五】	

《譚郎的書信》目次－【9】

小說／頁數	散文（論文）／頁數	詩／頁數	附錄（評論）／頁數
譚郎的書信【三】		幼稚而脆弱的心嚮往山巒【二五三】	永遠現代的作家──七等生【二八七】
垃圾【一五一】		海浴【二五五】	七等生生活與創作年表【二九一】
環虛【一六三】		夏日之落【二五八】	
目孔赤【一七五】		冷默的消遣【二六〇】	
我愛黑眼珠續記【一九一】		漸行【二六二】	
綠光【二一五】		木棉花【二六五】	
		無題──我在晨午之間信步【二六七】	
		走獸追鳥【二七〇】	
		八月的夜【二七四】	
		霧【二七六】	
		無題──走下坡道【二七七】	
		無題──這些日子來【二八〇】	
		木棉花訊【二八四】	
		有鳥我遇【二八六】	

	《一紙相思》目次－【10】		
小說／頁數	散文（論文）／頁數	詩／頁數	附錄（評論）／頁數
思慕微微　　【三】 一紙相思　　【四三】 灰夏　　　　【八五】 草地放屎郎【九七】	兩種文體（阿平之死）　　　　【一〇一】 上李登輝總統書　　　　　　【一六一】 懷念和敬佩安格爾　　　　　【一六九】 有緣再相會　　　　　　　　【一七三】 認知與共識　　　　　　　　【一七七】 境界何所在　　　　　　　　【一八七】 當代文學面對社會　　　　　【一九三】 書舖子自述　　　　　　　　【二〇三】 愛樂斯的傳說　　　　　　　【二〇九】 俄羅斯家【二二三】 讀寫給永恆的戀人手記　　　【二二九】 竹手杖行記　　　　　　　　【二五五】 來到小鎮的亞茲別序　　　　【二六三】 僵局（論文學）代序　　　　【二六七】 我愛黑眼珠（文學與文評）代序　　　　　　【二六九】 情與思（小全集）序　　　　【二七五】 散步去黑橋（自序）　　　　【二八五】 老婦人序【二九一】 七等生作品序　　　　　　　【二九三】		七等生的夢幻——兼論社會學的實在論　　　　【二九五】 七等生生活與創作年表　　　【三一三】

附錄六：七等生作品分類

《初見曙光》目次－【1】			
小說／頁數			
失業、撲克、炸魷魚	【三】	囂浮	【八五】
橋	【九】	狄克、平凡的女人、漁夫	【九七】
圍獵	【一九】	隱遁的小角色	【一〇五】
午後的男孩	【二七】	讚賞	【一二三】
會議	【三五】	綢絲綠巾	【一三五】
白馬	【四三】	獵槍	【一四七】
黑夜的屏息	【四九】	林洛甫	【一六七】
早晨	【五七】	回鄉的人	【一八三】
賊星	【六五】	九月孩子們的帽子	【二〇三】
黃昏，再見	【七一】	來到小鎮的亞茲別	【二四三】
阿里鎊的連金發	【七九】	初見曙光	【二五八】

《我愛黑眼珠》目次－【2】			
小說／頁數			
阿水的黃金稻穗	【三】	慚愧	【一八七】
午後	【三一】	私奔	【一九三】
牌戲	【五一】	AB 夫婦	【一九九】
夜	【六七】	某夜在鹿鎮	【二〇五】
放生鼠	【七五】	精神病患	【二二三】
我愛黑眼珠	【一七三】		

《僵局》目次－【3】			
小說／頁數			
僵局	【三】	天使	【九一】
虔誠之日	【七】	真實	【一○五】
我的戀人	【一一】	父親之死	【一二五】
爭執	【一七】	分道	【一三三】
呆板	【二三】	木塊	【一五七】
空心球	【二九】	訪問	【一六一】
浪子	【三三】	使徒	【一七一】
跳遠選手退休了	【三九】	流徒	【一七七】
結婚	【四九】	離開	【一八一】
俘虜	【六九】	笑容	【一八五】
誇耀	【八一】	漫遊者	【一八九】
碉堡	【八五】	絲瓜布	【一九三】
禁足的海岸	【一九九】	眼	【二四九】
巨蟹集	【二○五】	墓場	【二五一】
希臘・希臘	【二三一】	來罷，爸爸給你說個故事	【二五三】
回響	【二四一】	海灣	【二六一】
銀幣	【二四七】		

《離城記》目次－【4】			
小說／頁數			
離城記	【五】	滑動	【一二五】
期待白馬而顯現唐倩	【七五】	難堪	【一二九】
自喪者	【八七】	禪的學徒	【一三三】
在山谷	【九三】	盼望	【一三六】
聖月芬	【九七】	絕望	【一三九】
在霧社	【一○一】	無葉之樹	【一四二】
無葉之樹集	【一一三】	睡衣	【一四五】
在蘭雅	【一一三】	年輕博士的劍法	【一五五】
是非而是	【一一七】	蘇君夢鳳	【一七一】
餐桌	【一二二】	削瘦的靈魂	【一八五】

《沙河悲歌》目次－【5】

小說／頁數

沙河悲歌	【一】	諾言	【二一一】
余索式怪誕	【一一一】	代罪羔羊	【二一七】
貓	【一二七】	山像隻野獸	【二二七】
大榕樹	【一三九】	逝去的街景	【二四九】
德次郎	【一四九】	復職	【二五七】
隱遁者	【一五三】	夜湖	【二八三】
美麗的山巒	【二〇一】	寓言	【二九七】

《城之迷》目次－【6】

小說／頁數

城之迷	【三】	雲雀升起	【三一九】
小林阿達	【一八五】	途經妙法寺	【三三一】
回鄉印象	【二一九】	歸途	【三四五】
迷失的蝶	【二三九】	白日噩夢	【三七一】
散步去黑橋	【二九三】		

《銀波翅膀》目次－【7】

小說／頁數

銀波翅膀	【二五九】	等待巫永森之後	【二八七】
夏日故事	【二七三】		

《重回沙河》目次－【8】

小說／頁數

老婦人	【二〇九】	李蘭州	【二六九】
幻象	【二二一】	真真和媽媽	【二七五】
憧憬船	【二三三】	克里辛娜	【二七九】
我的小天使	【二四三】	行過最後一個秋季	【二八五】
哭泣的墾丁門	【二五一】	連體	【三三五】
木鴉、沙馬蟹和牛仔的故事	【二六一】		

《譚郎的書信》目次－【9】

小說／頁數

譚郎的書信	【三】	目孔赤	【一七五】
垃圾	【一五一】	我愛黑眼珠續記	【一九一】
環虛	【一六三】	綠光	【二一五】

《一紙相思》目次－【10】			
小說／頁數			
思慕微微	【三】	灰夏	【八五】
一紙相思	【四三】	草地放屎郎	【九七】
《初見曙光》目次－【1】散文類			
散文（論文）／頁數			
黑眼珠與我（1）			【三五一】
《我愛黑眼珠》目次－【2】			
散文（論文）／頁數			
冬來花園			【二九五】
黑眼珠與我（二）三〇五八有二分之一的觸探			【三一五】
《僵局》目次－【3】			
散文（論文）／頁數			
棕膚少女	【三二九】	兩個月亮	【三三一】
《離城記》目次－【4】			
散文（論文）／頁數			
維護			【三三五】
《沙河悲歌》目次－【5】			
散文（論文）／頁數			
致愛書簡	【三〇九】	真確的信念	【三一三】
《城之迷》目次－【6】			
散文（論文）／頁數			
喜歡它但並不知道它是什麼			【三八五】
《銀波翅膀》目次－【7】			
散文（論文）／頁數			
耶穌的藝術	【三】	愛情是什麼	【一八一】
書簡	【一五一】	河水不回流	【一八三】
我年輕的時候	【一六一】	歲末漫談	【一八五】
困窘與屈辱	【一六九】	聊聊藝術	【一九一】

《重回沙河》目次－【8】	
散文（論文）／頁數	

晨河	【三】	烙印	【三八】
山畔	【五】	憂鬱的魂魄	【四三】
感觸	【七】	失去的樂土	【四四】
卑微的人	【九】	放棄尋找	【四六】
暗房	【一三】	販賣神話的人	【四八】
布娃	【一五】	看照片要像讀書一樣	【五一】
開始上路了	【一八】	深沉的痛苦	【五五】
到街上巡索	【二一】	伎倆	【五八】
主題	【二三】	夜景	【六〇】
偽飾的面具	【二五】	唐吉訶德的迷幻理想	【六二】
感情包袱	【二七】	腿傷	【六四】
自由的靈魂	【二九】	安瑟・亞當斯的攝影	【六五】
廢窰	【三〇】	受創	【六七】
抉擇與報償	【三二】	攝與被攝合一	【七〇】
在地下道躺臥的少年	【三四】	藝術的創作與自白	【七一】
幻影	【七二】	客西馬尼園的故事	【一四三】
問題叢生	【七四】	理想的戀人	【一四七】
真實與想像之間	【七六】	感覺祂在	【一五三】
探病	【七七】	為我而發生的	【一五七】
暗房器材	【八〇】	晨夢	【一五九】
縱容與宿命	【八一】	墾丁之旅	【一六三】
長葉樹	【八三】	旅行之外	【一六五】
寂寞似可耕的田畝	【八五】	內心的兩難	【一六七】
生命與自然的互證	【八八】	海洋的幻畫	【一七〇】
人生的不堪	【九一】	生活的代價	【一七一】
人像	【九四】	沒有大不幸也沒有真幸福	【一七三】
狗	【九六】	魔鬼新娘	【一七五】
火車窗外掠影	【九八】	兩種靈魂	【一七七】
藝術與家庭的選擇	【一〇〇】	要為有高尚品質的人寫作	【一七九】
獨泳	【一〇二】	昨日非我	【一八一】
洗印	【一〇四】	當雲塊潰散時	【一八三】
心中的愛人	【一〇六】	持久而中庸的哲學	【一八五】
等於一部分社會學	【一〇八】	決定去	【一八七】
虛幻的精神	【一一〇】	有一種人	【一九〇】

雲	【一一二】	大意外	【一九一】
偏袒的意識	【一一三】	法國友人	【一九四】
律己與待人	【一一五】	讀者	【一九五】
愛好騷擾的鄰居	【一一七】	來去自由	【一九七】
一塊錢的啟示	【一二〇】	整夜無眠	【一九九】
對話	【一二二】	經驗是無價的	【二〇〇】
禱告	【一二六】	兩朵必然綻放的花	【二〇二】
哀告	【一三〇】	靠自己罷	【二〇四】
調校的理由	【一三四】	看《契訶夫傳》	【二〇六】
鏡子	【一三七】	一切大致完成	【二〇七】
要一個新世界	【一三九】	愛荷華行旅：中國文學討論會講辭	
			【三四五】

《一紙相思》目次－【10】

散文（論文）／頁數

兩種文體（阿平之死）	【一〇一】	境界何所在	【一八七】
上李登輝總統書	【一六一】	當代文學面對社會	【一九三】
懷念和敬佩安格爾	【一六九】	書鋪子自述	【二〇三】
有緣再相會	【一七三】	愛樂斯的傳說	【二〇九】
認知與共識	【一七七】	俄羅斯爭變	【　　　】
讀寫給永恆的戀人手記	【二二九】	情與思（小全集）序	【二七五】
竹手杖行記	【二五五】	散步去黑橋（自序）	【二八五】
來到小鎮的亞茲別序	【二六三】	老婦人序	【二九一】
僵局（論文學）代序	【二六七】	七等生作品序	【二九三】
我愛黑眼珠（文學與文評）代序	【二六九】		

《僵局》目次－【3】詩類

詩／頁數

五年集	【二六五】

《銀波翅膀》目次－【7】

詩／頁數

戲謔楊牧	【二〇九】	有什麼能強過黑色	【二三五】
隱形人	【二一一】	海思	【二三五】
無題	【二一五】	斷樹吟	【二三七】
三月的婚禮	【二一七】	戀愛	【二三九】
跡象	【二二一】	一隻單獨的白鷺鷥	【二四一】
秋日偶感	【二二五】	落落之歌	【二四九】
樂人死了	【二二九】	當我躺仰在海邊的草坡	【二五五】

《重回沙河》目次－【8】			
詩／頁數			
五月花公寓（詩）	【三四九】	離去二十行（詩）	【三五三】
秋之樹林（詩）	【三五一】		

《譚郎的書信》目次－【9】			
詩／頁數			
幼稚而脆弱的心嚮往山巒	【二五三】	走獸追鳥	【二七〇】
海浴	【二五五】	八月的夜	【二七四】
夏日之落	【二五八】	霧	【二七六】
冷默的消遣	【二六〇】	無題——走下坡道	【二七七】
漸行	【二六二】	無題——這些日子來	【二八〇】
木棉花	【二六五】	木棉花訊	【二八四】
無題——我在晨午之間信步	【二六七】	有鳥我遇	【二八六】

《初見曙光》目次－【1】評論類	
附錄（評論）／頁數	
七等生生活與創作年表	【三六五】

《我愛黑眼珠》目次－【2】	
附錄（評論）／頁數	
論七等生的我愛黑眼珠——周寧	【三二一】
七等生生活與創作年表	【三三五】

《僵局》目次－【3】	
附錄（評論）／頁數	
諷刺鬧劇或感傷寫實——廖淑芳	【三三三】
七等生生活與創作年表	【三四三】

《離城記》目次－【4】	
附錄（評論）／頁數	
「自我世界」的追求——舞鶴	【三四一】
七等生生活與創作年表	【三五三】

《沙河悲歌》目次－【5】	
附錄（評論）／頁數	
隱遁者的心態——論七等生／黃浩潏	【三三三】
《沙河悲歌》中藝術家的執著與退讓／胡幸雄	【三五一】

《城之迷》目次－【6】	
附錄（評論）／頁數	
七等生小說的心路歷程——張恆豪	【三九一】
七等生生活與創作年表	【四一七】
《銀波翅膀》目次－【7】	
附錄（評論）／頁數	
七等生早期短篇小說中的哲學、神學與文學理論——凱文·巴略特著　青春譯	【二九七】
七等生的道德架構——高全之	【三一一】
七等生生活與創作年表	【三三一】
《重回沙河》目次－【8】	
附錄（評論）／頁數	
給安若尼·典可的三封信	【三五五】
七等生小說的幻與真——楊牧	【三六三】
七等生生活與創作年表	【三七七】
《譚郎的書信》目次－【9】	
附錄（評論）／頁數	
永遠現代的作家——七等生	【二八七】
七等生生活與創作年表	【二九一】
《一紙相思》目次－【10】	
附錄（評論）／頁數	
七等生的夢幻——兼論社會學的實在論	【二九五】
七等生生活與創作年表	【三一三】

繪畫一：「粉彩類」			
4301A	山林	4310B	禱告之1
4302B	風景	4311B	山林
4302C	紅光在背	4312C	山林
4304B	茶壺與茶杯	4313B	山林
4305B	綠葉盆	4314B	山林
4306C	紅花盆	4315B	農舍
4307B	座落在山下工廠之2	4316C	山林下的小土地祠
4308B	小粒紅番茄	4317C	山村
4309A	山林	4318C	午後的山

4319C	風景	4332B	紅水壺
4320B	陶甕	4333C	玫瑰花
4321B	禱告之2	4334B	酒瓶與酒杯
4322C	晨路 4323B 綠葉	4335A	座落在山下工廠之3
4324B	山路	4336C	座落在山下工廠之1
4325A	風景	4337A	月球與金星靠近的夜晚
4326B	黃昏時分	4338B	水塘
4327C	綠蘋果與刀	4339B	風景
4328B	四個蘋果	4340C	綠葉子
4329B	臭山頭	4341B	山色
4330B	山色	4342A	騎士
4331A	綠葉	4343A	綠葉盆

繪畫一：「油畫類」

OP01 山林路段
A certain somewhere over the road of mountain forest.

OP02 春打雨中來
The spring comes in the rain.

OP03 雨落春野
The rain drops falling on the spring freld.

OP04 春郊陰且冷，作物放花黃
The spring suburbs are gloomy and cold , but the rape blossom send out yellow.

OP05 穿過雜草和樹叢
Thread one's way through the weeds and the grove.

OP06 葉下交談
Conversation under the leaves.

OP07 脆弱的願望
The aspiration of fragile.

OP08 紅布為屏分內外
The red screen divided it into in and out.

OP09 船骸
The skeleton of ship.

OP10 中國海棠欲飛而展翼
The Chinese Bush Cherry wishes to fly and spread the wings.

OP11 組團去朝聖
Organizing circular to the pilgrimage.

OP12 紅頭為記，事與願違
If the red head is for the symbol that is the things go contrary to one's wishes.

OP13 奔向荒庭叫無人

Run directly to the wasted count yard, and shout unmaned.

OP14 忝為花痴偏嗜白，葉下交談弱株哀；自來裙裡多黯然，猶似紅天落紛藍。

Being the flowerwarm has a partiality for while, and the conversation of the morning weak plant under the leaves；form the begining the skirt underheath the most dim, just as the red sky fallen disorderly blue.

OP15 農家的尿桶放置在開花的李樹下

The farmhouses's urinate bucket lay aside under the plum tree of　blossom.

OP16 望蒼天

Look over the empyrean.

OP17 沙地上

On the sand.

OP18 涼亭

The kiosk.

OP19 雜樹、蔓藤和荒草的啟示

The enlightenment of sundry tree, spread rattans and waste grass.

OP20 天與地的現象

The phenomenon of heaven and earth.

OP21 五里牌人家

The five mile plate household.

OP22 尖堅為籬

Acrimonious and herd to do hedgerow.

OP23 山谷之情

The sentiment of mountain and valley.

OP24 林中水池

The pond beyond the forest.

OP25 漫草遮徑，騎士安在？

Brim grass overspread the path, and the Knight disappear.

OP26 路彎昭然

The road crooded abundantly clear.

OP27 憐惜羽衣和秀足

Take pity on feathery clothing and delicate foot.

OP28 雲飛山動

The cloud do not fly and the hill do not move.

OP29 喜悅

The joyous.

OP30 蔭鬱之至

Shady and depressed too much.

OP31 跳舞

Dancing.

OP32 水稻田在台灣

The water rice field in Taiwan.

OP33 當稻田初綠時

When the rice field begins to take green.

OP34 屋後黃昏

The dusk behind a house.

OP35 莽草的上層

The upper strate of the ranking grass.

OP36 瞻望與默念之處

The place of looking forward to and silent miss.

OP37 是迎迓或威嚇

Is it welcome or intimidation？

OP38 為何堅持

What for insist on？

OP39 林中受教

Receive an education in the forest.

OP40 林邊獸影

To talk the wild animal image on the edge of forest.

OP41 舉高作飛狀

Hold up to fly high.

OP42 某日路過窯廠

A certain date passing by a kiln mill.

OP43 不知名的花在山壁上

The flower of unknown on the hill wall.

OP44 降臨

Befallen.

OP45 獨居羞情

Alone with a shy affection.

OP46 屋後藍溝深

The blue ditch deep behind a house.

OP47 斑點

The spots.

OP48 一隻船航行水平線上

A ship sails on the horizontal line.

OP49 海濱殘夢

The surviving dream of seashore.

攝影作品：（共五六幀）「攝影類」	
晨河之 1	旅遊（家族之 3）
晨河之 2	旅遊（家族之 4）
晨河之 3	小鎮的月台之 1
晨河之 4	小鎮的月台之 2
晨河之 5	火車窗外的景緻之 1
晨河之 6	火車窗外的景緻之 2
相思樹林之 1	挑擔的婦女
相思樹林之 2	哭泣的墾丁門
相思樹林之 3	無題
童年之 1	想誰再來的時候
童年之 2	收破爛者之 1
母與女（家族之 1）	收破爛者之 2
海灘小女（家族之 2）	收破爛者之 3
害羞的人之 1	駝背的老婦
害羞的人之 2	無題之 1
害羞的人之 3	無題之 2
竹林	無題之 3
魔鬼新娘	瓦屋
夜	草寮
教士的臉	近鎮
死	山村
草菇寮的工作之 1	山林
草菇寮的工作之 2	牽牛
草菇寮的工作之 3	水潭
草菇寮的工作之 4	出處
姐與弟	夢裡的沙河之 1
被丟棄的洋娃娃	夢裡的沙河之 2

註：本表以 2003 年遠景版七等生全集為主。

附錄七：圖片資料

七等生筆下的沙河（油畫作品）（攝於 2007 年 4 月 24 日）

七等生為我們講解其畫作的神情（攝於 2007 年 1 月 7 日）

七等生在花蓮海邊的油畫作品：沒有臉的人（筆者自取）
（攝於 2007 年 1 月 7 日）

七等生的好友墨子刻將之做為其書的封面（攝於 2007 年 1 月 7 日）

七等生在通霄仁愛路的祖屋舊址（攝於 2007 年 7 月 2 日）

七等生在八０年代的坪頂新屋（攝於 2007 年 7 月 2 日）

佳人已杳，七等生的木柵住處獨留一支形姿優美的琵琶。
（攝於 2005 年 11 月 6 日）

七等生的畫作背後常有自己的英文題字（攝於 2005 年 11 月 6 日）

七等生的粉彩畫：山林（展於 1991 年）

七等生的粉彩畫：山林（展於 1991 年）

七等生的粉彩畫：座落在鄉下的工廠之三（展於 1991 年）

七等生的粉彩畫：農舍（展於 1991 年）

七等生的油畫：山林路段（展於 1992 年）

七等生的粉彩畫：晨路（展於 1991 年）

七等生的油畫：當稻田初綠時（展於 1992 年）

七等生的油畫：降臨（展於 1992 年）

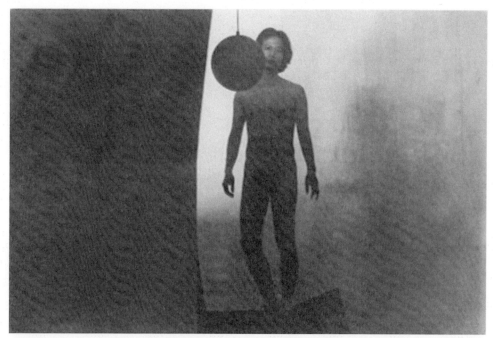

七等生的自拍照（七等生提供）

七等生的攝影作品：夢裡的沙河（收於 1986 年版的《重回沙河》）

七等生　火車窗外的景致之二　1981　攝影（上圖‧七等生提供）
七等生　小鎮的月台之一　1981　攝影（下圖‧七等生提供）

七等生的攝影作品（收於 1986 年版的《重回沙河》）

上圖為火車窗外的景致之二，下圖為小鎮的月台之一。

七等生的攝影作品：駝背的老婦（收於 1986 年版的《重回沙河》）

七等生的攝影作品：旅遊（家族之 3）（收於 1986 年版的《重回沙河》）

HOOVER INSTITUTION
ON WAR, REVOLUTION AND PEACE

Stanford, California 94305-6010

March 15, 1993

Dr. Jason C. Hu
Publisher
Free China Review
Kwang Hwa Publishing Co.
2, Tientsin Street
Taipei, Taiwan
Republic of China

Dear Dr. Hu:

Allow me to congratulate you on being asked to stay in the Cabinet. This is not surprising, since, from what I know, you have indeed performed in an outstanding fashion.

I am writing this time reacting to the March 1993 issue of Free China Review. For some time now, this has been a superb magazine, and the recent issue is no exception. I may mention that Albert E. Dien, a Professor of Asian Languages at Stanford University here, recently told me that he too thinks this has become a fascinating magazine.

But naturally everyone has his or her own opinion about art. Also, I should admit I have no specialized knowledge of art. But my feeling is that the work of the famous writer Ch'i Teng-sheng (Liu Wu-hsiung) represents the most interesting art I've seen coming from the current ranks of Taiwan artists and, in fact, his pictures are the ones I most enjoy of any pictures produced by anyone in the world today. I would very much hope your distinguished magazine could do a feature about him, interviewing this humble man, who now lives in Ta-chia or near Ta-chia, discussing his famous literary works and his new career as an artist. I think Western audiences would be very impressed by him.

True, he is now a beloved friend of mine. I met him accidentally a year or so ago in Ta-chia. I immediately admired his pictures because, in my opinion, they a) come out of his own vision and do not just imitate Western styles, and b) convey to me the character and beauty of the scenes that are characteristic of Taiwan. He reminds me of William Faulkner, the American novelist who was so close to the roots of his own region, the South. In my opinion, the paintings so far reproduced in your wonderful magazine lack these two attributes. I respectfully enclose his two albums so that you can arrive at your own judgment. For me, and, I hope, for many others in the future, Ch'i Teng-sheng's art demonstrates that the Republic of China is not only an economically and politically successful nation but also one that enriches the aesthetic experience of humankind. It is important for the world to know that.

With all best wishes,

TOM

Thomas A. Metzger
Senior Fellow

墨子刻當年寫給新聞局長的信（1）

HOOVER INSTITUTION
ON WAR, REVOLUTION AND PEACE

Stanford, California 94305-6010

April 9

Lao-Ch'i —

At Hoover there is a Russian economist Michael S. Bernstam, a close friend of Solzhenytsin. I gave Michael the two bods with your paintings. Then I saw Michael in the hall, holding the bods. "What are you doing with them?" I said. He said: "I'm excited about them. Give me more copies. I'm sending these to Solzhenytsin."

Hope to see you in May. Please call A-fen to give her your phone number.

Many thanks,

All the best,

Tom

Thomas A. Metzger

墨子刻寫給七等生的信（2）